宇垣一成と戦間期の日本政治

デモクラシーと戦争の時代

髙杉洋平

吉田書店

宇垣一成と戦間期の日本政治

目次

第Ⅱ部　宰相への道

第Ⅲ部　戦争の時代

凡例

・引用文中における（　）は原文のまま、もしくは原文にある割注を意味し、〔　〕は引用者による補足を意味する。
・同一史料から連続して引用または参照した場合、最後の引用または参照部分に注をまとめて付している場合がある。
・史料情報は各章ごとに初出のみ全情報を記し、以降は「前掲」を付して適時省略した。つまり前章以前で既出の史料であっても当該章で初出の場合は全情報を記している。また『宇垣一成日記』は頻出であるので、「前掲」は付さず、単に『宇垣日記』と略している。

序論

一 「宇垣一成」という選択肢

戦間期（両大戦間期）、宇垣一成ほど社会の広範な勢力からの期待を一身に集め、また同時に嫌悪された政治家も珍しい。一般論として毀誉褒貶の激しさは「優れた」政治家のある種の証左なのかもしれないが、宇垣の場合はその毀誉褒貶に一種の特徴がある。それは宇垣が「大正デモクラシー」期を律した政党政治と国際協調主義の「旗手」たる政治アクターから高く評価された一方で、出身母体たる陸軍からは、宇垣と政治的に対立した「皇道派」からはもちろん、最終的にはほとんど「全陸軍的」に忌避され、宰相への道を封じられたことである。

一八六八年（慶応四年）、現在の岡山県の片田舎に農家の五男として生まれた宇垣は、長じて陸軍に投じ、陸軍大臣、陸軍大将へと栄達する。五代の内閣（清浦奎吾内閣、第一次加藤高明内閣、第二次加藤内閣、第一次若槻礼次郎内閣、浜口雄幸内閣）で陸軍大臣となった宇垣は、陸軍部内に「宇垣時代」(1)と称される圧倒的権威を確立した。しかし他方で、「宇垣時代」は、政治的には政党政治と国際協調主義を基調とする「大正デモクラシー」が花開いた時代でもあった。民主主義と平和主義の風潮のなか、帝国陸海軍は建軍以来最大の逆境にあった。そうしたなか、宇垣は政党内閣に「コミット」して、その政策に協力し、ついには四個師団の削減に踏み込んだ「宇垣軍縮」を実現した。宇垣は「時代」が求める理想的な陸軍大臣としての自己イメージを確立し、やがて未来の宰相候補にも擬せられる存在となる。

当該期の国際協調主義を「幣原外交」で代表的に体現した幣原喜重郎によれば、「彼はいい人間で、信用の置ける男」であり、「いつでも協力してくれる友達」[2]だったという。憲政会、民政党の重鎮であり、総理大臣として政党内閣を組織し、またロンドン海軍会議全権として軍縮条約締結をリードした若槻礼次郎によれば、「宇垣は真に平和の愛好者」であり、「世間はどうか知らんが、私は前から宇垣という者の値打を信じていた」という。そして自身が首相の時に勃発した満州事変に際して、「もし宇垣がいてくれたら十分睨みをきかせることもできたろうに」と、非常に残念に思った[3]という。最後の元老であり、「民主主義」と「国際協調主義」の信奉者だった西園寺公望は、第一次近衛文麿内閣への宇垣入閣の話がもち上がった当初、宇垣の外務大臣就任に否定的だった。それは「もし萬一内閣が辞めた時に、なんといつても相当に押しも利けば骨もあり、実力もあるといふ政治家としては、やはり宇垣が第一人者のやうに思はれる。その取つときの人物に疵をつけられるといふことも困る[4]」との理由からだった。西園寺が宇垣に宰相候補者として期待をかけ続けたこと（常に幾ばくかの不安をともないつつもだが）は良く知られている。

しかし他方で、宇垣と出身母体たる陸軍の間には、むしろ緊張関係が際立った。現役時代には「宇垣派」を率いて部内に権威を確立し「宇垣時代」を現出、対立する「上原派」（上原勇作）を圧倒していた宇垣であるが、その予備役編入後、部内では「上原派」の流れを汲む「皇道派」が権力を奪回する。「皇道派」は激しい反宇垣宣伝を展開し、部内における宇垣の立場は困難なものになっていく。一九三七年、大命降下を受けた宇垣は陸軍の反対の前に陸軍大臣を得られず組閣を断念した。宇垣内閣「流産」である。宇垣が陸軍部内で忌避された原因として、同時代人の観察によれば、①「宇垣軍縮」の四個師団削減に対する恨み、②ロンドン海軍会議に際して宇垣が統帥権を「干犯」した政府を擁護したとされたこと、③宇垣と政党との親密な関係と宇垣自身の政党人化が反感を買ったこと、④宇垣がコミットしてきた民政党の緊縮政策、消極政策が時代趨勢に合わなくなったこと、さらに言えば、宇垣がコミットしてきた「政党政治」自体が時代趨勢から取り残されてしまったこと、⑤陸軍大臣時代の人事行政が恣意的だったとされたこと、⑥宇垣の「傲慢」な態度が感情的反感を買ったこと[5]、があったとされる。

宇垣をめぐる前記両陣営の主張を相対させると、宇垣に対する好悪の評価が、もっぱら政党政治や国際協調主義という、まさに「大正デモクラシー」の「新精神」を基準に両極に分断されていたことがわかる。宇垣は陸軍大臣として、安定した政治優位の政軍関係のもと、政党政治、国際協調主義を基調とした「大正デモクラシー」体制成立に貢献した。その象徴的出来事が宇垣軍縮による四個師団削減である。宇垣は政党政治と国際協調主義に理解のある陸軍巨頭として、重臣、政党勢力、国民に強く印象づけられた。このことは後に宇垣の大きな政治的財産になった。しかし同時に、まさにこの政党政治、国際協調主義への親和性の記憶ゆえに、宇垣は陸軍からは忌避されることになった。

満州事変以降、政党勢力の退潮と国際情勢の緊迫化のなかで、宇垣は「大正デモクラシー」体制回帰の切り札として認識されるようになる。政党主義者、国際協調主義者は、宇垣が「大正デモクラシー」期に示して見せた強力な陸軍統制の再現を期待した。もちろん、宇垣は政党員でもない一介の陸軍軍人である。見方によっては、これは政党政治、国際協調主義の「王道」での維持が困難となった勢力がやむをえず選んだ消極的な選択肢だったとも言える。このことは、たとえば一九三〇年代中頃、内外の情勢が一時的に沈静化しつつあった時期に、宇垣内閣構想が政党内閣復活のための政民提携運動の形で語られながら、しかし単独内閣（つまり「憲政常道」）の原則論の前に頓挫したことにも表れている[6]。換言すれば、政党政治の「王道」＝与党単独内閣の可能性が高まると宇垣の政治的存在価値は減退した。政党主義者、国際協調主義者にとって「宇垣一成」という選択肢は次善の策だった。

しかしそれにしても、宇垣が満州事変以降の政党否認と対外硬、武力進出の時代背景のなかで、既存の政党政治とも、軍部による「独裁的」国家運営（宇垣自身はこれを「ファッショ」と呼んだが）とも違う「第三の選択肢」を体現する存在であり、しかもその「第三の選択肢」は政党政治や国際協調主義に近接し、消極的ながら「大正デモクラシー」体制回帰の手段だと認識されていたことを軽視すべきではないだろう。宇垣自身の自己認識によっても、「宇垣一成」という政治的選択肢は「日本固有の憲政」に通じる道であった。[7] そして「消極的」ということは、それが最後の手段であったことも意味するのである。

「宇垣一成」という選択肢が、追い詰められた政党主義者、国際協調主義者が選択しえた最後の抵抗手段であったのならば、「宇垣一成」という政治的存在の成否いかんが、満州事変以降の急迫する情勢のなかでは、「大正デモクラシー」体制の存非に直接的かつ決定的影響を与えていたことになる。前述のように、満州事変時の首相若槻礼次郎は、もし宇垣が現役で陸軍大臣の地位に留まっていれば、政府は陸軍をもっと厳格に統御できたはずであると回想している。若槻は満州事変に端を発した政党政治と国際協調主義の破綻を、宇垣健在ならば防ぎえたはずだと認識しているのである。若槻だけではない。戦後（一九五三年）、宇垣は参議院議員選挙に全国区で立候補し、最高得票で当選している。宇垣はすでに八四歳、しかも立候補前に健康を害して碌な選挙活動ができなかったのにもかかわらずである。まさか宇垣に投票した有権者の多くが、八四歳の老将軍に何か具体的な政治活動を期待していたわけではあるまい（実際、宇垣は登院すらままならなかった）。未曾有の敗戦を経験した国民の投票行動に、戦争を回避しえたかも知れない「悲運」の政治家としての宇垣像が、なんらかの影響を与えたと考えるのは不自然ではない。宇垣に集まった五一万票は、戦争を回避しえたかも知れない宇垣という政治的存在への懐旧でもあったのだろう。このことは実は重要な意味をもつ。若槻や国民の戦後の懐旧も、あるいは西園寺や政党政治家の戦前の宇垣待望論も、すべて実現しなかった（または未だ実現していない）宇垣の政治外交政策への憧憬として語られ、現実に実行された宇垣の政治外交政策への評価に基づくものではなかった。そしてこのことは同時代人の宇垣評に限られる問題ではない。

結果的に選ばれなかった「第三の選択肢」宇垣一成に、民主主義と国際協調主義への回帰の道筋を見出し、その政治的可能性を高く評価することは、同時代の政党主義者、国際協調主義者のみならず、現代の歴史学者や政治学者の多くに共通する傾向でもある。

たとえば酒井哲哉は、「陸軍穏健派」として「陸軍急進派を抑えようとした宇垣＝南系の将官」が満州事変の拡大阻止に果たしえた可能性を高く評価し、その「宇垣＝南系の将官」の没落が、急進派の独走を許し、終には満州国建国につながってしまったと主張した。また満州事変以降にたびたび試みられた政民提携による宇垣内閣構想こそ、「選出勢力〔既成政党〕の復権という点でも、対軍部統御機能の回復という点でも、（中略）この時期考えられた内閣構想として最も優れたもの」であったとした。しかし一九三一年から一九三六年の「危機の時代」に「穏健派諸勢力」が「ある程度リスクをおかしても」宇垣の登用に踏み切れなかったことが、「危機の構造化」を許し、結果として一九三七年の宇垣への大命降下は「既に遅きに失していた」のだと結論づけた。酒井は宇垣内閣がついに実現しなかったことが、「穏健的路線」回帰の失敗につながったのだとし、そして宇垣内閣が実現しなかった原因を「穏健派諸勢力」の宇垣登用への逡巡に求めたのである。[8]

井上寿一は、宇垣は「満州事変の際には自派の南陸相－金谷〔範三〕参謀総長のラインを支持して、不拡大に努めていた」とし、宇垣の対中構想には「日中関係打開の道が残されていた」と評価している。また宇垣「流産」内閣に関しても、「宇垣自身は、石原〔莞爾〕といわず陸軍のいかなる勢力とも譲歩を含むような協力には、応ずる意思がなかった」として、宇垣「流産」内閣と陸軍の政治的間隙を強調している。[9]

坂野潤治は、宇垣は満州事変の勃発に際しては「むしろ積極論者」であったが、その積極論は列強の反発は回避すべきという「前提もしくは読み」の枠内のことであったとした。[10] 坂野はまた、幻に終わった宇垣内閣こそ、政友会と民政党の二大政党の提携に支えられた「政党政治擁護」の内閣であり、「戦争と軍ファシズムに反対する」「日本版人民戦線内閣」であったと定義した。しかし、「半年後の日中戦争を回避できたかも知れない宇垣一成の組閣に際して、天皇側近や元老西園寺公望には、この内閣が戦争回避のための最後の橋頭堡だというほどの認識はなかった。気軽に組閣の大命を下し、気軽にその失敗を受け容れたのである」とし、とくに内大臣湯浅倉平の「相当に安易な後継首相の決定」と、陸軍の反対に会った時の「投げやり」で「無責任」な態度を非難した。[11]

北岡伸一は、「宇垣が戦争を止めることができたか、できなかったかは、簡単に答えることはできない」としつつも、「宇垣において、われわれは、軍事力についての客観的な考察と、それを行使すべき背景たる国際情勢に関する認識と、そして軍事力を支えるべき国内政治のあり方について、ある程度まとまった考察を見出すことができる。それは、いかなる国家においても必要でありながら、昭和陸軍において失われたものであった」とし、結果として日中戦争、太平洋戦争へと突き進んだ「昭和陸軍」と宇垣の差異を強調することで、宇垣の政治的可能性を評価している。[12]

もっとも研究者のなかには井上清のように宇垣の政治姿勢に対して辛辣な評価を下している例もある。[13] しかし井上の研究は特定の政治的立場に立脚したものであり、今日ではその学問的評価は「困難」である。少なくとも近年の研究は、宇垣の政党政治や国際協調主義に対する親和性を認め、宇垣に戦争を回避し、政党政治を復活しえた政治的可能性を見出している。端的に言って宇垣に対するポジティブな評価はほとんど定着しているのである。[14]

もちろん、筆者も宇垣の「第三の選択肢」としての価値、「大正デモクラシー」体制回帰の手段としての宇垣の可能性を否定するものではない。「戦争と軍ファシズム」の時代にあって、宇垣の政治的「穏健性」や極めてリアリスティックな国際感覚は確かに同時代の政治家や軍人の水準を超えたものだった。そして宇垣軍縮で「証明」したその政治力、断行力とあわせて考える時、宇垣に「大正デモクラシー」体制への回帰や日中戦争、太平洋戦争回避の可能性を見出すことは極めて自然なことだろう。その「可能性」という点で、同時代に宇垣を上回る政治アクターは恐らく存在しない。前述の同時代人や研究者の宇垣評もそれを裏書きしていよう。

しかしここで一応注意しておかなければならないことは、こうした宇垣の政治志向やそれに由来する潜在的可能性、あるいは周囲の期待と、実際の政治局面で宇垣がいかに振る舞ったのかという問題は、厳に峻別して考えなくてはならないという点である。本来的な政策志向や意図と現実の政治施策、結果が相反してしまった例は数多い。宇垣の同時代においても田中義一や、最も悲劇的な事例として近衛文麿の例を挙げることができよう。この点は宇垣研究を行ううえでも（筆者を含め近年の研究者が宇垣の政治的可能性を高く評価するだけになおさら）、細心の注意を払って考察しなくてはならない。しかし前述の諸研究は、宇垣内閣が陸軍の反対の前に「流産」に追い込まれたというその一点をもって、宇垣内閣の政治的性格を定義し、そこから実現を見なかった宇垣の政権構想を漠然と推測することで宇垣評価を行っている。宇垣「流産」内閣とはいかなる内閣だったのか、宇垣は自身の政権で何をなそうとしていたのか、踏み込んだ考察を行っているわけではない。

また、当該期に宇垣が政治アクターとして深く関わった政治事象は宇垣内閣「流産」だけではない。宇垣は一九二四年に清浦奎吾内閣の陸軍大臣に就任してから第一次近衛文麿内閣の外務大臣を辞任する一九三八年まで、一五年間も政治の表舞台にあった。この宇垣の長い政治的人生を「流産」で実現を見なかった政治的可能性のみによって評価することにはそもそも無理があろう。しかし、戦間期において宇垣が主体的に関わった種々の歴史的転換点で、宇垣が一体何を考え、どのような施策を立て、実際にどう振る舞ったのか、そしてなぜ成功し、または失敗したのか、具体的、厳密に検証した研究はほとんどないのである。したがってこの点に関しても、従来、宇垣評価の根拠とされてきたものは、宇垣軍縮で示された政治力であるとか、陸軍大臣時代に見せた政党政治への協調性だとか、あるいは『宇垣一成日記』に断片的に表される政治批評に基づく漠然とした印象論に過ぎないのである。そして既存研究は、「宇垣一成」という選択肢が選ばれなかった原因を、もっぱら周囲（元老、宮中側近、政党政治家、軍部）の無理解や危機感の希薄さに求めている。もちろん、筆者もそうした要因を否定するものではない。しかし宇垣の政治活動期は一五年に及ぶ。その間、宇垣の政治的没落の原因をもっぱら宇垣以外の政治アクターに漠然と負わせるのも相当に無理があろう。宇垣の可能性を評価すればするほど、宇垣の政治的没落の責任主体と原因は厳しく検証されるべきではないか。

本書は以上のような問題点を踏まえ、戦間期において宇垣が主体的に関わったさまざまな政治場面で、宇垣が何を考え、どう行動し、結果、そのことが日本の事後の進路にいかなる影響を与えたのか、できうる限り実証的に解明しようとするものである。本書の議論を通じて、宇垣の持ちえた政治的可能性は可能性として認めつつも、宇垣の現実的政治局面での実像を解明し、実現されなかった可能性への憧憬ではない、政治家「宇垣一成」に対するリアルな評価を下すことが可能となる。そして政党政治と国際協調主義から軍部「独裁」と対外硬、武力進出路線へと歩を進める日本が、各方面からの待望論と本人の意欲にもかかわらず、なぜ「宇垣一成」という「第三の選択肢」を選ぶことができなかったのか、その理由と未選択に至る具体的プロセスが論理的に明らかにされる。

そしてこの問題は単に宇垣個人の政治的成否に止まるものではない。「穏健派諸勢力」にとって宇垣が「大正デモクラシー」体制回帰の最後の手段であったのならば、宇垣の政治的没落は、政党政治と国際協調主義への回帰が完全に不可能となる過程と軌を一にしているはずだからである。事実、宇垣の政治的没落は、結果として政党政治、国際協調主義への回帰の可能性を消滅させた。宇垣の没落と入れ替わるように、「近衛文麿」という新たなアクターが政治舞台の主役に躍り出る。近衛の政治的登場は、ある点では宇垣の政治的没落の「代償」であった。しかしその「代償」は、宇垣に託されていた政治的可能性を実現することができなかった。近衛文麿は、外にあっては第一次近衛声明（「対手トセス」声明）と汪兆銘の引き出しによって蔣介石国民党政府との和平を困難化し、内にあっては「近衛新体制」によって歪で無力な「公事結社」大政翼賛会を現出させ、全政党を消滅させた。これによって政党政治と国際協調主義への回帰の可能性は（少なくとも短期的には）、物理的に著しく減退することになる。「近衛文麿」という選択肢は結果として惨憺たる歴史的結末をもたらすことになる。換言すれば、宇垣の政治的没落による「宇垣から近衛へ」という政治的主役の交代劇は、政党政治と国際協調主義への回帰の可能性が消滅する歴史的転換点ともなるのである⑮。

二　本書の構成

(1)　第Ⅰ部　「軍縮」の時代

「大正デモクラシー」期の政策律にコミットした軍人政治家という宇垣イメージの原点となった出来事が、宇垣が加藤高明内閣の陸軍大臣として断行した軍制改革「宇垣軍縮」（第一次軍制改革）である。この成功によって、宇垣は政党内での評価を確固たるものにし、あわせて陸軍部内での権威も確立した。しかしその約五年後、浜口雄幸内閣の陸軍大臣となった宇垣は第二次軍制改革（第二次宇垣軍縮）に挑み、参謀本部の猛反対の前に屈服、現役を退き朝鮮に去る。宇垣軍縮を鮮やかに成功させた宇垣は、一体なぜ第二次軍制改革に失敗したのだろうか。第Ⅰ部では「軍縮」をめぐる宇垣の成功と挫折に注目する。

第Ⅰ部第1章では、宇垣軍縮と第二次軍制改革の実相を明らかにし、なぜ宇垣軍縮は「成功」したのか、またなぜ第二次軍制改革は「失敗」したのか、その原因を解明する。同章ではとくに両改革における参謀本部の論理と役割に注目し、参謀本部の態度が両改革の成否に決定的影響を与えていた事実を明らかにする。また結果として失敗に終わった第二次軍制改革であるが、実は「軍縮」成功の芽は相応に存在したこと、しかし軍制改革をめぐる宇垣と参謀本部の思惑の食い違いによって、その芽が絶たれる過程も明らかにする。

第二次軍制改革で装備近代化とともに重要な問題となったのが外地兵備改編構想である。第Ⅰ部第2章においては、この外地兵備改編構想に注目する。外地兵備改編を目指した宇垣の構想に、参謀本部は装備近代化優先の観点から激しく抵抗した。しかし宇垣退任後、参謀本部は一転して宇垣時代とは異なる観点から外地兵備改編を推し進めようとする。参謀本部の方針転換の裏には、宇垣の辞任に連動した満蒙問題武力解決構想の公式化と参謀本部内の政治勢力図の変化が存在した。元来穏健な満蒙政策を主唱していた宇垣の辞任を契機として、満蒙問題武力解決構想は陸軍省部の組織的見解となる。宇垣の辞任は満州事変の勃発に大きな影響を与えることになる。宇垣辞任と満州事変の勃発は、第二次軍制改革を媒介に密接に結びついていたのである。

(2) 第Ⅱ部　宰相への道

既存研究の多くが、日本の事後の進路に決定的影響を与えた瞬間として指摘するのが宇垣内閣「流産」である。本書も第Ⅱ部で宇垣内閣「流産」の問題を取り扱う。ただ本書では「流産」の瞬間ばかりに注目するのではなく、「流産」を引き起こした歴史的経緯、深層的原因をより長い歴史的レンジ、より高い俯瞰で考察し、あわせて宇垣「流産」内閣の再評価も試みたい。

第Ⅱ部第1章で扱うのは「宇垣時代」における陸軍派閥対立の問題である。宇垣が自身と政治的に対立した「上原派」と、その「上原派」を引き継いだ「皇道派」からの反宇垣宣伝に悩まされ続けたことは周知の事実であろう。こうした反宇垣宣伝はやがて部内に広く流布して「反宇垣熱」煽動に大きな役割を果たし、元老、重臣層に宇垣を次期首相候補として奏薦することを何度も躊躇させる。そして最終的には宇垣内閣「流産」に帰結する。「宇垣時代」の派閥対立が宇垣の政治的人生に与えた影響は過小評価できない。しかしその一方で、従来の研究史では「宇垣派」と「上原派」、「皇道派」の対立図式のみが無批判に受け入れられ、その実相について踏み込んだ考察がなされることはなかった。筆者は「宇垣派」と「上原派」の「和解」という新たな観点からこの問題を再検討してみたい。宇垣軍縮によって「上原派」との関係を決定的に悪化させた宇垣は、浜口内閣での陸軍大臣復帰に際して、「上原派」との敵対関係を緩和するべく行動していた。第1章においては、従来ほとんど知られてこなかった宇垣による「上原派」慰撫の試みを明らかにする。また我々は宇垣が結局「皇道派」による反宇垣宣伝に苦しめられ続けた事実を知っている。つまり宇垣による試みは失敗に終わったのである。なぜ宇垣の「上原派」融和策は失敗することになったのだろうか。そしてそのことは宇垣の政治的人生にいかなる影響を及ぼすことになるのだろうか。

第Ⅱ部第2章で論じる問題は宇垣内閣「流産」に直接的に関係する、宇垣と「統帥権独立」の問題である。大命降下を受けた宇垣は陸軍の反対によって陸軍大臣を得ることができずに組閣断念に追い込まれた。宇垣の組閣を阻んだものは統帥権独立概念に由来する「軍部大臣現役武官制」の規定である。明治憲法のもとで軍部を「政治」から不可触な存在にしてきた統帥権独立制が「政治家」宇垣の前に立ち塞がったのである。この事件は、「大正デモクラシー」期の安定した政軍関係が今や過去のものであり、軍部が合法的手段で内閣の死命を思いのままに制することができることを極めて露骨な形で世に宣明した象徴的出来事であった。しかし統帥権独立制をめぐっては、宇垣内閣「流産」の時のように常に軍部が攻勢的立場にあったわけではない。むしろ「大正デモクラシー」期においては、軍部は統帥権独立制に対する政党からの攻撃によって常に守勢に追い込まれていた。そして実際の国政運営においても、原敬内閣成立以降、両者の間には、内閣にコミットした陸軍大臣（田中義一や宇垣）の存在を前提として、政治優位の政軍関係が確立してきた。「大正デモクラシー」期に実践が積み重ねられてきた政治優位の政軍関係は、一体なぜ脆くも崩壊することになってしまったのだろうか。「大正デモクラシー」期に確立したかに見えた政治優位の政軍関係の「慣例」は、一体なぜ政治優位の政軍関係システムを「制度」として確立することに結びつかなかったのだろうか。第2章においては以上の問題意識に基づき、宇垣と統帥権独立制の関係を論理的に明らかにする。そして宇垣内閣「流産」をもたらした深層的原因を解明していく。

そしてこの第2章での議論を受け、第Ⅱ部第3章において、「政治家」宇垣一成のクライマックスともいうべき最大の問題、宇垣内閣「流産」を取り扱う。従来この問題は、政党政治復活を目指した「現状維持的」既成政党に担ぎ上げられた宇垣と、「革新的」国家改造を志向する陸軍の正面衝突として語られてきた。しかしこの図式は果たして全面的に正しいものなのだろうか。宇垣は自身の政権で何をなそうとしていたのだろうか。そして宇垣を支持していたはずの既成政党勢力は「流産」の危機に際してなぜ宇垣を見捨ててしまったのだろうか。

(3) 第Ⅲ部　戦争の時代

第Ⅰ部で論ずるように、宇垣辞任と満州事変の勃発は密接に関係していた。また宇垣は陸軍大臣就任以前から大陸問題に並々ならぬ関心を寄せており、陸軍大臣就任後は大陸問題の解決を自身の政治的使命と考えていた。また実際にも第一次近衛文麿内閣において、宇垣は外務大臣として日中戦争和平工作「宇垣・孔祥熙工作」に着手することになる。この「宇垣・孔祥熙工作」の挫折が汪兆銘引出しに結びつき、蔣介石国民党政府との和平の道を物理的に困難化してしまったこと、そして日中戦争がやがて太平洋戦争へと連続的に結びつくことを考えれば、宇垣が外相としてすごした四カ月は、ある意味で宇垣内閣「流産」よりも遥かに重い政治的意味があったと言えよう。第Ⅲ部では宇垣の日中戦争和平構想を中心として、満州事変から日中戦争に至る「戦争の時代」に宇垣が果たしえた政治的役割に着目する。

宇垣の和平構想に踏み込む前提として、まずは第Ⅲ部第1章において宇垣の対中政策の推移を概観する。この章では宇垣の対中政策が経済発展と列国協調に主眼を置いた概して穏健なものであったことが確認される一方、満州事変勃発後は宇垣が従来の穏健策をかなぐり捨てて突然急進化した事実、しかしやがて宇垣の強硬論は落ち着きを見せ、日中戦争勃発時には再び当初の穏健路線に立ち戻って戦争拡大に反対した事実が指摘される。なぜ穏健な満蒙政策を志向していたはずの宇垣は、突然急進化して満州事変の拡大を支持することになるのだろうか。またなぜ再びかつての穏健策に立ち戻ることになるのだろうか。そこには対中政策、対満蒙政策をめぐる宇垣の認識に由来する論理的理由が存在したことが明らかにされる。そして対外危機の勃発に際して「穏健派」宇垣が果たしえた役割の限界が解明される。また同章では第一次近衛内閣への宇垣の内閣参議、外務大臣としての入閣問題も取り扱う。近衛は一体何を期待して宇垣を参議、次いで外務大臣に就任させたのであろうか。またこのことは対中和平をめぐる両者の関係にいかなる影響を与えることになるのだろうか。

以上の議論を前提として、第Ⅲ部第2章では宇垣の外務大臣としての和平工作に焦点を当てる。宇垣の和平構想とはいかなるものだったのだろうか。そして宇垣は一体なぜ、あのタイミングで和平工作を放り出して辞任しなければならなかったのだろうか。宇垣の辞任がなければ和平実現に有意の可能性はあったのだろうか。太平洋戦争へと続く歴史的途上で宇垣が決定的役割を果たしえた最大にして最後の瞬間の実像を解明する。

［付記］

本書では宇垣が関与したとされる「クーデター未遂事件」三月事件を直接の考察対象とはしていない。これは現状では同事件の実像を裏づける史料が極めて乏しく、実証的研究には限界があること、およびそれにもかかわらず、限定的な諸史料や既存の研究[16]によって、三月事件と宇垣の関わりについては常識的に妥当性が極めて高いと思われる「推測」が可能であると考えるからである。すなわち、宇垣が事件へ一定程度関与（少なくとも計画の存在をある程度認識）していたことはほとんど間違いなく、場合によっては事件の「騒擾」を政権獲得に利用する思惑もあったと思われる。しかし同時に、軍隊を動員したあからさまな「武力クーデター」までも容認していたとは考え難く、その急進性が判明すると、宇垣は計画を抑圧、中止に追い込んだと考えられる。もっとも、計画が宇垣の「側近」と目された者（小磯国昭）によって主導された事実、少なくとも計画の発端においては宇垣が一枚噛んでいた事実、そのために自身を含めた関係者の処分をなしえなかった事実は、後に大きな禍根を残すことになる。

注

（1）松村秀逸『三宅坂』（東光書房、一九五二年）三三頁。本書では、宇垣が初めて陸軍大臣となる一九二四年から朝鮮総督となる一九三一年までの期間を指して使用する。
（2）幣原喜重郎『外交五十年』（中央公論社、一九八七年）一八九～一九一頁。
（3）若槻礼次郎『古風庵回顧録』（読売新聞社、一九五〇年）四三四～四三五頁。
（4）原田熊雄『西園寺公と政局』六巻（岩波書店、一九五一年）三三〇頁。
（5）松下芳男『宇垣一成と南次郎』（今日の問題社、一九三六年）九～一五頁。
（6）坂野潤治「政党政治の崩壊」（坂野潤治他編『日本近代史における転換期の研究』山川出版社、一九八五年）。
（7）宇垣一成『宇垣一成日記』二巻（みすず書房、一九七〇年）一一一八頁。
（8）酒井哲哉『大正デモクラシー体制の崩壊』（東京大学出版会、一九九二年）第一部。
（9）井上寿一『危機の中の協調外交』（山川出版社、一九九四年）第八章。しかし一方で井上は、宇垣の対中構想は中ソ不可侵条約で致命的な打撃を受け、以降は「軍事的なアプローチによってしか、日中戦争の解決策を示し得なくなった」と至極簡単に結論づけてしまっている。
（10）坂野潤治『近代日本の外交と政治』（研文出版、一九八五年）第三部第二章。
（11）坂野潤治『昭和史の決定的瞬間』（筑摩書房、二〇〇四年）。宇垣「流産」内閣に関する議論は全編で展開されているが、引用文は六二頁、九九～一〇一頁、一一九頁からである。

(12) 北岡伸一『官僚制としての日本陸軍』（筑摩書房、二〇一二年）三四四頁。
(13) 井上清『宇垣一成』（朝日新聞社、一九七五年）。
(14) 本書初稿の執筆後、戸部良一が宇垣の政治的立ち位置に関して論考を発表している。「宇垣は、『現実主義』と『大革新政策』の交錯したところに自らの立場を位置づけよう」としていたとし、宇垣の政治的アンビバレンスに着目した戸部の宇垣評は、筆者の宇垣解釈と相通じる部分がある。しかし本書をお読みいただければわかるように、個々の政治事象における事実認定やその評価に関して、筆者は戸部と意見を異にする点がある（戸部良一「宇垣一成待望論の実相」戸部良一編『近代日本のリーダーシップ』千倉書房、二〇一四年）。
(15) 筆者は近衛新体制以降の旧政党勢力の存在や政党政治復活の可能性、国際協調の試みを否定するものではない。とくに政党解散後も旧政党勢力が帝国議会を根城に大きな政治力を維持し続けたことは近年の諸研究が指摘するところである（代表的なものとして古川隆久『戦時議会史』吉川弘文館、二〇〇一年。当の「戦時議会人」も同様の主張を行っていた。中谷武世『戦時議会史』民族と政治社、一九七四年。もっとも中谷が「議会人」の代表として適切か否かは議論のあるところであろう）。しかし結局のところ政党内閣が復活することはなく、議会が往年の権威を回復することもなかった。また当の旧政党勢力自身が政治政党の復活を試み続けたこと自体が、新体制による政党消滅の影響の大きさを裏書きしている。その意味で近衛新体制の成立を政党史、議会史上の最大のメルクマールと見なすことは依然として正当である。
(16) たとえば堀真清「三月事件」（堀真清編『宇垣一成とその時代』新評論、一九九九年）。小林道彦『政党内閣の崩壊と満州事変』（ミネルヴァ書房、二〇一〇年）第一部第二章補論。渡辺行男『宇垣一成』（中央公論社、一九九三年）第二章。

第Ⅰ部

「軍縮」の時代

『東京朝日新聞』1929年7月14日

宰相の座をにらみつつ、宇垣は軍制改革に勤しむ。いつのまにか総理の分銅とつり合うほどに貫禄が増してきたようだ。

第1章　宇垣軍縮の再検討

はじめに

一九一九年、未曾有の損害を交戦各国にもたらした第一次世界大戦がパリ平和会議によって終結すると、欧州、米国を中心に平和主義の風潮が高まった。翌二〇年に初の国際的平和維持機構である国際連盟が発足、続いて二一～二二年にはワシントン会議が開催され、太平洋、東アジアの現状維持と海軍軍縮を根幹とするワシントン体制が成立する。

国内でもこうした国際動向と戦後不況が相まって、軍備縮小の機運が高まっていた。第四四議会において、尾崎行雄が「軍備制限決議案」を提出したのを皮切りに、翌四五議会では、大岡育造が「陸軍ノ整備縮少ニ関スル建議案」を、犬養毅が「軍備縮少ニ関スル決議案」を相次いで提出した。

他方、大戦で本格的な戦闘経験を持たなかった帝国陸軍の装備は、大戦を通じて質量ともに飛躍的に向上した欧米列強に比して完全に陳腐化してしまった。旧式化した装備の近代化は急務であった。しかし政府、世論からの軍縮要求と陸軍部内からの装備近代化要求を両立させることは容易ではなく、陸軍は困難な立場にあった。

こうしたなか、加藤高明内閣の陸軍大臣宇垣一成は、四個師団もの戦略単位を削減し、その節減経費を近代化に充当する財源自弁方式により、この二面的要求に答えてみせた。「この大整理で、宇垣大将はうらまれもしたが、大きな権力も握ることになり、所謂宇垣時代をつくったのである」[1]。陸軍「穏健派」の巨頭としての宇垣の声望は、この「宇垣軍縮」（第一次軍制改革）をもって始まる。そして宇垣の政界進出を阻む陸軍の「反宇垣熱」も、この宇垣軍縮を動機の一つとしている。その意味で、宇垣軍縮は戦間期政軍関係史上のターニング・ポイントを形成する。

他方、浜口雄幸内閣時に「第二次宇垣軍縮」として開始された改革が第二次軍制改革である。この改革は、満州事変の勃発や陸軍の「革新的政治勢力」としての突出とも同期し、「宇垣時代」の終焉を表象する出来事となっている。

そのため両改革に関してはこれまで相応の研究業績が積み重ねられてきた[2]。しかしでは、こうした諸研究によって両改革の実相が学問的に十分解明されたかというと、必ずしもそうとは言い難いのである。

たとえば既存研究においては、第二次軍制改革で展開された宇垣と参謀本部の争いを、宇垣軍縮以来続く、政府、世論の経費節減要求にも一定の配慮を払う「軍縮派」と純軍事的セクショナル・インタレストに立脚した「反軍縮派」の争い、あるいは軍備思想をめぐる「近代化重視派」と「数的兵力重視派」の争いと見なしてきた。確かに第二次軍制改革において参謀本部は宇垣の改革案に激しく抵抗した。両改革を「軍縮派」、「近代化重視派」と「反軍縮派」、「数的兵力重視派」の対立構図でとらえ、宇垣軍縮で一旦勝利したかに見えた宇垣＝「軍縮派」、「近代化重視派」が、第二次軍制改革においては参謀本部＝「反軍縮派」、「数的兵力重視派」の巻き返しの前に敗北したとする図式は、極めて簡明でわかりやすい[3]。

しかし視点を宇垣軍縮時に転ずると、実はその参謀本部は宇垣軍縮の主唱者であり、推進力であった。この事実はこれまでほとんど指摘されてこなかった[4]。参謀本部が「大規模な数的兵力削減による装備近代化」である宇垣軍縮を推進していたのならば、第二次軍制改革時に参謀本部が立場を一変させたのはなぜなのだろうか。参謀本部の変心についてなんらかの論理的説明が求められよう。あるいは第二次軍制改革を「軍縮派」、「近代化重視派」と「反軍縮派」、「数的兵力重視派」の対立構図一辺倒でとらえること自体にも、一定の見直しが必要になるかもしれない。

実は第二次軍制改革において宇垣の改革案に反対した参謀本部であるが、「軍縮」の実行そのものを拒否していたわけではない。参謀本部は独自の改革案を提示していた。そしてこの参謀本部の改革案は、「軍縮案」としても「装備近代化案」としても一定の合理性を有するものであり、むしろ宇垣の改革案よりも「実行」性において優れたものだった。しかし宇垣はこの参謀本部案に乗ることができなかった。参謀本部の改革案とはいかなるものであったのだろうか。またなぜ宇垣は参謀本部案の採用を拒否したのだろうか。第二次軍制改革時の両者の立場、主張を精査すると、政府の軍縮要求にも配慮して経費節減と装備近代化を両立しようとした宇垣と、純軍事的セクショナル・インタレストと数的兵力維持の立場からこれに反対した参謀本部という図式は、間違いとは言わないまでも、事態の一面のみをことさらに強調した結果であると言わざるをえないことが判明する。

また問題を両改革の事実関係に限っても、実は既存研究には宇垣や参謀本部の構想に関してなお再検討を要すると思われる点が散見される。制約された史料状況のもとでは致し方ない面もあろうが、その高名さにもかかわらず、宇垣軍縮と第二次軍制改革の実相は、未だ完全に解明されたとは言い難いのである。

本章は以上の問題点を踏まえて、両改革期の陸軍内外の諸関係を考察し、宇垣や参謀本部がいかなる構想を抱いていたのか、その実相を解明する。そして宇垣軍縮はなぜ成功し、また第二次軍制改革はなぜ失敗することになるのか、その原因を考察する。

一 山梨軍縮

日露戦争終結後、帝国陸海軍は「明治四〇年国防方針」を策定、陸軍は来るべきロシアとの再戦に備え、平時二五（戦時五〇）個師団からなる所要兵力を確定した。これに基づき、現有平時兵力一七個師団から取り敢えず二個師団を増設した。残り六個師団は財政状況を見て整備するとされたが、一九一五年に朝鮮二個師団の増設が決定され、平時二一個師団の体制が確立した[5]。

一九二一年一〇月一三日、参謀本部は現有平時兵力二一個師団（優良装備）を基礎に、戦時にはこれに特設師団一九個（次等装備）を増強して計四〇個師団とする兵力案を作成し、陸軍省と協議に入った（戦時総兵力決定に関する会議）。しかし国内生産の減退により、四〇個師団分の戦時装備品の補給見通しはつかない状態であった。この実情は参謀本部でもよく理解されていた。したがって参謀本部でも、四〇個師団は「特別ノ方法ニ依リ編成スヘキ最大限ヲ示スモノニシテ動員計画ニ於テハ毎年編成スヘキ数ヲ省部ノ間ニ於テ協定」し、「陸軍省ノ確実ニ補給シ得ル部隊数ヲ相談スル」考えであった。つまり戦時四〇個師団の完備は理想案であり、現実にはこれより縮小されるであろうことを参謀本部も覚悟していた。これに対して陸軍省は、「毎年ノ審議ヲ避ケ実際的兵力ヲ得ル為茲ニ中間目標ヲ決定スルコト」を要望した。すなわち、現時点で戦時に実現可能な装備完備（＝優良、次等装備）師団数（陸軍省の計算では大体三〇個師団）を確定して当面の整備目標とし、自余は「三流装備」に止めることを求めた。そこで参謀本部は、一九二三年度までは優良装備二一個師団と次等装備一一個師団を確保し、自余の八個師団の装備は「三流」とし、その動員は別途協議とする案（戦時三二個師団＋α案）を再作成し、省部間の合意が成立した。戦時四〇個師団という参謀本部の目標は認められたものの、そのうち一定レベル以上の装備を完備した師団は、三二個位が限界であることが明確となった[6]。

この頃から、陸軍部内では程度の差こそあれ、軍縮甘受の認識が広がり始めた。たとえば宇垣一成（第一〇師団長）は、経済、教育に傾注して総合的国力を増大するためならば、軍備縮小による「一時の我慢耐忍は異日の幸福、軍備の完全を齎すことあるべし」と言う[7]。また、反軍縮の最強硬派として知られた田中国重も、ワシントン会議への参加（陸軍随員）を契機として、ある程度の軍備制限は受け入れざるをえないとの意見に転じている[8]。ワシントン会議時には、なんらかの「軍縮」（＝装備近代化による段階的な数的兵力縮小）の必要は陸軍の公式見解となっていた[9]。

こうしたなか、一九二二年三月から、参謀本部は上原勇作参謀総長のもとで国防方針の二次改定協議を行っていた。翌年二月、「日本帝国ノ国防方針」、「帝国軍ノ用兵綱領」、「国防ニ要スル兵力」が裁可され、戦時四〇個師団計画が確立した。この当時、朝鮮二個師団は警備用として動員しないことになっていたから[10]、これは現有平時二一個師団の維持を意味する（一九個師団×二倍動員＋朝鮮二個師団＝四〇個師団）。

この国防方針二次改定とほぼ時を同じくして、陸軍大臣山梨半造の下、装備近代化のための軍制改革構想が練られていた。「山梨軍縮」である。一九二一年夏頃より開始された立案作業は、一二月頃までに大体完了した。それは厳しい財政状況を考慮して財源自弁方式とされ、平時兵力の約五万人削減と、被服、弾薬、糧秣、建物、土地整理によって財源を捻出、この全額をもって装備近代化を図るというものであった。装備近代化事業は二三年度より始めて四～五年で完成させることとされた[11]。

しかし一九二二年、第四五議会における国民党、憲政会、政友会による強力な軍縮圧力の前に、陸軍は譲歩に次ぐ譲歩を余儀なくされた。結局、陸軍は約五個師団相当、将校二一六八名、准士官以下五万七二九六名、馬匹一万三〇〇〇頭を削減、満州独立守備隊の廃止と朝鮮師団の高定員制度[12]の廃止も決定された。この結果、二三～

三三年間に経常費合計三億一四七三万円、臨時費四一一二万円が削減、全体で三億五五八三万円の削減となる。また継続費は大幅に繰り延べられ、国防充実費物価騰貴分一億三〇〇〇万円の請求権の放棄も決定した。他方、装備近代化のための総額九六一三万円は認められたものの、一三年間の年度割とされ、しかも最終年度を不自然に増額した年度割であったため、その実現すら危ぶまれた。

山梨軍縮は、五個師団相当の人員を削減しながらも、「現在の常備廿一個師団の形式的戦闘力を、ドコ迄も平時から保持して行かうとする方針[13]」によって、「日本帝国ノ国防方針」が求める「国防ニ要スル兵力」戦時四〇個師団にともかく順応した。軍備拡張の際、人員の増強は比較的容易であるが、師団の増設は技術的にも政治的にも遥かに困難だからである[14]。

山梨軍縮は上原総長の強い影響下で進められ、その意味では「山梨・上原軍縮」とでもいうべきものであったとされる[15]。しかし人的兵力量で「国防ニ要スル兵力」に対応した一方で、その近代化政策は極めて不徹底に終わってしまった。上原総長自身は装備近代化に並々ならぬ熱意を持っていたとされる。「兵器類や装備の性能には、かなり強い関心をもっていた」という[16]。だが師団削減には踏み込めず、かといって政党からの節約経費国庫還元要求を拒むこともできず、結局は不徹底な近代化を選択せざるをえなかった。その意味では「山梨・上原軍縮」は「徹頭徹尾精兵多兵主義[17]」であった。上原自身も結果的には装備近代化より人的兵力維持を重要視したことになる。人的兵力維持を極端に重視した田中国重は、装備近代化はあくまで人的兵力を維持したうえで行うべきものであると認識していたが、山梨軍縮に関しては「衷心満足」であり「慶賀之至」と評した[18]。結果として山梨軍縮が、田中国重の思想に沿うものであったことは否定できない。

しかし「軍縮」に装備近代化をより強く期待した向きには全く別の評価となる。宇垣は山梨軍縮をして、「慾張婆がチビリ〳〵と財布の金を出す様な醜体を演」じ、「外部よりツツキ廻はされて譲歩に譲歩を重ね改変に改変を加えて、奇形児の誕生を見る」と評した。そして「人五万数千馬一万頭を減じたる欠陥の代価が軽機関銃中隊に六個なりとは言語同断である。而かも其整備に十三年を要するとは驚き入らざるを得ず」と批判する[19]。本来は装備近代化のために計画された山梨軍縮が、捻出経費の国庫還元により全く骨抜きにされてしまったのだから、陸軍内に不満が広がるのも当然であった。とくに野戦砲兵連隊六個の廃止には野砲兵科から怨嗟の声が上がった[20]。後の宇垣軍縮に対する批判の前に霞みがちだが、山梨軍縮に際しては、装備近代化の不徹底ゆえの不満が広がっていた。

この頃から、陸軍部内では微温的な山梨軍縮に対して、師団削減による抜本的軍制改革構想が論じられるようになる。陸軍航空部員小磯国昭は四個師団削減による航空兵力増強を主張し[21]、また陸軍省軍務局航空課長四王天延孝は、「七鎮台位（七個師団の意か）」の削減を考えていた[22]。また青島守備軍司令官由比光衛（陸軍大将）は、平時五個師団削減と師団の三単位化（一個師団–歩兵四個連隊制を三個連隊制へ）による大幅な縮小と、捻出経費による抜本的近代化を提唱した。由比は比較的政治色の薄い存在だったようだが、高級将官にもこのようにラディカルな改革案があったのである[23]。

しかし、こうした師団削減に踏み込んだ軍制改革案は、「国防ニ要スル兵力」が規定した戦時四〇個師団を否定することで、二次改定後の国防方針を真っ向から否定するものであった。起案責任者である上原総長との対立は決定的となる。

こうしたなか、一九二三年八～九月、教育総監部本部長となっていた宇垣は、「陸軍改革私案」を執筆している。改革項目は多岐にわたるが、航空隊を少なくとも一〇個大隊（三〇個中隊相当）まで拡張すること、戦車隊三～四個大隊（二個中隊制）を新設すること、歩兵中隊の軽機関銃を一二～一五丁とすること、科学研究体制の整備などを目指している。そして諸改革の経費捻出のため、やむをえぬ場合は「師団二、三個を某年限間休隊の姿勢にあらしむる」としている。この時点ではまだ師団廃止までは考えていなかったことがわかる[24]。

二 宇垣軍縮

一九二三年九月一日、関東大震災が発生、首都近郊は壊滅的打撃を受ける。前述のように、陸軍では山梨軍縮による装備近代化を不徹底とし、再度の近代化事業の必要が認識されていたが、震災により近代化予算の新規獲得はほとんど不可能となった。そのため、参謀本部総務部長阿部信行によれば、「已むなくんば師団の数を減らしてでもさういふものを拵へようぢやないかといふことを参謀本部の発意で言ひ出した」[25]。こうして震災直後から参謀本部で軍制改革研究が始まった。参謀本部での研究の中心となったのは阿部、黒沢準第一部長、古荘幹郎第一課長、畑俊六第二課長であった。そして「参謀本部案を作りましてそれを陸軍省に移したわけです。それを宇垣陸相が取り上げた」[26]。畑の回想によれば、研究は「例の強がり屋一派が為にする反対」を避けるため極秘に行われ、一二月頃には早くも経費捻出のために四個師団を削減することが決定した[27]。山梨軍縮を主導した上原は、すでにこの年三月に参謀総長職を退いていた。従来あまり指摘されてこなかったことだが、上原総長退任後の参謀本部が、国防方針改定から一年も経たぬ間に、戦時四〇個師団構想の放棄を意味する平時師団削減の先鞭をつけたことは興味深い事実である。後に参謀本部の要職を歴任する稲田正純（当時は陸軍大学校学生）によれば、「宇垣軍縮というのは参謀本部が考えたこと」で「宇垣がやつたのではなくて、参謀本部がやつた」のだという[28]。削減師団数自体も参謀本部の要求に基づき策定された。「廃止スヘキ数ハ作戦部ノ要求スル戦時師団数ニ鑑ミ決定」したのである[29]。この「作戦部ノ要求スル戦時師団数」が、前述「戦時総兵力決定ニ関スル会議」で確定した装備完備（優良、次等装備）師団数に依拠したものであることは間違いないであろう。ここで重要なことは、平時四個師団削減後であっても、装備完備師団数（三二個師団）は全く変化していないことである。戦力として不確実な三流装備師団の＋αを放棄することで、現実的戦力三二個師団の質的向上を図ったのである[30]。

一九二三年一二月、陸軍次官宇垣一成を委員長とし、陸軍省、参謀本部、教育総監部から委員と幹事が任命され、制度調査委員会が発足した[31]。その後、宇垣の陸相就任にともなって委員長は津野一輔次官に交代、一九二四年三月二六日に第一回会合が開催された。この時にはすでに「四師団ノ廃止ハ決定的」となっており、以後はその「捻出経費ヲ基礎トシテ研究」が行われることになる[32]。委員会は約二〇回開催され、七月三一日、次のような成案が策定された[33]。

すなわち近代化政策として、航空部隊八個中隊新設（現有一六個中隊）、気球二個中隊新設（現有一個中隊）、戦車教導隊一個新設（現有部隊なし）、高射砲内地二個大隊および朝鮮一個中隊新設（現有部隊なし）、その他、化学兵器、通信、自動車などの設備充実が決定された。また外地兵備改編として、朝鮮へ一個師団移駐（代わりに朝鮮師団の高定員制度は廃止）、満州独立守備隊の残置（山梨軍縮で一旦は廃止が決定していた）、台湾に工兵一個中隊の新設が決定された。

このうち、航空部隊の拡張は「今次改革中ノ眼目トモ云フヘキ最意義アル事項」とされ、最も重視された。朝鮮への一個師団移駐は元来、朝鮮総督府からの「平時警備上」の要求に基づくものであったが、副次的には開戦時の即応性向上にも利があるとされた。阿部総務部長によれば、朝鮮移駐は「省部ノ基礎協定事項ノ一ナリ作戦上ノ要求ニ基キ師団ノ移転ハ絶対ノ必要ナリ」とされ、すでに政府と各党の原則的賛成も得ていた。他方、台湾工兵一個中隊新設の経緯は不明であるが、台湾には当時歩兵二個連隊と山砲二個中隊が駐屯しており、これに工兵一個中隊を新設することで、部隊の自己完結性を高めようとしたのであろう。朝鮮と台湾への増強は参謀本部の要望であったようだ。結局、四個師団廃止などによる節減経費は経常費二一六五万九〇〇〇円、臨時費一〇〇〇万円であり、このすべてを軍制改革に充当することが決定した。なお、それでも臨時費で五六五八万三〇〇〇円不足するが、これは諸施設の年度割によって経常費から捻出するなどして自弁するとした[34]。

こうして完成した委員会案はその後、担当主務部局による精査と三長官会議を経て、さらに元帥、軍事参議官の内議にかけられた後、内閣に上げられて一九二五年度予算に反映されることになる。しかし予算編成への反映までにはなお紆余曲折が存在した。まず元帥、軍事参議官の内議において、軍制改革案は「上原派」の抵抗に遭遇することになる。

元帥、軍事参議官の内議は一九二四年八月一三日と一六日に開催された。改革案に対して「上原元帥を始め山梨前陸相等は賛意を渋つた」。「二、三巨頭中に今尚師団維持説を固執するものがある」ために内議は停滞することになったのである[35]。反対派は修正意見を提出し、改革案の見直しを求めた。これに対して宇垣は、修正意見を調査委員総会には諮らず少数の委員のみで審議し、「略原案類似のもの」を二六日の元帥、軍事参議官内議に再提示した。内議では改めて反対意見が出されたが、「責任者たる宇垣陸相が責任を以て右改革案を決行する旨を言明するに至」り、ほぼ当初案どおりに押し切った[36]。

この時、最後まで軍制改革案に反対したのは上原、尾野実信、福田雅太郎、町田経宇の「上原派」四将軍であった（山梨は最終的には賛成したようである）。とくに福田は四個師団削減回避のために三つの代案を提起している（これが前述の修正意見かもしれない）。それは、①一〇年間を目安に被服費と給与などを限界まで切り詰め、これを近代化予算に転用する、②改革を一年間先送りし、この間に再研究と政治家の説得を試み、近代化予算を国庫に要求する、③前期二案が拒否された場合の「窮余の策」として独立守備隊廃止、給与削減、戦車と高射砲の戦時特設などの手段により一個師団分の経費を捻出し、削減は三個師団に止める、というものであった。この代案が示すように、福田は近代化の必要は認めていたし、また師団削減を絶対に排除するものでもなかった。しかし唐突な四個師団削減案には強い拒否反応を示した[37]。だが福田案はいずれも宇垣の受け入れるところにはならず、尾野、福田、町田、および「近来兎角上原系を以て目せら」れる山梨は待命に追い込まれることになる[38]。しかしその後も、陸軍大将柴五郎と同中将筑紫熊七らが師団廃止反対意見書を加藤高明首相に提出するなど[39]、反対意見は根強く残った。

陸軍案が確定すると政府、与党三党との交渉が続いた。加藤高明護憲三派内閣はその三大政綱として普選実施、綱紀粛正、行財政整理を掲げていた。浜口雄幸蔵相の下、行財政整理研究が進行中であり、新規事業の抑制方針が確定していた。軍制改革がその影響を蒙ることは必至であった。これに対して陸軍側は、「行政整理とは俸給費庁費の如きものを節減するものであって」、陸軍としてもこれに協力するが、「軍制改革は帷幄上奏を根源とするものであって行政整理とは別個のものである」と主張した。つまり軍制改革は、節減経費の国庫返納を目的とする政府の行政整理とは別のものであり、よって節減経費の使い道に関して指図は受けないという理屈である。また新兵器の整備は「単なる新規事業では無く、人員減少による捻出額と不可分の関係に在る」から、これを国庫に返上することは不可能だという[40]。要するに装備近代化事業が認められないならば師団削減は行わないと釘を刺したのである。

他方、この時期には与党三党もそれぞれ独自の軍縮案を策定していた。憲政会は七個師団の削減と在営年限を一年四カ月または一年六カ月に短縮することを、政友会は六個師団の削減と在営年限を一年四カ月に短縮することを、革新倶楽部は師団数半減と在営年限を一年に短縮することを主張した。三党はこの各党案を基礎に与党統一案の作成交渉に入る。三党の主張には相当の開きがあったが、しかし各党とも自説に固執する態度は見せなかった。最もラディカルな軍縮案を主張する革新倶楽部も、「自説の提案を固持するものではない」、「必ず之を実現しなくてはならぬと云ふ程の主張でもない」と、当初より妥協的態度をあからさまにした。最強硬論の革新倶楽部が早々に妥協したことで、三党間には大体六個師団程度の削減でまとめる旨の了解ができあがった。三党の妥協的態度の裏にはその削減師団数の算出根拠の薄弱さがあった。憲政会の七個師団削減案は、ロシア帝国崩壊後の情勢に鑑みて日露戦争以前の師団数で十分だろうというような曖昧な基準で算出されたものであり、他方、政友会案は節減希望金額から逆算して師団数を算出したものでこちらも軍事的根拠に乏しかった。唯一、革新倶楽部案のみが一年在営制による戦時動員数の確保を根拠としたものであったが、これも一年在営制で兵員の質が保てるのかという問題があった。三党案は「何れも確乎たる数理的の基礎を有してゐないのであるから」、三党間の協調が容易だった反面、その陸軍に対する説得力は大きく削がれた（換言すれば陸軍案に対する妥協性も高い）。これには師団削減を主張する新聞も、「与党三派の政務調査委員等が、故らに異を立てんとするかの如き六七乃至は半減の意見を聞くとき、最初に我々の感ずるのは此数字が単なる掛引であつて結局は何れも確とした計算の根拠を欠き、徒らに陸軍の成案を鵜呑みにせまいとする、痩我慢の所為ではないか」との感を抱かざるをえないと述べている[41]。

とはいえ、三党の六個師団削減案も陸軍案とは二個師団もの開きがあり、なにより陸軍が節減経費を全額近代化に充当することを要求していたのに対して、三党案は削減経費の国庫返納と軍事費以外への転用を主張しており、この点で陸軍との溝は決定的だった。これに対して宇垣は、三党との直接交渉を避け、内閣閣僚を個別説得する方法を採用した。宇垣は加藤首相、高橋是清農商務相、犬養毅逓信相から説得を開始し、九月二日にはおおよその閣僚が陸軍案へ賛意を示した。しかし宇垣はこれで満足せず、さらに閣僚すべての了解を取りつけるべく努力した。

他方、三党は政府、陸軍との協議を進めようとしたが、両者ともこれに冷淡であった。政府側整理委員は三党整理委員に政府側方針についてなんらの情報も与えず、宇垣陸相は三党整理委員との面会そのものを拒絶した[42]。内閣は軍制改革問題に関しては与党三党と距離を取り、陸軍案にコミットする姿勢を示したのである。宇垣の戦後の回想によれば、高橋と犬養はおのおの所属政党案と陸軍案がかけ離れたものであることを認識しつつも、陸軍案を拒否すれば紛糾は免れず、「大局的見地」から陸軍案を容認することに決したのだという[43]。陸軍の四個師団削減案は、三党の削減案に比べれば微温的であるとはいえ、従来の陸軍の姿勢に比せば十分画期的なことであり、内閣としては徒に削減師団数や節減経費の転用問題にこだわって事態を紛糾させることを忌避したのだろう。

この時、護憲三派内閣にとって何よりの緊急課題は普通選挙法の成立であり、その前には軍縮の重要度は相対的に低くならざるをえない。加藤は「普選は如何にしても第一に期成せねばならぬ」[44]とし、軍備縮小を長年の持論とする犬養でさえ、「さう何もかもやれない、まァ普選丈けでも目鼻がつけば十分だと思はねばならぬ」と言い、軍縮を強行する意思は乏しかった。そもそも犬養の持論たる「経済的国防論」は、一方で軍事の「経済化」によって経費削減を求めながら、他方では、その捻出経費で効率良く装備近代化を成し遂げようとするものであり、「近来新武器の発達に対して、其落伍者たらざる用意は最も急要である」との危機意識は陸軍当局とも通ずるものがあった。[45]したがって犬養は、その一方の主張である師団削減が不満足なものだったからといって、もう一方の主張である装備近代化まで撤回することは困難であった。

こうした傾向はおのおの所属政党レベルでも共通であった。憲政会の何よりの優先課題は「普選即行」であり、従来普選には慎重だった政友会もこの頃には普選と貴族院改革を二枚看板に押し立てて党勢回復を目論んでいた。したがって三党も軍縮問題で政府、陸軍との関係を悪化させるほどの熱意は持ち合わせておらず、陸軍が強硬であり、政府も陸軍案にコミットしていることが判明するにつれ、急速に妥協的となる。九月一八日、三党の行財政整理案は六個師団削減、在営年限短縮（期間は未決）、軍部大臣任用資格撤廃などを求めることで正式決定した。しかし決定早々に革新倶楽部の秋田清が、「統一案は絶対のものではない」、「多少修正される事はまぬかれぬ」と発言したように、当初から妥協の可能性を隠さなかった。そして政府が陸軍案を事実上まる飲みした行政整理内閣案を決定すると、三党ともあっさりとこれを容認することになる。[46]

またこの頃、野党政友本党は「軍縮」にむしろ反対の姿勢を示していた。本党総裁床次竹次郎は、「国防は我国の国際的地位に顧み其の整備充実を要求するも単に軍備の縮小を唱ふるが如き与みし難い所である」とし、軍備整理は結構だが軍事力の縮小につながることは容認できないとの姿勢を示していた。[47]これは近代化予算獲得を師団廃止の絶対条件とする陸軍にとって都合の良い議論である。そして政府と三党にすれば、当初案より後退したとはいえ、野党政友本党に比較すれば軍縮政策に積極的であることを未だ十分主張しえた。政府内外で陸軍に有利な状況が広がっていたのである。(48)

他方、陸軍側でも当初の軍制改革案の見直しを行っている。最大の変更は「調査報告」で決定していた朝鮮への一個師団移駐と台湾工兵一個中隊新設の中止である。とくに朝鮮への一個師団移駐は陸軍のみでは決定できない「高等政策」に類するものであり、また移転に要する臨時費三〇〇〇万円が大きな障害となっていた。この三〇〇〇万円は「調査報告」でも財源に確実な見通しがついておらず、これを政府に要求することは不可能と判断されたのだろう。もっとも陸軍としては師団移駐を断念したわけではなく、後日の実現を図る考えであった。しかしその後も必要経費の見通しはつかず、朝鮮総督府からの要請にもかかわらず次第に熱意を失っていった。在外部隊の増強は参謀本部の作戦上の要求にも基づくものであったが、近代化問題に比すれば重要性は低かったのだろうし、この問題で内閣と正面衝突して軍制改革そのものを頓挫させるような事態は避けようとしたのだろう。また内閣側も「文治政治」を標榜する手前、移駐を主義としては認めつつも、あまり積極的にはならなかった。ただ代りに朝鮮師団の高定員制度は継続することになった。(49)また装備近代化政策は若干強化された。要は多額の臨時費を必要とする師団移駐を諦める代わりに、近代化を確実に達成しようと考えたのだろう。最終的に確定した軍制改革案は次のようになる。

近代化政策として、航空部隊一〇個中隊新設、気球一個中隊新設、戦車教導隊一個および戦車隊一個(外国の中隊相当規模)新設、高射砲部隊二個(三中隊編制)および同小部隊一個(二門)新設、その他、化学兵器、通信、自動車などの設備充実、歩兵と騎兵への火力の充実などが決定された。また外地兵備改変として、朝鮮師団の高定員制度維持と満州独立守備隊の残置が決定された。

結局、四個師団廃止などによる捻出経費は、経常費平年額一七五八万余円、臨時費合計一四〇四万余円となる。近代化などの新規事業費は、経常費平年額一七五五万余円、臨時費合計三六三四万余円である（一九二五年一月の試算）。節減経費を近代化経費へ事実上完全転用することに成功したのである[50]。

それは宇垣軍縮の節減経費自己消費に批判的だった新聞も、「軍備整理を断行したその決断力は、陸軍に一見識在るを証するものだ」と認めざるをえないほど「陸軍のやり口はあざやかなもの」であった[51]。宇垣軍縮の成功は陸軍内外での宇垣の権威を飛躍的に高め、一官僚機構の長に止まらぬ「政治家」宇垣一成誕生の端緒となるのである。

三　第二次軍制改革

宇垣軍縮から五年、一九二九年七月二日、浜口雄幸内閣が成立する。浜口内閣は同五日の閣議で緊縮方針を決定すると、九日には十大政綱（①政治の公明、②民心の作興、③綱紀革正、④対支親善、⑤軍縮促進、⑥整理緊縮、⑦非募債と減債、⑧金解禁断行、⑨社会政策確立、⑩教育の更新）を発表する。とくに長引く不況と金解禁を見据えた緊縮財政政策、その財政政策の骨子たる軍縮断行、さらに田中義一内閣で混迷した対中関係の改善は、その大眼目であった。

陸軍大臣として再び入閣を果たした宇垣は、山東出兵や張作霖爆殺事件などに起因する「朝野を挙げて」の「陸軍々人に対する軽蔑怨嗟」を目の当たりにし、陸軍の現状に強い危機感を吐露している。宇垣は「此行詰りを打開すると同時に、再度の御奉公の機会に於て陸軍の根本的立直を策し、又対支政策に微力を尽して　聖恩に報ひ奉らん」との決意を記した[52]。陸軍に対する国民の悪感情を払拭し、対中関係を改善することを第一の目標としていたのである。この点では宇垣の施策は内閣のそれと極めて近しかった。

しかし同時に、宇垣軍縮による諸改革が一九三〇年で一応の完成を見ることを受け、宇垣は第二次軍制改革の実行をも目論んでいた。すでに宇垣は田中内閣下での在野時代、宇垣軍縮後の新課題として、兵卒、廃兵、遺族の待遇改善、新領土の兵備充実、科学利用設備の進展の三点を挙げていた[53]。しかし一見して明らかなように、多額の経費を必要とするであろうこの三目標は、内閣の経費節減と軍縮要求に反する恐れが大であり、また新領土の兵備充実は、対中関係改善という政府と宇垣の目標とも矛盾しかねない。そしてその手綱さばきを過てば、直ちに陸軍へのさらなる「軽蔑怨嗟」として反響しかねない。宇垣の立場は客観的には非常に困難なものであった。宇垣自身もそれをある程度認識していたが、同時に「此難局は自分以外には切抜け得まい」との強い自負心を持って臨んでいた[54]。

では第二次軍制改革に臨む宇垣の構想は具体的にはいかなるものであったのだろうか。宇垣は自筆の覚書を残している。これは必ずしも整理されたものではないし、また時期によっても多少変化しているようだが、おおよそで次のような内容である。すなわち、①飛行隊を今後一〇年間で平時四〇個中隊、戦時六〇個中隊まで拡張する、その費用は第一期を自己整理により捻出、第二期は国庫に要求する、②戦車隊を二隊増設、今後六～七年間でさらに三隊を増設する、③毒ガス戦の教育訓練を全軍に、その知識を全国民に普及する、④戦時整備師団数の縮小、⑤歩兵大隊を三個中隊制に縮小（現制四個中隊）、および軽機と重機の増強、⑥朝鮮と台湾に各一個師団を移駐し、満州独立守備隊を増強する（現制朝鮮二、台湾〇、満州には六個大隊規模の独立守備隊と内地より二年交代制で派遣される駐箚師団一）、移駐経費は初度費を国庫に要求、一部は土地などの売却で捻出、⑦鉄道隊、輜重兵、要塞重砲隊などの整理縮小、軍隊方面から五分、官衙と学校方面から一～二割の経費節減、といったものであった。整備の完成目標は一九三七年頃に置いていた[55]。

宇垣草案の基本路線は、宇垣軍縮で確定した平時師団数一七個を維持しつつ、戦時整備師団数の縮小と部隊のコンパクト化によって経費を捻出し（戦時整備師団数を減らすことで、戦時の師団増設に備えて平時から調達、維持すべき人員や資材、設備を節約できる）、国庫への新規要求と合わせて近代化予算に振り向けようというものであった。宇垣は戦時師団数を二五～二六個師団に縮小する考えだった[56]。部隊のコンパクト化は大戦直後からつとに議論の対象になっていた問題であり、宇垣軍縮時にも検討されていた。また宇垣軍縮時に断念した外地兵備の再編も目論んでいる。つまり宇垣軍縮の成果を基礎としつつ、宇垣軍縮当時には未達成に終わっていた問題の実現を期したのである。客観的には困難視される状況下で、宇垣が一定の自信を持ちえたのは、第二次軍制改革が宇垣軍縮の継続、発展に他ならないという認識があったからであろう。

しかしながら第二次軍制改革に着手しようとした宇垣は、「軍部内に反宇垣熱を煽りこれを阻止せんとする空気」[57]に直面することになる。八月、宇垣は第二次軍制改革委員会を設置するが、劈頭、自身の「政治的野望」を否定し、軍制改革を野望達成の踏み台にするがごとき「世間一部の誤解」に関して弁明せざるをえない事態となる[58]。とくに第一部長畑俊六（第一部は作戦を主管）を中心に、参謀本部には第二次軍制改革を白眼視する気配が当初より濃厚であった。しかし先に見たように、宇垣軍縮の四個師団削減はむしろ参謀本部の主唱によるものであり、畑はその中心だった。もちろん、その実現のために宇垣の政治力が果たした役割は大きかった。しかし見方によっては、宇垣は参謀本部案に乗っただけとも言える。それが第二次軍制改革に至って、まだその骨格案さえ明確でない段階で、かつて宇垣軍縮策定の原動力であった畑と参謀本部が、反軍制改革の態度を取ったことは奇妙ではある。あまつさえ、畑は戦後に至っても、宇垣軍縮は「称賛せらるゝとて批難せらるべきものにあらず」と積極肯定している[59]。もちろん、しばしば指摘されるように、宇垣の政権への「色気」や「生臭さ」を嫌悪する感情が第二次軍制改革反対の裏面に存在したことは否定できない。「自分が偉くなるために軍を犠牲にした、こういう印象がある。そういう両面性をあの人の事業からは受ける」という感は、宇垣に好意的な軍人においてさえかなり広範に共有されていた。またその同輩、下僚に対する「傲慢さ」も部内の反感を買っていた[60]。だがこうした宇垣個人に対する好

A 1924年各国兵器数

	飛行機数	戦車数	高射砲
日本	500	40	24
英国	1048	160	24
米国	2823（戦時3734）	360	309
仏国	3850	3400	200
伊国	1551	60	120
ソ連	730	180	不明

出典）陸軍省『帝国及列強之陸軍』（防衛研究所所蔵，中央－全般その他－70）をもとに筆者作成
注）日本の数字は軍制改革完成後のもの。航空部隊と高射砲部隊の整備は1930年に，戦車隊整備は1928年に完成予定

B 1929年各国兵器数

	飛行機数	戦車数	高射砲
日本	500	40	40
英国	1500	220（他装甲自動車200）	48
米国	1600（増強中）	360（予備戦車含め1000）	309（他高射機関銃4813）
仏国	4000	3400	200
伊国	1800	60	144
ソ連	1000（増強中）	180（他装甲自動車370）	44

出典）陸軍省『列国新兵器整備一覧』（防衛研究所所蔵，中央－軍事行政情報－58）をもとに筆者作成

悪の感情のみで、軍事的合理性の追求を本とする参謀本部が軍制改革に対する態度を決定していたとは考え辛い。参謀本部の反対には感情的、政治的な「反宇垣熱」以外の理由も考慮せねばなるまい。

それにはまず、宇垣軍縮が陸軍に何をもたらしたのかを見る必要がある。付表Aは一九二四年（宇垣軍縮策定当時）の各国新兵器の整備状況である。一見して列強諸国との圧倒的戦力格差が目を引く。しかも航空部隊、高射砲部隊の整備完成予定は一九三〇年、戦車部隊は一九二八年とされたが、その間、各国とも既存装備の維持、拡張を行なったため、宇垣軍縮完成間近の一九二九年には戦力格差は逆に開くことになる（付表B）。宇垣は、「今次の整理は所謂国軍威容の刷新にして、国防力の総和の上に於ては寧ろ旧制二十一師団よりも今後の十七師団が優るとも決して劣ることはない」と自賛していたが[61]、他方では、宇垣軍縮の策定に当たった阿部信行は、「四個師団を減らし

ても僅に千六百万円しか節減出来ない。その千六百万円を以てやるのだから、飛行機を拵へる、戦車を拵へるといつても知れたものである。何中隊しかできない[62]」と回顧している。同じく当時参謀本部第二課課員として畑のもとで勤務していた河辺虎四郎も、「陸軍装備を近代化するのに『大いに役立った』と説く人もあるようだが、事実上、〝大いに〟というほどでもなかった[63]」という。

宇垣軍縮以前には陸軍には戦車、高射砲部隊は皆無であった（若干の研究用機材や人員は存在したが）。宇垣軍縮以降に蓄積された新兵器の運用、開発ノウハウを過小評価することはできないだろう。しかし宇垣軍縮を主導した当の参謀本部員が認めざるをえなかったように、短期的な当面の戦力レベルの話となれば、宇垣が自負するほどの画期的な飛躍をもたらしたとは言い難いのかもしれない。「飛行機の三四個大隊よりも四個師団の方が遥かに効果が大なのである[64]」という批判は、当時も以後も根強いものがあった。そもそも陸軍省整備局には、日本の国力をもってしては近代装備部隊は一三個師団位が限界という見解さえあったというが[65]、これは陸軍一般には到底受け入れ難い数字であったろう。四個師団削減の代価たる近代化が到底満足できるレベルではなく、列強並みの近代化のためにはさらに平時四個師団程度の削減が必要とされるのであれば、第二次軍制改革に臨む参謀本部の意欲を著しく減退させたに違いない。財源自弁方式による近代化の限界が認識されるようになっていたのである。

四個師団削減と、その代償たる近代化との戦力バランスの問題は、宇垣自身も自覚するところであった。第五〇議会において宇垣は、宇垣軍縮による装備改善は「必要ノ最小限度」であり、また四個師団削減は陸軍として忍びうる最大限度のもので、「是ヨリ以上ニ減ジテハ却テ機械力ヲ増ヤシテモ今後ノ国防ノ計画ヲ遂行スル上ニ於テ支障ヲ来ス」、よってこれ以上の師団削減は「不可能」と断言した。この宇垣の答弁に対して衆議院議員小野義一は、「サウスルト結局此上新兵器ノ充実ヲ為サントスルナラバ、大蔵省ニ於テ財源ヲ顧慮シナケレバナラヌ、是ハ近ク其事ガ起ッテ来ルト私ハ予想スルノデアリマス」と警告した[66]。宇垣軍縮はそのラディカルさゆえに、次期軍制改革における経費の自己捻出の余地を著しく縮小させた。その場合、必要経費の国庫への要求が不可避となる。実際、前述のごとく第二次軍制改革に臨む宇垣の腹案は、財源の一部国庫負担を前提とするものであった。しかし浜口内閣の緊縮財政政策下では、財源の国庫負担は困難視された。第二次軍制改革が早晩デッドロックに突き当たるであろうことは当初より予想されたことであった[67]。参謀本部にも第二次軍制改革の実行性を疑問視する空気は当然広がっていたであろう。事実、浜口内閣は組閣早々に当年度予算に対する実行予算の編成に取り掛かり、陸軍予算一三四三万円を節減、翌三〇年度には約三一六〇万円、三一年度には約二七二二万円の整理を行う[68]。国庫負担を前提とした宇垣案は画餅に帰していくのである。

またこの時期は宇垣軍縮のみならず、大正後半よりの継続的な軍事費節減方針に対する軍部のフラストレーションが頂点に達しつつあったことも看過できない。かつて原敬内閣時、陸軍は五億六〇〇〇万円もの巨額の国防充備費を計上、一九二一年以降三五年に至るまでの継続費として国防の充実を図ることで内閣の合意を得ていた。そして当初の計画では、海軍の八・八艦隊計画との兼ね合いから、陸軍に関しては一九二八年以降に本格的整備を開始することが決定していた。しかしながら折からの財政難を受け、一九二三年の山梨軍縮以来数度にわたって予算計画が繰り延べられ、浜口内閣でも再度の繰り延べが行われている。かくして計画以来十余年を経てなお、その半額も具体化しない有様であった[69]。こうした状況に二度にわたる「軍縮」が重なる時、「師団を減らしたのはすぐ減らしたのだから金は向うへ行くわけです。ところが装備の金というのが新しくはほとんど来ない」、「参謀本部の方から随分何遍も要求するわけだ。処が予算はくれないということで、『一体グズグズしていてけしからんじゃないか』という様な空気は参謀本部にはありました[70]」という。陸軍の新規事業計画が予算編成のたびに覆される状況を、ある参謀本部員は「賽の河原の石」積みにたとえた[71]。陸軍の節減努力が一向に新規事業に結びつかないばかりか、さらなる節減要求を呼ぶ悪循環に軍部の不満は高まっていた。第二次軍制改革問題が上程された時、陸軍の最大の関心事であり、また宇垣に対する疑いが拭えなかったのは、節減経費の使い道についてであった[72]。経費を節減しても国庫に取り上げられるだけではないかという懸念は根強かった。そして「どん／＼減らされて行つてこれで我々はよいのか、これで我々はサアという時に任務が務まるのかといふのが陸軍上下一般の考になつて居つた[73]」。こうして蓄積されたフラストレーションは、宇垣軍縮当時に比して改革を著しく困難にした。ちなみにこうしたフラストレーションは、「そこで軍の若い人の感覚としては、上司に対する不信の空気というものが漲った[74]」というように、「上司」宇垣に対する感情的反発にも転嫁されていく。

今一つ重要と思われるのは、宇垣軍縮時とは削減される師団（兵員）の質が大きく異なっていたことであろう。先に触れたように、宇垣軍縮でも「装備完備師団」戦時三二個は維持され、実質的には動員可能か否かも不透明な「三流装備師団」を放棄したに過ぎなかった。しかし第二次軍制改革で兵力の縮減がなされるのならば、それは師団数削減であれ師団規模縮小であれ、装備完備兵力の削減を意味するのである。したがって宇垣が戦時整備師団数の削減（平時師団数は維持、戦時二五〜二六個師団）や師団のコンパクト化（一個師団－三個連隊制、あるいは一個歩兵大隊－三個歩兵中隊制）を持ち出した時、参謀本部はこれに激しい拒絶反応を示した。宇垣としては戦時師団数を減らすことで、戦時の師団増設に備えて平時から調達、維持すべき人員と資材、設備を節減し、他方で平時師団数は維持することで、部内の反対をある程度抑えることができると考えたのであろう。しかし参謀本部にとっては戦力として目途の立っている装備完備師団を六〜七個も減らし、さらに師団規模縮小によって装備完備兵員数を二重に縮小することは重大な問題だった。そもそも前述のごとく、宇垣軍縮時の削減師団数は参謀本部の要求する戦時師団数に基づき決定されたものであった。これに対して第二次軍制改革時の宇垣案は、その参謀本部要求の戦時師団数そのものを縮小しようとした点で、全く性格を異にしていた。

宇垣の軍制改革案に対して、参謀本部はむしろ平時師団数を削減しても戦時兵力削減を最小限に抑えられる平時一～二個師団削減案（師団規模は維持、内地師団を二倍動員すれば戦時師団数は二八～三〇個となる）を提案する。戦時兵力（師団数、師団規模）をできうる限り維持しつつ近代化経費を捻出する案を提示したのである（もちろん、これも宇垣案への不承不承の対案という性格が強く、積極的に提示されたものではなかったようだが[75]）。宇垣が師団数削減問題を政治的にとらえる傾向が強かったのに対して[76]、参謀本部はあくまで「軍事的利益」の観点からとらえていた。平時師団数削減は政治的には大きな問題であるが、軍事的には戦時師団数削減のほうがより重大であったのである。また軍事的利益の観点からすれば、師団規模の縮小は戦略単位の軽快化という利点を持つ反面、その絶対的な人的兵力は低下するわけである。よって師団規模の縮小は師団数の増加や装備近代化によって初めて戦力的均衡を得るのである。しかし宇垣の師団規模縮小論は逆に戦時師団数削減と抱き合わされていた。しかも当時は近代化予算の獲得も不安視される状況下であった。これでは参謀本部は到底納得しえなかっただろう。しかも三個連隊制や三個中隊制の是非は、大戦以来たびたび研究の俎上に載りながら未だに結論の出ていない問題でもあった。陸軍の仮想戦場たる満州の地形を考慮すれば、従来どおりの四個連隊制、四個中隊制のほうが適しているという意見は根強かったのである[77]。

参謀本部の反発は外地兵備改編問題にも表れる。前述のごとく、宇垣は宇垣軍縮で上程を断念した外地兵備の改編を目論んでおり、その計画は、①朝鮮と台湾に各一個師団を移駐、②満州独立守備隊の増強、というものであった[78]。この頃の宇垣の外地兵備に関する考えは、田中外交の失敗への反省から、満州に対する領土的野心を列強に疑わせるような行動を避けつつ、満州権益は確実に確保するというものであった。宇垣は満州権益で譲歩する気はなかったが、しかし日本の大陸発展は経済的、平和的手段によって達成されるべきであると認識しており、米中ソとの紛争を差し迫った脅威とは考えていなかった[79]。したがって、宇垣の外地兵備改編案はもっぱら警備上の必要に基づくものであった。満州兵備に関しては、宇垣軍縮時の研究において、「警備上（中略）分散配置ノ必要ハ独立守備隊ノ編制ヲ最適当トナス」[80]とされており、純粋な警備任務のためには師団形式の部隊よりも独立守備隊形式のほうが効果的だと結論されていた。独立守備隊増強によって、在満兵力を警備任務に特化したものへ転換しようとしたのである。朝鮮移駐は総督府の長年の要請に応え、また満州および朝鮮情勢の不穏化に備えたものであった。対外戦争を考慮したものというよりは政治的効果に重きを置いていたらしい[81]。

しかしこうした外地兵備改変構想に対して参謀本部の態度は冷淡であった。参謀本部案は、すでに宇垣の朝鮮への兵力増強の意図が明らかになっているにもかかわらず、外地兵備改編に全く触れていない[82]。参謀本部が外地兵備改編を絶対的に忌避していたとは思われない。宇垣軍縮時の朝鮮移駐案は参謀本部の作戦上の要求に基づくものであり、この時の宇垣の朝鮮移駐案も宇垣軍縮で計画された案を基本的に踏襲したものであったからだ。恐らく参謀本部としては、宇垣軍縮時に臨時費三〇〇〇万円が障害となって断念した朝鮮移駐問題が、今回の軍制改革で実現するとは到底考えられなかったのであろう。なにより、そのような実現性に乏しい問題をあえて上程することで、移駐経費捻出のための節減要求がさらに強まったり、装備近代化費用からの転用を要求されたりすることを憂慮したのだろう（外地兵備改編問題の詳細は次章）。

こうした参謀本部の反対を宇垣は事前に予想しえなかったのだろうか。また財源の国庫負担を前提とする改革案を草稿するような、浜口内閣の緊縮財政政策に対する過度の楽観視はなぜ生じたのだろうか。前述のごとく、宇垣は第二次軍制改革の実行に一定の自信を示していたが、同時に「自惚れであり切抜け能はざるかも知れぬ」と弱気な発言も記している[83]。これは『宇垣一成日記』全体を貫くトーンからすれば異質である。第二次軍制改革の困難性は認識していたと考えて良いだろう。しかし宇垣がその困難性を現実よりかなり割り引いて想定していたことも間違いないようだ。史料が乏しく断定はし難いのであるが、先に記したように、宇垣が第二次軍制改革を成功した宇垣軍縮の継続、発展に他ならないと見なし、反対論の存在を軽視していたことにその原因の一端があろう。また主観的なものだが、宇垣の「自惚れ」に起因する見込み違いを指摘する同時代人の観察もある。[84] もっと端的に「宇垣も永い大臣の間に、多少バカになつたのではないか」と評した人もいる。[85]

宇垣は自身の政治的発言によっても自縄自縛に追い込まれていく。前述のように、宇垣は平時師団数維持によって部内の反対をある程度抑えることができると考えていたようであるが、またそれ以上に、宇垣にとって、自身が宇垣軍縮で成し遂げた最大の成果である平時一七個師団体制を変更することは、政治的にも困難だった。先に見たように宇垣は、平時一七個師団体制は国家の安全と軍縮のぎりぎりの妥協線であり、たとえ近代化をさらに進めても、これ以上の師団削減は不可能であることを議会で強調していた。また宇垣は、一九三〇年初めの軍事参議官会議において、第二次軍制改革では平時師団数は削減しない旨を閑院宮載仁親王、上原両元帥に言明し賛同を得ていた。[86] これは宇垣軍縮時に障害となった軍事参議官会議の反対を予め牽制するためのものでもあったのだろう。しかし、宇垣の前述改革草案を見る限り、平時師団数の維持は財源の国庫負担とセットで起案されたものだが、国庫負担の非現実性が明白となってからも、こうした発言のために、「大臣は前日既に〔平時〕師団を減ぜずと述べたるを以て、今更師団を減ずるのは誠に具合悪し」、「平時師団を減することは今の大臣の立場としては実行できず」との立場に追い込まれていく。[87] 平時二個師団削減まで踏み込んだ参謀本部案自体は、宇垣にとって本来忌避する類の案ではなく、むしろ「参謀本部が装備改善の為師団数を減ずる迄の決心をとりたるは内心頗感謝の意を表する」[88] ものであった。しかし現実には宇垣の参謀本部案への対応は著しく制限されてしまう。これに対して参謀本部は、「平時師団数を減ずることとなければ又々往年の山梨案を繰返すことゝなり、又装備を徹底的に改善せんとすれば勢ひ若干師団を廃せざるべからず」とし、国庫負担が期待しえない状況で平時師団数維持に固執することは、軍制改革の主目的たる装備近代化を不徹底に終わらせかねないと逆に警告する有様であった。[89]

ここに至って宇垣＝「近代化重視」、参謀本部＝「数的兵力重視」という一般的イメージは崩壊する。元々兵数削減に消極的な参謀本部としては、逆説的に、縮小する以上はその代償としての装備近代化は確実に達成することが絶対条件だった。しかし国庫負担を前提とした宇垣案は「装備近代化案」としては非現実的なものになっていた。参謀本部が最も問題視した点はまさにその点だった。あるいは宇垣があくまで政府に国庫負担を強要する事態となれば、政府の軍縮要求への対応に関しても、宇垣と参謀本部の立場は逆転してしまう。政府の節減要求にできうる限り応えようとした宇垣＝「軍縮派」と、純軍事的セクショナル・インタレストに固執した参謀本部＝「反軍縮派」というイメージは修正を余儀なくされる。

結局、宇垣には二重の難関が立ちはだかることになった。まず第一に、参謀本部に宇垣案を受け容れさせなくてはならない。しかし参謀本部は同案を「純軍事的」観点から不合理だと見なし、しかも政治的にも財政的にも実現可能性は低いと判断している。この関門を切り抜けたとしても、第二には、政府を説得して宇垣案が前提とする近代化と外地兵備改編のための国庫負担を容認させなくてはならない。しかし参謀本部が憂慮したように、新規国庫負担は極めて困難であった。もし宇垣が脅迫的対応で政府に新規国庫負担を強要することになれば、宇垣の政治生命に致命的瑕疵をつけることになる。逆に新規国庫負担を断念すれば、結果として参謀本部を「ペテン」にかけたことになる。宇垣の陸軍部内での立場は完全に崩壊するだろう（参謀本部としては、「政治家」宇垣に政府との正面衝突は不可能であり、結局、陸軍側に譲歩を強いることになるだろうと判断していたわけである）。

この間、一九三〇年二月一九日、参謀総長が鈴木荘六から金谷範三に交代している。参謀総長後任人事をめぐっては、金谷を推す宇垣と、武藤信義を推す上原の激しい対立があり、宇垣が金谷の就任を強行した経緯があった（第Ⅱ部第1章で後述）。したがって第二次軍制改革についても、宇垣は金谷体制下の参謀本部に大いに期待していた節がある。[90] 実際、金谷は軍事参議官会議で平時師団数は削減しない旨を約束してしまった宇垣の行きがかりに理解を示した。しかし他方では、就任早々の会談で参謀本部の歩み寄りを求める宇垣に対して、「十分歩みよること、致すべし」と答えつつも同時に、「参謀本部は十分練てあり今直に関ること能はず。戦時兵力は出来ないものを主張すれば破裂することになる」と釘を刺している。[91] つまり、参謀本部案はすでに詳細な研究を遂げた結論であるから、自分としても容易に修正は命じ難いこと、また戦時兵力の縮小も「出来ないもの〔つまり宇垣案のことを示唆しているのだろう〕」をあくまで要求すれば、軍制改革の議論そのものを破壊しかねないことを警告したのである。これは金谷には参謀総長としての立場があるとともに、そもそも平時、戦時問わず、陸軍の自己整理自体に否定的であったためである。[92] 四月、金谷は平時師団数削減を規定した参謀本部案の決裁を求める岡本連一郎次長などに対して、平時師団数維持を明言してしまった「大臣の立場をも考慮せざるべからず」と言い、また「参謀本部案の二師団減は仮令一の仮定案なりとも今之を軽々に陸軍省に移すときは直に参謀本部の案となる恐れあり、世間にては陸軍省が師団減少に反対するに、参謀本部が此の如き薄弱なる意思ありなど宣伝するものあれば、折角昨年来の研究の結果なるも今暫く待ち度旨」回答し、参謀本部案の正式決定を一時留保した。[93] この留保は宇垣に対する配慮と、平時師団数削減に対する金谷自身の抵抗感によるものであったのだろうが、結局九月に至っても参謀本部の所論は従来の戦時二八個師団（平時二個師団減）案から動かず、宇垣案に歩み寄らなかった。[94] そもそも陸軍の自己整理自体に批判的な金谷にすれば、平時師団数削減が意に沿わないとしても、大幅な戦時兵力削減を主張する宇垣案には、なお一層賛成しかねたのである。結局、ある程度の兵力縮小を容認する参謀本部案を認めることが、金谷にとって宇垣に対する最大限度の妥協であったようだ。事実、続く第二次若槻礼次郎内閣で宇垣が辞任すると、金谷は南新陸相に対して、自分は参謀本部の平時師団数削減案に承認を与えたわけではない旨、また自分としては師団削減は「不可」と考える旨を通告している。[95] 軍制改革に関する限り、金谷に対する宇垣の期待が報われたとは言い難い。[96]

一九三〇年三月一三日、重度の中耳炎に倒れた宇垣は、事後半年にわたる療養を余儀なくされる。六月一四日、宇垣は療養長期化を理由に辞任を申し出るが、病床を訪問した原田熊雄に対して、「どうも今度の予算編成もなか〳〵難しいし、財界の状況にしてもあまりに大蔵大臣が融通が利かぬ。どうも困つたものだ。自分もある時期にはもう人に譲りたい」と漏らしたように、辞意の裏には政府と陸軍の間で板挟みの苦境に陥っていたことがあった。これに対して浜口首相と元老西園寺公望は慰留に努め、結局宇垣は翻意留任する。西園寺の慰留はほとんど身を屈せんばかりであり[97]、宇垣の内閣における重みを改めて印象づけた。しかし見方によっては、浜口、西園寺にここまで慰留されながら辞職を強行することは「結局喧嘩分れとなり[98]」、宇垣の政治生命を閉ざすことにもなりかねなかったと言える。また留任後においても、「重大な行詰りに逢着し、その実現の見込み極めて薄弱となりつつあるやうな経緯もあつて、陸相の内外に対する立場は必ずしも安易でない事情[99]」はなんら変わっていなかった。畑は宇垣留任を「宇垣陸相も遂に之が為将来を塞がれ」たと評した[100]。政府と陸軍の双方を納得させうる妥協案が不可能であることを理解する畑は、留任はむしろ宇垣の政治生命を絶つものと認識していた。

宇垣案の行き詰まりにより、陸軍省では「軍務局案」が新たに提起される。それは全師団規模を三個連隊制に縮小し（これにともない師団を旅団に改称）、かつ半数強の連隊（全一一一個連隊中六〇個連隊）を三個中隊制に縮小する、他方で師団（旅団）数自体は平時二〇個（戦時三七個）まで拡張する、というものであった。つまり平時師団数を削減せず、師団規模を縮小するという意味では宇垣案に、師団数の増加によって戦時兵力の低下を抑制するという意味では参謀本部に配慮した内容であった[101]。全軍の戦時歩兵中隊数に換算すると、当初の宇垣案（一二五～一二六個師団、三個中隊制）では九〇〇～九三六個中隊、参謀本部案（一八個師団）では一三四四個中隊、そして軍務局案では一一五二個中隊となる。軍務局案が前二案の大体中間をとっていたことがわかる。また畑によればこの案は、「陸軍整理の都度師団を減ずることは常に師団を減ずることゝなり、陸軍の為に不利なりとの思想」から出たものであるという。政府の軍縮要求に答える体をとりつつも、陸軍の軍事的要求にも対応しようとする案であった。しかし畑は同案をして、「今は此の如きことにて世間を欺騙することは困難なるべし」と評し、依然冷淡な態度を崩さなかった[102]。

他方、軍務局案は外地兵備改編に関しては参謀本部案とも宇垣案とも異なる新たな構想を提示した。それは朝鮮と台湾への各一個師団新設に加え、満州への一個師団新設常駐化構想であった。この新構想は、同時期の陸軍内で急速に興隆しつつあった満蒙問題の武力解決構想とも関連するのであろう。しかし前述のごとく、宇垣は、満蒙問題の武力解決はもとより、満州に対する領土的野心を列国に疑わせるような行動そのものに否定的であり、満蒙問題には警備力に特化した独立守備隊の増強で対応しようとしていた。したがって師団常駐化にも宇垣は批判的態度をとっている。もちろん、政府は財政的にも政治的にも同問題に批判的だった[103]。「外国」である満州に師団を常駐化することの政治的インパクトを考えれば、宇垣や政府が批判的だったことは当然だろう。

軍務局案が陸軍省内でいかなる位置づけにあったのかは明確ではない。宇垣が満州駐箚師団常駐化に批判的だった以上、宇垣あるいは陸軍省全体のコンセンサスを得た案とは言い難いであろう。しかし外地兵備構想に関して急進論が登場したことは、政府と陸軍間の調整に苦慮する宇垣をさらに追い詰めることになる。しかも外地兵備構想の急進化は、陸軍省だけでなく参謀本部も含めた現象であった。宇垣辞任のわずか半月後には、外地兵備改編を装備近代化以上の優先事項とする省部間の合意が形成されている[104]（参謀本部の対応の変化の裏には、部内のヘゲモニーをめぐる第一部〔作戦〕と第二部〔情報〕の力関係の変化があった。この問題も含めた満蒙問題武力解決構想と外地兵備改編問題の関連は次章で詳しく論じる）。

第五九議会における貴族院議員志水小一郎〔陸軍法務官〕の発言は、宇垣の置かれた立場を鋭く指摘していた。「失礼ナガラ今ヤ陸相ハ非常ノ苦境ニ立ッテ居ラルルダラウト本員ハ思フノデアリマス、遠慮ナクサウ申上ゲルノデアリマス、ソレハ軍制調査ノ結果ガ其捻出シ得ル所ノ財源モ格別出ナイ、従ッテ政党ノ期待ニ大キニ反スルト云フコトニナリマシタナラバ、陸相ハ之ガ為ニ政党内閣ノ政治家トシテノ立場ヲ失ハルルノデハナイカト思フノデアリマス、同時ニ陸相ガ多数軍人ノ意見ニ反シテ現状陸軍ニ大斧鉞ヲ加へ、以テ多大ノ縮小ヲナサルルヤウナコトヲ敢テセラレタナラバ、陸相ハ之ガ為メ陸相ノ陸軍ニ重キヲナサルル所以ノ立場ヲ失ハルル〔ノ〕デハナイカト思フノデアリマス」[105]。その意味では浜口内閣の総辞職は宇垣の政治生命を救った。「陸軍と政府、民政党との間で身動きのとれない困難な立場に立たされた時、双方に尚影響力を維持するためには、宇垣にとって浜口とともに職を去ることが最良の道であった」[106]のである。

おわりに

軍縮と装備近代化という、予算に関して対立しかねない二大命題を曲がりなりにも両立させた宇垣軍縮は、軍政家宇垣の力量を軍内外に強く印象づけた。宇垣軍縮自体は参謀本部の筋書きに沿ったものであったが、これにより宇垣の陸軍部内での権威は飛躍的に高まり、他方、政党政治にも親和的な軍巨頭として、「政党内閣ノ政治家トシテノ立場」も重みを増していく。しかし宇垣軍縮の成功体験は、むしろ第二次軍制改革において宇垣の政策から柔軟性を奪っていったように思われる。宇垣の第二次軍制改革構想は、宇垣軍縮の平時師団数を基礎に、戦時師団数と部隊規模の縮小により経費を捻出、新規国庫負担分と合わせて装備近代化と外地兵備改編を成し遂げようとするものであった。その意味では、宇垣の主観的認識に関する限り、第二次軍制改革は宇垣軍縮の継続、発展に他ならず、宇垣はその成功に一定の自信を持っていた。

しかし結果として宇垣は政府、参謀本部双方の認識を読み間違えた。参謀本部は軍事的合理性の観点から平時師団数削減よりも戦時師団数削減をより重大視していた。削減される兵員の装備レベルが宇垣軍縮時のそれとは異なっていたことも参謀本部の態度を硬化させる。宇垣軍縮時の削減兵力は動員可能か否かも不透明な三流装備師団に相当するものだったが、第二次軍制改革での削減兵力は優良、次等装備師団に相当するものになるからである。また山梨軍縮以来の度重なる予算の縮減、繰り越しを経験した参謀本部は、財源自弁式の軍制改革そのものにも懐疑的視線を向けるようになっていた。

それでも参謀本部は平時師団数の削減による経費捻出方式を提示した。宇垣自身も認めたように、平時師団数の削減に踏み込んだ参謀本部案は相当に思い切ったものだった。その意味で第二次軍制改革を、宇垣＝「軍縮派」と参謀本部＝「反軍縮派」の対立と見ることは適切ではない。むしろ国庫負担に期待しない参謀本部案は「実行」性の点でより優れていたと言える。政府の緊縮政策によって新規国庫負担が不可能となれば、宇垣案は「装備近代化案」としては破綻してしまうからだ。参謀本部案は、国庫支出に楽観的な宇垣案よりも、政府の緊縮政策へより配慮（政府の緊縮政策をより深刻に理解）していた結果とも言える。つまり参謀本部案は「軍縮案」としても「装備近代化案」としても相当の内容を持っていた。宇垣が参謀本部案に歩み寄ることができれば、少なくとも部内の意見はまとめえた可能性が高い。もちろん、その案が政府の承認を得ることができたか否かは別問題である。しかし政府としても曲がりなりにも陸軍案が確定してしまい、しかもそれが一定の範囲で「軍縮」を許容するものである以上、全面的拒絶の姿勢を貫くことは困難だったろう。このことは宇垣軍縮時に政府が示した妥協的態度によっても裏打ちされる。しかし宇垣軍縮の成果たる平時一七個師団体制を変更することを宇垣は躊躇する。また議会や軍事参議官会議での自身の過去の発言によっても、宇垣の参謀本部案に対する対応は拘束されてしまう。他方、加藤護憲三派内閣では二義的な問題に過ぎなかった軍縮による経費節減は、浜口内閣では第一義の最重要課題であった。そして内閣の度重なる予算節減、繰り越しによって宇垣はさらに追い詰められることになる。かくして宇垣案は政府と参謀本部双方の圧力によって破綻していくことになるのである。

また宇垣軍縮と第二次軍制改革を通観する時、兵力量のような参謀本部のバイタルな利益に関わる問題で、参謀本部を統制することは宇垣の政治力をもってしても容易ではなかったという事実も浮かび上がる。宇垣軍縮時であれ第二次軍制改革時であれ、この事実は基本的に変わるものではない。もちろん、第二次軍制改革時の「反宇垣熱」の存在を否定するものではない。宇垣の政治性やパーソナリティー、四個師団削減に対する怨嗟は、宇垣軍縮以来、その声望に比例するように陸軍内に着実に醸成され続けてきた。しかし第二次軍制改革時にも、参謀本部上層部には鈴木荘六、金谷範三（参謀総長）や二宮治重（総務部長→参謀次長）など元来宇垣系と目される人物が配置されており、彼らがこの時期に政治的、感情的に「反宇垣」に転じていたというような兆候も見られない。確かに畑第一部長などの中堅層の反対は強硬だったが[107]、それも政治的動機でなされたものとは思われない。参謀本部はもっぱら純粋に「軍事的動機」に基づいて改革への賛否を決定していたと考えるのが適当であろう。そこに宇垣個人に対する悪感情の存在が介在してきたことは確かだが、しかし宇垣軍縮と第二次軍制改革の間には、そもそもそれが参謀本部の意に沿うものであったか否かの決定的差異が存在したことを軽視することはできない。それだけに参謀本部の改革案に宇垣が乗ることができていたとしたら、少なくとも宇垣が陸軍をまとめることは十分可能であったし、その退任も相当程度後日に引き延ばされたであろう。そうなれば満州事変に至る様相もかなり現実の歴史とは変わったものになった可能性が高い。次章で後述するように、満蒙問題をめぐる陸軍中央の急進化は相当程度に宇垣の退任と関係しているからである。

宇垣退任後、満蒙問題の急激な高揚は、第二次軍制改革の行方を激しく揺さぶることになる。そして大陸情勢の緊迫化にともない、宇垣による第二次軍制改革の試みを結果として失敗に追い込んだ参謀本部内で政治力学上の変化が生じる。宇垣案への反対勢力の中心だった畑ら第一部の勢力が減退し、満蒙問題武力解決を志す第二部（情報を主管）の勢力が伸張することになる。そしてその結果、外地兵備改編問題が宇垣時代とは異なるベクトルで再浮上する。外地兵備改編問題は近代化問題以上の重要問題となっていく。そして第二次軍制改革は宇垣時代とは全く異なる目的意識、すなわち満蒙問題武力解決のための準備として推進されることになる。そしてこの満蒙問題をめぐる部内の強硬化を、宇垣の後を受けた南陸相も金谷参謀総長も、適切に制御することができなかった。この問題に関しては次章でさらに論じていくことにする。

また宇垣と参謀本部との関係でいえば、次のような疑問も持ち上がる。陸軍大臣として圧倒的な部内権威を確立していたはずの宇垣は、一体なぜ第二次軍制改革で参謀本部を統制できなかったのだろうか。参謀本部を統制しうる有形、無形の部内システムを構築することは、権力の絶頂にあった宇垣をしても不可能だったのだろうか。この問題に関しては第Ⅱ部第2章において論理的解明を試みる。

注

（1）　松村秀逸『三宅坂』（東光書房、一九五二年）三三頁。

（2）　宇垣軍縮に関しては、高橋秀直「陸軍軍縮の財政と政治」（『年報日本近代研究』八巻、一九八六年一一月）、梅森直之「『宇垣軍縮』と総力戦体制」（堀真清編著『宇垣一成とその時代』新評論、一九九九年）、木坂順一郎「軍部とデモクラシー」（『国際政治』三八号、一九六九年四月）など。第二次軍制改革に関しては、照沼康孝「宇垣陸相と軍制改革案」（『史学雑誌』八九巻一二号、一九八〇年一二月）、同「南陸相と軍制改革案」（原朗編『近代日本の経済と政治』山川出版社、一九八六年）、纐纈厚「浜口・若槻内閣期の軍制改革問題と陸軍」上、下（『軍事史学』一九巻一号、二号、一九八三年六月、九月）、同「満州事変前後期の軍制改革問題と陸軍」（『日本歴史』四二九号、一九八四年二月）など。比較的最近のものでは小林道彦『政党内閣の崩壊と満州事変』（ミネルヴァ書房、二〇一〇年）がある。なお小林は、軍縮をめぐる陸軍軍備思想の問題に関して、従来指摘されてきた「宇垣派」＝近代化推進派、「上原派」＝守旧派という枠組みに疑問を呈し、両派閥の政策派閥的性格を否定する見解を示している（前掲『政党内閣の崩壊と満州事変』）。同断の説はすでに清家基良も主張している。「原初皇道派の形成」『軍事史学』二〇巻一号、一九八四年六月）。両派閥をステレオタイプ的に画一視することを排し、その多様性を認めることに関しては筆者も全く同感である。しかしそれでもなお、筆者は両派閥の持っていた政策派閥的傾向は否定し難いのではないかと思う。このことは本章において論じていく（煩雑さを避けるため注で行う）。なお小林が批判した伝統的枠組みに依拠した代表的研究としては、北岡伸一『日本陸軍と大陸政策』（東京大学出版会、一九七八年）が重要である。小林の批判にもかかわらず、北岡らの依拠した伝統的枠組みは未だ十分な合理性と説得力を持っていると筆者は考える。

（3）「上原派」＝守旧派（数的兵力重視派）という従来の図式を否定した小林道彦も、参謀本部を数的兵力重視派と見なすことで、「近代化重視派」対「数的兵力重視派」という基本的対立構図そのものは維持している（前掲『政党内閣の崩壊と満州事変』二四頁）。

（4）当該期の陸軍にラディカルな近代化への志向が広く存在したことを指摘する研究は少なくないが（たとえば前掲『『宇垣軍縮』と総力戦体制』三〇～三二頁）、参謀本部の役割に注目した研究は管見の限り存在しない。

（5）帝国国防方針に関する研究としては、黒野耐『帝国国防方針の研究』（総和社、二〇〇〇年）がある。

（6）『戦時総兵力決定ニ関スル会議々事録』（防衛研究所所蔵、文庫－宮崎－60）。同会議について小林道彦は、「上原の腹心の尾野〔陸軍次官〕が軍拡目標の抑制を主張し、後に宇垣によって参謀総長に任命される金谷範三〔参謀本部第一部長〕が四〇個師団整備を強く主張している」とし、この時「尾野はすでに戦時三〇個師団構想に賛意を表していた」のだから、後の宇垣軍縮に対する反対は、「政治的な動機によるものであった」とし、「上原派」には「派閥としての軍事思想の共通性などはありえない」と主張している（前掲『政党内閣の崩壊と満州事変』序章および二七五頁）。しかし筆者は当該史料から多少異なる印象を受けた。これは史料解釈の問題になってしまうが、筆者の理解では、尾野は「軍拡目標の抑制」を主張したわけではないし、金谷も「四〇個師団整備を強く主張」したわけではないように思う。尾野をはじめ陸軍省側の主張は、四〇個師団の完全装備は当面困難であるのだから（このことは参謀本部も認めている）、動員可能師団数を毎年省部間で話し合うような不合理を廃し、また陸軍省の「仕事ノ関係上」、当面の現実的な装備完備師団数（＝優良、次等装備師団数）を決めてほしい、それは大体三〇個師団位だろう、と主張しているに過ぎない。また自余の師団の動員を否定しているわけでもない（ただしその装備は「三流」となるが）。つまり尾野の意見は「四十個師団ヲ減スル意ニアラス目標ハ毫モ変更スルコトナシ」なのである。金谷が反論したのは、尾野が戦時四〇個師団案の放棄を求めていると誤解したこと、また具体的な数字を確定してしまうと、その数字が独り歩きし、将来的に陸軍を拘束する恐れがあることを警戒したからである。最終的には、参謀本部案も陸軍省意見も「趣旨ハ同一ナリ」と結論され、金谷は再研究のうえ「本日回答スル所存」とし、遅くとも翌日には戦時三二個師団（優良、次等装備師団）＋α（三流装備師団）案を再提示している。参謀本部が直ちに具体的数字を確定できたのは、そもそもはじめから現実的な装備完備師団数の目星がついていたからであろう。いずれにせよ、陸軍省が軍拡目標としての四〇個師団を否定していない以上、当然平時師団数削減につながるものでもなく、その意味で宇垣軍縮とはその性質を全く異にしている。なお一九二二〜二四年の動員計画令に基づくと実際の戦時師団数は三九個師団（動員三七個師団＋朝鮮警備二個師団）となるが、『戦時総兵力決定ニ関スル会議々事録』の決定を加味すれば、このうち七個師団が三流装備の師団であったことになる（防衛庁防衛研修所戦史室『戦史叢書大本営陸軍部』一巻、朝雲新聞社、一九七四年、三〇二〜三〇三頁）。

(7) 宇垣一成『宇垣一成日記』一巻、（みすず書房、一九六八年）三四五頁。

(8) 拙稿「国際軍縮会議と日本陸軍」（『国際政治』一五四号、二〇〇八年一二月）。

(9) 『東京朝日新聞』一九二一年八月三〇日、一〇月五日、一一月二三日。

(10) 前掲『戦史叢書大本営陸軍部』一巻、三〇二〜三〇三頁。

(11) 以下「山梨軍縮」に関しては前掲「陸軍軍縮の財政と政治」の研究成果に依拠している。

(12) 在朝鮮師団は治安維持任務などに対処するため、師団隷下の歩兵連隊の定員増加が行われていた。一九二四年の時点で五個連隊で合計二〇〇〇人の増員が行われていた（戸部良一「朝鮮駐屯日本軍の実像」『日韓歴史共同研究報告書・第三分科』二〇〇五年、三九一頁）。

(13) 中尾龍夫『呪はれたる陸軍』（日本評論社、一九二三年）一一一頁。

(14) 犬養毅は「師団数を其儘にして置たのでは陸軍が必ず機を見て原状に逆戻りして仕舞ふ」と憂慮していた（前掲『呪はれたる陸軍』一〇八頁）。

(15) 前掲『政党内閣の崩壊と満州事変』二五頁。

(16) 尚友倶楽部編『上原勇作日記』（芙蓉書房出版、二〇一一年）九頁。引用文は上原尚作（勇作孫）の回想である。『今村均政治談話録音速記録』（国会図書館憲政資料室所蔵）六頁。

(17) 前掲『呪はれたる陸軍』五〇頁。

(18) 上原勇作関係文書研究会編『上原勇作関係文書』（東京大学出版会、一九七六年）二六〇〜二六一頁、二七三頁。

(19) 『宇垣日記』一巻、三七六〜三七七頁。

(20) 前掲『呪はれたる陸軍』一一四〜一一六頁。

(21) 小磯国昭『葛山鴻爪』(中央公論事業出版、一九六三年)四一六頁。
(22) 四王天延孝『四王天延孝回顧録』(みすず書房、一九六四年)一五二頁。
(23) 由比光衛『陸軍ノ整理充実ニ対スル私見』(防衛省防衛研究所所蔵、中央-戦争指導その他-212)。なお、由比を「上原派」の一員とし、由比の師団廃止意見をして「上原派」の軍備構想の多様性の証左とする見解もある(前掲『政党内閣の崩壊と満州事変』序章)。確かに残された由比の上原宛書簡を見ると由比が上原に好意を有していたことが読み取れ、この主張には一定の説得性があると思う。ただ由比を「田中派」および「宇垣派」に対抗した「政治派閥」としての「上原派」の範疇に無条件に加えられるかというと若干の疑問が残るように思う。とくに田中と上原の関係が悪化した大正中頃からは、由比はもっぱら国外派遣部隊にあり(浦塩派遣軍参謀長、青島守備軍司令官)、中央の政局に関与する立場にはなかった。また浦塩派遣軍司令官時代に取引所保護、鉄道ストライキ鎮撫のために責任支出をした科で一九二三年一月にあっさり退職に追い込まれている。宇垣はこれについて「馘首の無造作なること(中略)実に遺憾に堪へぬ。(中略)気(の)毒に堪へず」と同情している(『宇垣日記』一巻、四〇一頁)。また同時代人のなかには、由比を「帰化長州人」だとする見方もあった(たて生『陸軍棚ざらひ』金櫻堂書店、一九二一年、一七頁)。
(24)「極秘陸軍改革私案」(国会図書館憲政資料室所蔵、『宇垣一成文書』一〇〇)。
(25) 阿部信行述「政治外交と軍部」(『内外法政研究会研究資料』國學院大学所蔵)。柴田紳一「阿部信行述『政治外交と軍部』の紹介」(『國學院大學図書館紀要』八号、一九九六年三月)に全文紹介されている。
(26) 日本近代史料研究会編『稲田正純氏談話速記録』(日本近代史料研究会、一九六九年)一九頁。
(27) 畑俊六『元帥畑俊六回顧録』(錦正社、二〇〇九年)一二三～一二四頁。伊藤隆他編『続・現代史資料』四巻(みすず書房、一九八三年)五三〇頁。
(28) 前掲『稲田正純氏談話速記録』一九頁。畑も「最初の切出しは寧ろ参謀本部の余等作戦関係にありしなり」と回顧している(前掲『元帥畑俊六回顧録』一二四頁)。なお宇垣は震災後にもまだ師団削減までは考えておらず、震災後の陸軍工場復旧のために歩兵と騎兵を五年間限定で半減することを検討している(前掲「極秘陸軍改革私案」)。
(29)「陸軍制度調査委員第一次調査報告」(『密大日記・大正一三年五冊ノ内第一冊』防衛省防衛研究所所蔵、陸軍省-密大日記-T13-1-8)。
(30) この問題に関しては、「参謀本部は軍隊の質的向上よりも戦時総兵力の多い方を望み、陸軍省は総兵力を多少削ってでもその質的向上を追求する、という傾向がほぼ一貫して続いている（中略）質より量を重視する参謀本部の一般的傾向は、上原派の動向とは直接的な関係はないのである」との主張もある（前掲『政党内閣の崩壊と満州事変』二四頁）。しかし、この時は参謀本部は量を犠牲にしても質の向上を目指しており、しかも師団削減への方針転換が上原の総長退任と関係していることも明らかであるように思う。

(31)「制度調査委員、同幹事名簿」、「制度調査委員設置要領」（『大正十三年一月・制度調査ニ関スル書類・共五・其一・制調・制調議案』防衛省防衛研究所所蔵、陸軍省－雑－T13-1-46）。

(32)「制度調査委員会議事録（第一回）」（『大正十三年四月・制度調査ニ関スル書類・共五・其五・議事規定・議事録』防衛省防衛研究所所蔵、陸軍省－雑－T13-3-48）。

(33)前掲「陸軍制度調査委員第一次調査報告」。

(34)前掲「制度調査委員会議事録（第一回）」、同「陸軍制度調査委員第一次調査報告」、「制度調査第一次議題一覧表」（『大正一三年三月制度調査ニ関スル書類・共五・其三・幹事会議案』防衛省防衛研究所所蔵、陸軍省－雑－T13-6-51）。および前掲『大正十三年一月・制度調査ニ関スル書類・共五・其一・制調・制調議案』に含まれる各種軍制改革議案を参照。なお、朝鮮移駐問題に関しては『東京朝日新聞』一九二四年八月四日、九月一〇日も参照。

(35)『東京朝日新聞』一九二四年八月二三日夕刊、二三日。

(36)『東京朝日新聞』一九二四年八月一九日、二七日。なお、同記事によれば最終的には反対派も「其の実行に就て出来得る限りの助力をなす」と決したという。

(37)黒板勝美『福田大将伝』（福田大将伝刊行会、一九三七年）四一〇〜四一二頁。

(38)『東京朝日新聞』一九二四年八月二〇日。町田の反対論に関しては、町田がその山本権兵衛宛て意見書において、「我国防をして徒に輪郭を大ならしむるよりも先づ其の内容を充実せしめ、間口を広からしむるよりも先づ其の奥行を深からしむるの措置は極めて必要」とし、新兵器の充実を「急務中の急務」と主張していることを根拠に、町田は本心においては軍制改革に賛成だったのであり、その反対論は「政治的な動機」によるものだったとする見方もある（前掲『政党内閣の崩壊と満州事変』序章）。しかし、軍備構想に関する「上原派」と「宇垣派」の対立点は、近代化の是非ではなく、その近代化のために四個師団もの戦略単位を削減するか否かにあったことに留意すべきではないだろうか。装備近代化の必要そのものに疑義を持っている軍人は皆無であろうし、またこの頃にはなんらかの「縮減」が不可避なことでも軍部のコンセンサスは確立していた。要はその「縮減」の程度が問題なのである。したがって、町田が近代化のために「量」を犠牲にする主張をしていたとしても、それが四個師団削減というラディカルな改革案を容認するものであったか否かは不明という他ない。むしろ重要なのは「上原派」将官が（その真意はともかく）四個師団削減に反対したという「現実」ではないだろうか。また上原の新兵器重視の思想もしばしば強調されるところである（同前書）。確かに上原が装備の質的向上に大きな関心を抱いていたことは間違いない。しかし上原の「量」と「質」を同時追求する姿勢は、新規事業のための予算獲得が不可能な当時の財政下では、結局は現状維持政策とならざるをえず、結果として「質」は列強の進歩に取り残されることとなる。つまり上原個人の「真意」がなんであれ、結局は「質」より「量」を重視した結果にならざるをえない。いずれにせよ、両派がそれぞれに政策的多様性を持ちつつも、結果として宇垣軍縮では、四個師団を削減してでも改革を実行するか否かという点で（その「真意」はともかくとして、現実局面においては）、「政策派閥」として分離されていくのは間違いないのではないだろうか。

(39)『東京朝日新聞』一九二四年九月九日。筑紫は上原と近しかったようである。また上原に宛てたその意見書では、近代化それ自体には積極的な意見を述べている（前掲『上原勇作関係文書』三二二〜三二六頁）。しかし繰り返しになるが、軍備構想に関する「上原派」と「宇垣派」の対立点は、近代化の是非ではなく、その近代化のために四個師団もの戦略単位を犠牲にするか否かにあったことに留意すべきであろう。
(40)『東京朝日新聞』一九二四年八月一〇日。
(41)『東京朝日新聞』一九二四年八月一八〜一九日、二二〜二三日、二九日。
(42)『東京朝日新聞』一九二四年九月三〜五日、七日。鎌田沢一郎『宇垣一成』（中央公論社、一九三七年）一八三頁。
(43) 宇垣一成「老兵の述懐」(九)（『読売評論』昭和二六年六月号）九三頁。
(44) 加藤高明伝記編纂会編『加藤高明』下巻（加藤高明伝記編纂会、一九二九年）四九一〜四九二頁。
(45) 鷲尾義直編『犬養木堂伝』中巻（原書房、一九六八年）六一八頁、六二四頁。
(46)『東京朝日新聞』一九二四年九月一九日、二一日、一〇月一五日。
(47)『東京朝日新聞』一九二四年八月一〇日。
(48) 当時の政府と与党の軍縮問題に関する妥協的態度に関しては、前掲「陸軍軍縮の財政と政治」、前掲「軍部とデモクラシー」も参照。
(49)『東京朝日新聞』一九二四年八月二六〜二七日、九月一〇日、一四日。『読売新聞』一九二五年七月一〇日。

(50)「陸軍軍備整理ト大正十四年度予算ニ就テ」(『陸軍予算綱要』防衛省防衛研究所所蔵、中央－軍事行政軍需動員－193)。
(51)『東京朝日新聞』一九二五年三月二五日。
(52)『宇垣日記』一巻、七二四頁。
(53)『宇垣日記』一巻、六三三頁。
(54)『宇垣日記』一巻、七二四頁。
(55)「覚書研究事情の統一、飛行隊の拡張」、「覚書軍制調査整備の目標」(国会図書館憲政資料室所蔵、『宇垣一成文書』一一七、一一六)。
(56)前掲『続・現代史資料』四巻、六頁、八頁、一二頁、一七頁。
(57)『読売新聞』一九二九年七月一四日。
(58)『宇垣日記』一巻、七三〇頁。
(59)前掲『元帥畑俊六回顧録』一二四頁。
(60)前掲『稲田正純氏談話速記録』二〇～二一頁。日本近代史料研究会編『岩畔豪雄氏談話速記録』(日本近代史料研究会、一九七七年)二七頁など、枚挙に暇がない。
(61)『宇垣日記』一巻、五四八頁。
(62)前掲「政治外交と軍部」。
(63)河辺虎四郎『河辺虎四郎回想録』(毎日新聞社、一九七九年)二一頁。
(64)『東京朝日新聞』一九二四年八月二六日。
(65)前掲『三宅坂』三二一～三二三頁。
(66)「第五〇回帝国議会貴族院予算委員第四分科会議事速記録第一号」、「第五〇回帝国議会衆議院予算委員会議録第四回」。
(67)『読売新聞』一九二九年七月二九日。
(68)「現内閣組織以来ノ予算整理ニ於ケル陸軍ト各省トノ比較」(憲政記念館所蔵、『宇垣一成文書』A4-11)。
(69)大蔵省昭和財政史編集室『昭和財政史』第三巻歳計(東洋経済新報社、一九五五年)五三～五四頁。陸軍省『我が陸軍に関する諸問題』(防衛省防衛研究所所蔵、中央－軍事行政その他－150)。
(70)日本近代史料研究会編『鈴木貞一氏談話速記録』上巻(日本近代史料研究会、一九七一年)二頁、七四頁。
(71)前掲『稲田正純氏談話速記録』二七頁。

(72) 前掲『元帥畑俊六回顧録』三一三～三一四頁。
(73) 前掲「政治外交と軍部」。
(74) 前掲『鈴木貞一氏談話速記録』上巻、二頁。
(75) 前掲『元帥畑俊六回顧録』三一〇頁。前掲『続・現代史資料』四巻、五頁、一一頁など。畑は参謀総長鈴木荘六が迂闊に平時師団削減案を持ち出したことを「過早」だとしている。畑としてはもう暫く宇垣の出方を見たかったようである。
(76) ただし宇垣が軍事的論理を無視していたわけではない（前掲『続・現代史資料』四巻、七頁）。
(77) 前掲『元帥畑俊六回顧録』三〇九頁。「師団ノ三単位制ニ関スル意見」（『密大日記・昭和一三年三冊』防衛省防衛研究所所蔵、陸軍省－密大日記－S13-3-10）。
(78) 前掲「覚書研究事情の統一、飛行隊の拡張」。ところで、同覚書の該当箇所を「独立守備隊を増加、且之を満州にある人馬にて装備を図り、駐箚師団迄進める事」（傍点引用者）と解読し、宇垣が独立守備隊を師団規模に拡大して満州駐箚師団を二個師団体制にする構想を抱いていたと主張している研究もあるが（小林道彦「浜口雄幸内閣期の政党と陸軍」『北九州市立大学法政論集』第三〇巻第三・四合併号、二〇〇三年一月、八七頁。前掲『政党内閣の崩壊と満州事変』一一五頁）、これは「……駐箚師団を止める事」と読むべきではないだろうか。当該箇所は筆が乱れており筆者としても確信はない。後考を俟ちたいと思うが、仮に筆者の解読が正しいのならば、宇垣は満州兵備に関して、駐箚師団そのものの廃止による徹底的な警備任務への特化を構想していたことになる。
(79) 『宇垣日記』一巻、六〇五頁、六九五頁、七一三頁、七二一頁、七二八頁、七六九頁。前掲『続・現代史資料』四巻、二七頁など。
(80) 「辺境兵備充実案」（前掲『大正十三年一月・制度調査ニ関スル書類・共五・其一・制調・制調議案』）。
(81) 前掲『続・現代史資料』四巻、七頁。『宇垣日記』一巻、六二九頁。
(82) 前掲『続・現代史資料』四巻、七頁、一一～一二頁。
(83) 『宇垣日記』一巻、七二四頁。
(84) 大石常松『陸軍人事剖判』（尚武社出版、一九三〇年）二三七頁。
(85) 松下芳男『宇垣一成と南次郎』（今日の問題社、一九三六年）一六頁。
(86) 前掲『続・現代史資料』四巻、一五頁。

(87) 前掲『続・現代史資料』四巻、一一～一二頁。
(88) 前掲『続・現代史資料』四巻、一六頁。
(89) 前掲『続・現代史資料』四巻、一六頁。
(90) 『宇垣日記』一巻、七五四～七五六頁。
(91) 前掲『続・現代史資料』四巻、一二頁。
(92) 前掲『続・現代史資料』四巻、三三～三四頁。
(93) 前掲『続・現代史資料』四巻、一五頁。
(94) 前掲『続・現代史資料』四巻、二七頁。
(95) 前掲『続・現代史資料』四巻、三三～三四頁。
(96) 既存研究は金谷の柔軟性を指摘するものが多いが（前掲「宇垣陸相と軍制改革案」四四頁。前掲『政党内閣の崩壊と満州事変』一一七頁、一一九頁）、この点で筆者は見解を異にする。また金谷の二八個師団案をして、金谷就任後の参謀本部が宇垣に妥協的となってきた証左とする見方（前掲『政党内閣の崩壊と満州事変』一一九頁）もあるが、二八個師団は金谷就任前からの参謀本部案（二八～三〇個師団）に沿ったものであろう。
(97) 原田熊雄『西園寺公と政局』一巻、（岩波書店、一九五〇年）七八～七九頁、八一～八三頁、九〇～九五頁。
(98) 『宇垣日記』一巻、七六一頁。
(99) 『東京朝日新聞』一九三〇年五月一八日。
(100) 前掲『続・現代史資料』四巻、一八頁。
(101) 「編制整備改正に関する各案比較表」（国会図書館憲政資料室所蔵、『宇垣一成文書』一一五）。前掲『続・現代史資料』四巻、三一頁。軍務局案と宇垣案、参謀本部案との差異を強調する研究もある（前掲『政党内閣の崩壊と満州事変』一三四～一三五頁）。確かに外地兵備改編構想については、同案は宇垣案と性質を異にする（本文後述）。しかし本文のとおり、編成問題ではむしろ宇垣案と参謀本部案の折衷案であろう。ちなみに前掲『葛山鴻爪』五二六～五二七頁に記載された軍制改革審議委員会で作成されたとされる案は、参謀本部案、軍務局案双方より遥かにラディカルな縮小案（戦時師団数を二八個に縮小したうえで、さらに全師団の三単位化を導入するとしている）であり、唐突な印象を受ける。恐らく小磯の記憶違いが含まれている。内容からして、参謀本部案と軍務局案を混雑して記憶してしまっているか（『葛山鴻爪』はA級戦犯となった小磯が「獄中」で記憶を基に執筆したものである）、もしくは外地師団のみ三単位化の誤記ではないだろうか。また同案では満州への師団常駐化に言及していないが、これは書き落としであろう。

(102) 前掲『続・現代史資料』四巻、三一頁。
(103) 前掲『続・現代史資料』四巻、三七～三八頁。
(104) 前掲『続・現代史資料』四巻、三四頁。この時（五月二日）の三長官会議では、戦車、航空隊、防空部隊の近代化を軍制改革計画の第二期としている。つまり第一期では外地兵備の改編を企画していたことがわかる。また七月二日には、金谷はより明確に「朝鮮移住《ママ》ハ参本ノ熱望ナリ」と発言している（「南次郎日記」前掲「宇垣陸相と軍制改革案」三〇九頁所収）。参謀本部が消極論から積極論へ転換していたことがわかる。
(105) 「第五九回帝国議会貴族院議事速記録第一一号」。
(106) 前掲「宇垣陸相と軍制改革案」五八頁。
(107) 前掲『元帥畑俊六回顧録』三一三頁。

第2章　満州事変と第二次軍制改革

はじめに

一九二九年、田中義一内閣の後を受けて成立した浜口雄幸内閣は、その十大政綱の目玉として軍備縮小を打ち出す。浜口は加藤高明護憲三派内閣で第一次軍制改革（宇垣軍縮）を成功させた宇垣一成を陸軍大臣に起用して軍縮の実現を期し、宇垣は第二次軍制改革（第二次宇垣軍縮）に乗り出すことになる。この改革で軍縮、装備近代化とともに大きなトピックとして浮上してきたものが外地兵備改編構想であった。

宇垣が推し進めようとした外地兵備改編構想はしかし、参謀本部の消極論の前に停滞を余儀なくされ、軍縮、装備近代化問題でも参謀本部と対立していたことも相まって、第二次軍制改革は行き詰まる。しかし続く若槻礼次郎内閣の南次郎（陸軍大臣）－金谷範三（参謀総長）体制下で、外地兵備改編構想は再び上程、宇垣時代とは一転して積極化した参謀本部の主導によって外地兵備改編構想は推し進められることになる。

第二次軍制改革の外地兵備改編構想を扱った代表的研究としては照沼康孝や小林道彦の論考が挙げられる(1)。照沼の研究は、第二次軍制改革研究の嚆矢ともいうべきものであり、その顚末をトレースして、外地兵備改編構想が満蒙問題と密接に関連していたことを指摘した。しかしながら照沼の論考では、当初は重要度の低かった外地兵備改編問題が、南陸相時代に満蒙問題が興隆するにつれて急速に議論の俎上に載ったとし、実際は宇垣陸相時代から外地兵備改編構想が宇垣の軍制改革構想の重要なピースであり、しかもこの時はむしろ参謀本部が外地兵備改編構想を冷淡視して宇垣と対立していた事実を見落としている。また外地兵備改編構想をめぐる陸軍省部の内部事情の解明もほとんど手つかずである。小林の論考はその点でより踏み込んだ議論を展開し、外地兵備改編構想と満蒙問題武力解決構想の関わりを相当程度解明した。しかし外地兵備改編構想に対する陸軍の対応の変化と省部内のパワーバランスの変化の関係を完全に明らかにしたわけではない。また陸軍各アクターの政治的評価に関しては筆者とは立場を異にする点がある。

そこで本章では、第二次軍制改革における外地兵備改編構想の顚末、とくに「宇垣時代」には外地兵備改編構想に冷淡であった参謀本部が、南－金谷体制下でなぜ一転して積極化するのか、そもそも宇垣の外地兵備改編構想とはいかなるものであり、それは南－金谷体制下のそれとどう異なっていたのかを明らかにする。そして外地兵備改編構想をめぐる陸軍省部の対応の変化を解明することで、満州事変を引き起こすことになる陸軍内のパワーバランスの転換が明らかになるだろう。

一 宇垣一成の第二次軍制改革構想

一九二九年七月二日、浜口雄幸内閣が成立する。同九日、内閣は十大政綱（①政治の公明、②民心の作興、③綱紀革正、④対支親善、⑤軍縮促進、⑥整理緊縮、⑦非募債と減債、⑧金解禁断行、⑨社会政策確立、⑩教育の更新）を発表する。とくに金解禁、緊縮財政政策、軍縮断行とともに、田中義一内閣で混迷した対中関係の改善は、その大眼目であった。

他方、陸軍大臣として入閣を果たした宇垣は、山東出兵、張作霖爆殺事件などに起因する「朝野を挙げて」の「陸軍々人に対する軽蔑怨嗟」を目の当たりにし、陸軍の現状に強い危機感を吐露した[2]。そもそも宇垣は、田中内閣の対中政策に対してほとんど全面否定に等しい評価を下していた。曰く、「現政府は組閣以来一年有半徒に高唱したる積極政策なる虚勢によりて列国及支那をして我に何か野心を有するかを疑はしめ、（中略）日支間の精神的溝渠は益々深くなり相互は日を追て離反し行きて其排日排貨は遠く南洋方面までも蔓延して居る。のみならず英米よりは日本の野心は油断ならずと睨まれつつある[3]」。

宇垣が満蒙権益を軽視していたわけではない。むしろ「支那国民が如何に高唱したとて日本帝国の存在する限りは満蒙に於ける既成の立場を放棄することはない[4]」と確信していた。しかし同時に宇垣は、日本が満州に求めるものは「領土的にあらずして経済的にある[5]」のであり、しかも「経済的地歩の開拓擁護も勉めて強制的武力的たることを避けて相互の親善理解に求むる様に導かねばならぬ」とも認識していた。よって「現当局の従来の遣り口の如きは断然改むるの必要がある[6]」と考えていた。

したがって宇垣は浜口内閣への入閣に際して、「此行詰りを打開すると同時に、再度の御奉公の機会に於て陸軍の根本的立直を策し、又対支政策に微力を尽して　聖恩に報ひ奉らん」との決意を示した[7]。陸軍に対する国民の悪感情を払拭し、対中関係を改善することを第一の目標としていたのである。この点では宇垣の政策目標は内閣のそれとも近しかった。

宇垣のこうした対中政策転換構想が端的に表れたのが、当時陸軍省部で研究されていた第二次軍制改革にともなう外地兵備改編構想であった。この当時、陸軍は外地部隊として、朝鮮に二個師団、満州に独立守備隊（六個大隊規模）と駐箚師団一個（内地から二年交代で派遣）、台湾に歩兵二個連隊（および飛行部隊と山砲部隊など）を配備していた。宇垣の自筆覚書などによれば、彼は軍制改革の機会に、朝鮮と台湾に関しては内地より各一個師団を移駐増強（ただし台湾にはすでに守備隊が存在するため、実際に内地から移動する兵力は一個師団に満たない）、満州に関しては満州独立守備隊を六個大隊から八個大隊へ増強することを目論んでいた[8]。この宇垣構想の目的は一体なんだったのだろうか。

前述のように宇垣は、満蒙問題では中国、列国からの反発や猜疑心を回避しつつ、その既得権益は確実に確保しようとしていた。したがってその外地兵備改編構想はもっぱら警備上の必要に基づくものであった。まず満州の兵備であるが、従来から陸軍部内の研究では、満州権益の「警備上（中略）分散配置ノ必要ハ独立守備隊ノ編制ヲ最適当トナス[9]」とされており、純粋な警備任務のためには、本格的野戦を想定して編成されている師団形式の部隊よりも、独立守備隊形式のほうが効果的だと結論されていた。つまり独立守備隊の増強は対外戦争を想定したものというよりも、もっぱら警備力の強化を狙ったものであった。朝鮮への師団増強は、総督府からの希望でもあり、朝鮮と満州の治安維持に備えたものであった[10]。宇垣は満州の兵備を警備任務に特化したものに改変し、隣接地である朝鮮兵備を強化することで、中国や列強を刺激することを避けつつ、満蒙問題に対応しようとしていたのである[11]。

この構想からもわかるように、宇垣は日中の大規模な武力衝突の可能性は少なくとも当面は低いと見ていた。宇垣は元来、中国の「国権回収などと申す事は実際支那国民の充分なる覚醒より起り、真に熱を有して居る運動とは思はれない」と楽観視し、「斯様な問題に対しては、吾々の方では極めて冷静に軽く取扱」う考えであった。「小なる波紋に眩惑せられ或は突発の事件に憤激し夫れを好機として覇道的野心を弄したり又は報復的の強暴なる手段に訴へて時局の前途を益々紛糾せしむるが如きことは、避くべく努めねばならぬ」のである[12]。また宇垣はソ連に対しても、その急速な軍備増強に一応注意を払いつつも、当分の間は差し迫った脅威にはならないと判断していた[13]。したがって朝鮮兵備を強化しておけば、満州に関しては警備部隊の増強のみで十分であると宇垣は考えていたのである。

こうした宇垣の外地兵備改編構想に対して参謀本部は当初冷淡であった。宇垣が外地兵備改編に力を入れていたのとは対照的に、参謀本部側の軍制改革研究では外地兵備改編問題に一切触れておらず、現状を維持する考えであった[14]。とはいえ参謀本部でもソ連の脅威が当面差し迫ったものではないことは認めざるをえなかった（宇垣ほど楽観視はしていないが[15]）。また作戦を主管する第一部では、満蒙問題で積極的に対中武力発動に踏み出す考えはなく、満蒙権益擁護、増進のための作戦計画（つまり後の満州事変に類するような作戦計画）は立てられていなかった（後述）。この点では宇垣の認識とも多分に共通する。ではなぜ参謀本部は宇垣の外地兵備改編構想に冷淡であったのであろうか。

参謀本部が外地兵備改編構想に不熱心であったのには宇垣軍縮以来の伏線があった。かつて宇垣軍縮時には、その参謀本部の要求に基づいて朝鮮への一個師団移駐が練られていた。したがって参謀本部としても、少なくとも宇垣案中の朝鮮への一個師団移駐に関しては原則論としては異存なかったと思われる。しかし宇垣軍縮時には、朝鮮移駐に必要な三〇〇〇万円の臨時費確保の目途がつかず、また装備近代化を優先する必要もあり、結局中止された経緯があった[16]。こうした経緯があったうえに、この時は浜口内閣の極端な緊縮財政政策下であり、外地兵備改編に必要となる巨額の臨時費を国庫に要求することは、宇垣軍縮時よりも困難な状況にあった。したがって参謀本部としては、外地兵備改編問題を迂闊に持ち出せば、政府を無用に刺激し、近代化費用からの転用要求や「軍縮」による自己捻出要求が強まることを危惧したのであろう。したがって参謀本部は、外地兵備改編を求める宇垣のアプローチにもかかわらず、積極的な反応を見せなかった。

しかしこうした参謀本部の対応はやがて一八〇度の急転換を見せることになる。満蒙問題武力解決構想が陸軍省部間で急激に興隆してくるのである。

二　満蒙問題武力解決構想の興隆

中国国民党政権による北伐や国権回収運動が高まりを見せるなか、危機感を抱いた陸軍省部の中堅将校内では、すでに一九二七年頃から、永田鉄山、小畑敏四郎、岡村寧次、板垣征四郎、東条英機などが「二葉会」と称する会合をたびたび開催、人事や満蒙問題を議していた[17]。ほぼ同時期、二葉会より若干若い陸軍省と参謀本部の中堅、少壮将校が中心となり、国防、国策問題を検討するための会合も開催されていた。「木曜会」と称されたこの会合には、陸軍省から永田鉄山、東条英機、根本博、鈴木宗作、土橋勇逸など、参謀本部から岡村寧次、鈴木貞一、深山亀三郎、村上啓作など、関東軍からは石原莞爾が参加している。そして人口問題、安全保障問題、国際情勢などを勘案して、「帝国自存ノ為満蒙ニ完全ナル政治的権力ヲ確立スルヲ要ス」、「完全ナル政治的勢力《ママ》トハ取ルコト」との結論に達していた。なお、会合への参加者は毎回異同があるし、永田や石原の参加回数は限られるようだが、この結論にはその後の会合でもとくに異論が出ていないことから、会員のおおよその総意であったと見なして間違いないであろう[18]。

やがて一九二九年、両会の会員が合同する形で「一夕会」が設立される。会の顧問には一九二九年八月に中国公使館付武官から転任帰国した建川美次（参謀本部第二部長、第二部は主に情報を主管）が推され、会の設立目的として満蒙問題の解決が謳われた[19]。部内のヘゲモニー獲得を目指した一夕会ではまず、岡村を陸軍省人事局補任課長に送り込んだ。人事局は大佐以下の陸軍人事を掌り、少将以上の人事についても強い発言権を持っていた。人事権を握った一夕会では、陸軍省部の要職に会員を送り込んでいく。主だったところでは、陸軍省軍務局軍事課に永田（課長）、村上、鈴木、土橋が、参謀本部第一課に東条（課長）、清水規矩が、同第二課に鈴木率道、武藤章がそれぞれ就任している。なお、一口に満蒙問題の解決といっても、何をもって「解決」とするのか、またそれをいかなる方法で達成するべきかについては、会員間の合意は必ずしもできていなかったようである。木曜会での判決が満蒙を「取ルコト」とあった以上、最終的な解決策として領有や保護領化は有力な選択肢だったと思われる。ただ性急な武力発動よりは、外交交渉も含めた漸進論が大勢だったという。もっとも既得権益擁護のためには武力行使を辞するものではなく、万一の武力発動に備えるため石原と板垣が関東軍に送り込まれていた[20]。

以上のように、満蒙問題解決を志ざす陸軍中堅、少壮将校の勢力は省部に拡大しつつあったが、他方で、その認識は必ずしも統一されておらず、その解決プロセスも具体化されていなかった。またその議論もあくまで彼らの私的懇談のレベルに止まるものであった。しかし一九三〇年六月、トルコ駐在武官橋本欣五郎が帰国すると（参謀本部第二部ロシア班長）、状況は大きく進展することになる。

周知のごとく、トルコ建国の父ムスタファ・ケマル・アタテュルク（Mustafa Kemal Atatürk）に心酔して帰国した橋本は、在京佐尉官を唱導、国家革新を目的とする「桜会」を結成する。当初、桜会は国家革新をその第一の目的とし、国内改造以前に対外武力行使に出ることには否定的だったという。しかしその趣意書が、「対外発展」と「人口食料の解決」に対する為政者の不熱心を痛罵したように、国家革新と満蒙問題解決は不可分の関係にあった[21]。

橋本は上司たる建川第二部長と「性格において相許すところ」があり、「国政改革について建川少将の奮起を痛烈に要望した[22]」。稲田正純（当時はフランス駐在）が同期生（河村参郎か）の話として伝えるところによれば、当初はさしたるものではなかった部内の満蒙熱が、橋本帰国を契機として一変先鋭化したという[23]。また橋本虎之助（満州事変勃発時第二部長）によれば、「建川が支那より帰って来て以来、第二部を中心として満蒙問題活況を呈[24]」したという。建川と橋本の登場によって陸軍省部の意見が一転強硬化したのである。建川は小磯国昭軍務局長とも話し合い、小磯は国内問題を、建川は満蒙問題を研究した[25]。「その頃、陸軍省は小磯軍務局長が、参謀本部は建川第二部長が中心で」あった。[26]かくして一九三〇年一一月には、建川は「非合法手段」による満蒙問題解決を決心するに至る。[27]この建川の下、第二部で作成されたのが「昭和六年情勢判断」である。

参謀本部第二部では毎年、その時々の国際情勢を研究して情勢判断を作成、第一部の作戦計画作成に資した。またこれを陸軍省軍務局に移して、外務省などの意見も勘案して陸軍としての情勢判断を作成していた。現在、同情勢判断は未発見であるが、満蒙問題に関して「窮極ニ於テ領土的解決ヲ必要トスル」ことを主張していたようだ。[28]橋本欣五郎によれば、例年の情勢判断は世界情勢一般を判断して月並みな結論をつけたものであったが、昭和六年情勢判断は建川の考えで満州を中心にして構成されていたという。策定会議において、橋本は武力による満蒙処理を主張し、建川もこれに賛同、情勢判断の結論に「満州は処理せざるべからず、しかして政府において軍の意見に従わざる場合は断然たる処置に出る覚悟を要す」との一文がつけ加えられたという。[29]また関係者の戦後の回想によれば、満蒙問題の積極解決と軍部による政府、国民の指導鞭撻を主張していたという。[30]こうした諸記録から推測すれば、早急な武力発動の是非はともかく、少なくも相当強い調子で満蒙問題の積極解決を要求する内容であったことは間違いない。同情勢判断は参謀総長金谷範三の承認を得た後、陸軍省に回された。建川によれば、小磯軍務局長はこれに賛成したが、宇垣陸相は、その情勢判断の終わりに「かるが《ママ》故に軍備拡張の必要あり」との一文があったため、政党に気兼ねして反対だったという。そして情勢判断の可否を明言しないままその辞任まで放置していたという。[31]前述のように、宇垣は満蒙問題の経済的、平和的解決を目指していたので、満蒙問題の領土的解決を高唱し、かつそのために国家改造や軍拡の必要にまで踏み込んだ情勢判断を認めることはできなかったのだろう。しかし第二次軍制改革に取り組んでいる折でもあり、参謀総長の決裁を得、軍務局長も賛成する同判断を無下につき返すこともできず、体良く握りつぶそうとしたのではないだろうか。

しかし陸軍省部で満蒙問題武力解決の機運が高まってきたことは、陸軍の外地兵備改編構想にも変化をもたらすことになる。まずその変化は陸軍省軍務局作成の軍制改革案に表れる。軍務局には一九三〇年八月の定期異動で小磯国昭（軍務局長）と永田鉄山（軍務局軍事課長）が就任していた。前述のように、小磯局長は建川第二部長と連絡を取り、それぞれ国家革新と満蒙問題の研究を行っていた。また永田課長以下の軍事課課員には、村上、鈴木、土橋の一夕会会員が送り込まれていた。そうしたなか、一九三一年一月頃に作成されたと思われる軍制改革軍務局案では、兵数削減問題で従来の宇垣案と参謀本部案の中間を採る一方（前章）、外地兵備改編問題では新機軸を打ち出すことになる。軍務局案は師団の朝鮮と台湾への各一個師団新設に加え、満州駐箚師団の常駐化（これにともない独立守備隊を廃止し、憲兵を増強する）を提言したのである。軍務局案では新設師団の規模こそ従来の四個連隊体制から三個連隊体制へ縮小されたが（これにともない師団を旅団に改称）、宇垣案が独立守備隊の増強案にとどまっていたことを考えれば大きな変化である[32]。当時の二年交代制駐箚師団では、所属各連隊の三分の一の兵力を内地に留守部隊として残しており[33]、また満州事変当時に駐箚の第二師団の例を見れば、長期の独立した作戦行動に不可欠となる師団所属の輜重兵部隊、および一部重火力も内地に残留している。輜重兵や重火力は満鉄沿線の警備任務には緊要性が低かったのだろうが、しかし駐箚師団を本格的戦闘のための戦略単位として見た場合、兵力量、バランスともに歪なものであったことがわかる。軍務局案ではこれを純然たる常設戦略師団へと格上げしようとしたのである（しかも、より警備任務に適するとされた独立守備隊は廃止）。この前年秋、永田は重藤千秋（参謀本部第二部第五課長）とともに渡満し、関東軍と満蒙問題について話し合っている。この時、関東軍高級参謀板垣征四郎は満蒙問題武力解決の必要を力説し、永田は「逐次進んでこれを解決せんとする意向」を表明したが[34]、この時に有名な二四糎榴弾砲の据えつけとともに「一個師団満州移駐問題」も話し合われていたらしい[35]。軍務局案はこの話し合いの結果を反映したものであろう。ただ同案は宇垣の承認を得た陸軍省案ではなく、軍務局の試案に近いものだろう。宇垣はこの後も（陸相退任後の七月八日）、満蒙問題の解決は必要としつつも、同時に満州の「政治的」統合は否定し、経済的、警備的、交通的に朝鮮と統合されれば十分だと言っている。また満州は「外国のものなるを以て常駐は外の聞え悪かるべし」との井上準之助蔵相の意見を「尤なるべし」と肯定している[36]。宇垣がこのような意見である限り、軍務局案を公式に認めていたとは考え辛い。

一九三一年四月一四日、浜口内閣の総辞職と第二次若槻礼次郎内閣の成立にともない、宇垣は自身の推挙で就任する後任陸相南次郎に申し継ぎを行っている。それによれば、外地兵備改編問題の現状として、「朝鮮及台湾ノ兵力充実、右ニ伴フ満州ノ兵備変更等ニ就テ研究セシメアリ」としている。つまり宇垣が、朝鮮と台湾の兵力増強を既定路線として陸軍省で研究させていたのに対して、満州兵備のあり方については未だ確たる方向性が決定していなかったことが推測される。また「支那就中満蒙問題ニ就テ」は、「満蒙ニ対スル帝国ノ権益ヲ確保シ之ニ立脚シテ該地域ニ対スル帝国諸般ノ勢力ヲ確立シ依テ以テ平戦両時ニ於ケル帝国自在ノ基礎ヲ強固ナラシムルト共ニ支那本土ニ於ケル支那ノ健全ナル国家建設ヲ支持シ以テ真ニ日支共存共栄ノ慶ニ倚ルヲ以テ帝国対支政策ノ根本タラシメ諸般ノ対策凡テ之ニ胚胎スルヲ要スルモノト考フ」として、従前からの一般的満蒙政策を踏襲するのみで、情勢判断に表れたような緊迫感に乏しい。日中間の個別の懸案に関しても目下交渉中、ないしは有望に進展中であるとして、情勢判断に比して著しく楽観的だった[37]。

こうした満蒙問題に対する宇垣の認識は、関東軍司令官人事にも表れている。宇垣は離任に際して、同年八月に予定されていた定期人事で本庄繁を次期関東軍司令官とすることを事前決定し、南に引き継がせた。宇垣によれば、従来の慣例からすれば真崎甚三郎が就任すべきところを、満蒙問題の平和的解決への配慮から、中国問題の専門家で張家とも関係の深い本庄を後任に決定したのだという[38]。宇垣は自身の辞職後も対満蒙穏健政策が維持されることを期待していた。

しかし南新陸相は満蒙問題に対して宇垣とは異なる態度を取ることになる。建川によれば、「南が陸軍大臣になると、早速僕を呼び出した。僕が行って見たら、情勢判断を読んでおり、『これは仲々良い。自分は全然同意だ。一つやろうではないか』といっておった」。橋本欣五郎によれば、「青年将校の勢のよいのに釣られたのが南大将だった」というし、橋本虎之助によれば、「南陸相は途中下から押されて元気付いた」という[39]。宇垣の推挙によって就任した南だが、中堅幕僚の強硬論に容易に感化されてしまったことがわかる。

そして南就任の翌日（四月一五日）、宇垣の退任を待っていたかのように、参謀本部第二部策定の「情勢判断に基づく対策」が陸軍省、教育総監部、各軍司令官に配布された[40]。同対策も正文は未発見であるが、残された史料から推定するに、満蒙問題解決の方法として、①中国主権下の親日地方政権樹立、②独立国家樹立、③領有、の三段階を考慮していたらしい。また同対策に対する関東軍の反対意見から推測して、列国の反発を憂慮して解決には漸進的方法を取ることとし、近々の積極的武力発動にはなお慎重であったことも読み取れる[41]（周知のように関東軍は即時武力発動と領有を主張していた）。しかし最も穏健な①でさえ、外国主権へのあからさまな介入であったことは覆うべくもない。また親日地方政権が通常の外交交渉レベルで成立するはずもないのだから、これは当然に露骨な謀略や武力発動を前提とした対策である。情勢判断さえ認めえなかった宇垣が、同対策を容認しうるとは考え難く、したがって建川らは宇垣の退任を待って陸軍省へ開示したのであろう。こうして情勢判断で漠然と示された満蒙問題解決の決意に、同対策はより具体的なプロセスを付与したのである。

五月一四日には情勢判断、同対策に基づいて研究を進める目的で、陸軍省（次官、軍務局長他）、参謀本部（次長、総務部長、第一部長、第二部長）、教育総監部（本部長）による合同会議が開かれ、以後、委員を設けて具体的研究に移ることが決定された[42]。かくして建川を中心に省部の局長部長が会同、「満蒙問題解決方策の大綱」が策定されることになる。高名な文書であるが、重要なものであるので全文引用する。

一、満州に於ける張学良政権の排日方針の緩和については、外務当局と緊密に連絡の上、その実現につとめ、関東軍の行動を慎重ならしめることについては、陸軍中央部として遺憾なきよう指導につとめる。
一、右の努力にもかかわらず排日行動の発展を見ることになれば、遂に軍事行動の已むなきに到ることがあるだろう。
一、満州問題の解決には、内外の理解を得ることが絶対に必要である。陸軍大臣は閣議を通じ、現地の状況を各大臣に知悉せしめることに努力する。
一、全国民特に操觚会に満州の実情を承知せしめる主業務は、主として軍務局の任とし、情報部は之に協力する。
一、陸軍省軍務局と参謀本部情報部とは、緊密に外務省関係局課と連絡の上、関係列国に満州で行はれてゐる排日行動の実際を承知させ、万一にもわが軍事行動を必要とする事態にはいつたときは列国をして日本の決意を諒とし、不当な反対圧迫の挙に出でしめないやう事前に周到な工作案を立て、予め上司の決裁を得てをき、その実行を順調ならしめる。
一、軍事行動の場合、如何なる兵力を必要とするかは、関東軍と協議の上作戦部に於て計画し上長の決裁を求める。
一、内外の理解を求むるための施策は、約一ケ年即ち来年春迄を期間とし、之が実施の周到を期する。
一、関東軍首脳部に、中央の方針意図を熟知させ、来る一年間は隠忍自重の上、排日行動から生ずる紛争にまきこまれることを避け、万一に紛争が生じたときは、局部的に処置することに留め、範囲を拡大せしめないことに努めさせる。(43)

この大綱は極めて曖昧模糊としたものである。「内外の理解を得る」とは一見穏健で慎重な態度にも見えるが、しかし守島伍郎（外務省アジア局第一課長）が看破したように、わずか一年で武力発動に対する国家内外のコンセンサスが得られるとは到底思えない[44]。また「内外の理解」が得られなかった場合はどうするのかははっきりしない。そもそも何をもって「理解」が得られたと定義するのかも不明である。一年間は紛争が発生しても「局部的」解決に努めるというが、裏を返せば一年後は全面的武力発動を容認するとも読める。政府、外務省との協力を謳っているところも一見穏当なようであるが、しかし排日の実情について内外に知悉せしめるために協力するとは言っているものの、武力発動自体について事前に政府、外務省と協議し承認を得るとは全く言っていない[45]。

橋本は当時の軍中央の雰囲気を、「公式の情勢判断に於て満州を処理せざるべからざる結論に達したるも軍高級者連は例の如く机上の文案と心得、恰も何等処置する処なき事」、「中央部は口には云云するも満州事変には全く決心なき事を暴露」したと評している[46]。要するに一般論としては、満蒙問題解決のためには武力発動による領土的「処理」が必要であることに陸軍中央のコンセンサスは一応確立していたものの、いざ具体論、各論となると未だ慎重論が（とくに中央上層部に）根強かったのである（大綱策定には消極派の畑第一部長も関わっていた）。大綱はこうした陸軍部内の軟論と硬論、本音と建前のバランスを取ろうとした結果、極めて曖昧なものになったようである。

しかし大綱策定者がどのような認識でいたかについては、大綱策定に強い影響力があったという永田[47]が矢崎勘十（張学良顧問。永田に師事していた）に送った私信によってある程度うかがうことができるように思われる。永田によれば、満蒙問題解決は「正道より進むを可とし奇の道も時に可なり、只何れの場合に於ても内国論の在る程度の理解醞釀と外列強の正義感を認むることを要し奇道の場合国論を引きずり得る如くなさざるべからず」という。正道は外交交渉を、奇道は武力行使を意味しているのであろう。外交交渉を主としつつも、武力行使も選択肢の内であった。そして武力行使には国論の「在る程度の理解」〔傍点引用者〕が必要としているところからして、武力行使に対して世論、政府の好意的態度を期待する半面、全面的賛同や事前承認を発動の前提としていたわけではない。武力発動は「国論を引きずり得る如く」、すなわち、事後承認を甘受させることができれば良いのである。大綱のいう一年間の宣伝活動の目標はここにあったのである。他方で永田は、「陸軍の力のみにて事を決するは国が真に滅するや否やのドタン場の最大非常手段なり。軽々しく用うべきに非ず、(中略)忍び得ざるを忍びて堪忍袋の緒を切り始めて大事を決し得可し、(中略)大兄等に於ても事を誤らざる如く善処を望む」と忠告している。矢崎によれば、同書簡は「満州事変直前奉天の空気険悪となりしため」送られたものだというが[48]、この段階では永田は「国論を引きず」ることも未だ困難だと考え、現地関東軍の急進主義(即時武力発動、領有化構想)を戒めたのだろう。建川、永田などの大綱策定者は、内外に武力行使を甘受させうる情勢の形成を待ち、陸軍主導で武力発動に踏み出す考えであった。

こうして急進派の建川と橋本の帰国以来、それまで一部将校の私的な構想に過ぎなかった満蒙問題武力解決構想が急激に具体化され、情勢判断という形で陸軍のオフィシャルな政策立案過程に登場する。宇垣は同情勢判断を承認しなかったが、宇垣辞任と南新陸相の就任を契機として、同対策、大綱と数カ月のうちに矢継ぎ早に満蒙問題解決のための方策が策定されることになる。この策定過程を通じて、満蒙問題は究極的には武力によって領土的に解決するという点で部内のコンセンサスが固まっていった。もっともそれは大綱に見られるように具体面において未だ曖昧な点を多々有していた。さらに武力行使という核心的イシューの発動時期を明確に確定しないまま、とりあえず将来に先送りしていた。しかしこうした曖昧さや先送りがあればこそ、武力解決、領土的解決という極めて急進的な解決策で部内の合意を可能にしていたのである。当然この合意はあくまで原則論としてのものであり、柳条湖事件のような個別具体的な武力発動を想定したものではない。しかし大臣、総長以下の陸軍中央が、たとえ原則論としてではあれ、武力発動に対してサンクションを与えたことは大きな意味を持つことになるのである。

三　南－金谷体制下の満蒙問題武力解決構想と外地兵備改編問題

　一九三一年四月二五日、軍制改革について南陸相と金谷総長の会見が行われた。席上、南は宇垣前陸相の持論たる独立守備隊の増強案について意見を求め、金谷は「作戦上不可なる所以を説明し、（中略）大臣は了解した[49]」。金谷が、純粋な警備任務のためには師団形式より有利とされた独立守備隊増強案を「作戦上不可」とし、南もこれに同意したことからは、宇垣とは異なり両者が満州兵備に単なる警備任務を超えた役割をより強く期待していたことがわかる。この後、外地兵備改編構想は従来とは異なるベクトルで推し進められることになる。五月一日の三長官会議では、軍制改革においては外地兵備改編を優先し、装備近代化は第二期の課題とする案で基本合意がなされた[50]。つまり参謀本部は外地兵備改編に消極的だった従来の態度を転換した。金谷は七月二日にはより明確に、「朝鮮移住《ママ》ハ参本ノ熱望ナリ、是非実行ヲ望ム[51]」と発言しており、参謀本部が外地兵備改編に一転して積極化していたことがわかる。六月二四日の三長官会議では、「朝鮮、満州ニ各師団増加、台湾ニ一部増加ノ事ニ定ム。之レニテ政府ト交渉出来ザレハ、次善案トシテ朝鮮ヲ三連隊ノ編制三師団トナシ、現兵舎ヲ使用シテ無理ニ入ルルコトトナス[52]」との決定がなされた（この場合の満州への師団増加とは、交代制師団の常駐化を意味している）。同案では朝鮮への師団増設こそ宇垣案と共通するものの、満州兵備を純然たる常駐戦略師団にまで格上げすることでは本質的に異なる案であった。満蒙問題武力解決構想の興隆が、宇垣時代とは一線を画した外地兵備改編構想として現れたのである。

　またこの構想では、満州駐箚師団の常駐化に関しては、既存の交代制師団が使用していた設備が相当程度流用できるものの、朝鮮の設備は全くの新設となるため、その設備費用として多額の経費が発生してしまう（そのため同時期の軍事参議官会議では、満州駐箚師団常駐化構想よりも、朝鮮移駐構想のほうが予算の関係で問題視されている）。もし政府が経費の国庫負担を承認しない場合は、朝鮮三師団をコンパクト化し、二個師団用の既存設備を三個師団で使用させようというのである。これは相当「無理」をした案であったが、陸軍、とくに金谷はなんとしても外地兵備増強を実現しようとしていた(53)。参謀本部はなぜ従来の態度を転換したのだろうか。

参謀本部が態度を急転換した背景には、満蒙問題の興隆を契機として発生した参謀本部内の政治力学上の変動があった。従来、外地兵備改編構想に対して消極論の立場から部内をリードしてきた第一部が後退し、建川の第二部の影響力が急激に高まっていたのである。

一九三一年八月に参謀本部第二部に着任した馬奈木敬信は、「第二部の空気、第二部将校の態度が昭和三年、四年ごろとは比較にならないほど緊張している」ことに一驚したが、同期の長勇（第二部第五課）を問い質したところ満蒙問題武力解決構想を打ち明けられたという。長によれば、「実は前年末にだいたいの計画ができ、それぞれ現地軍で準備中であるが、参謀本部第一（作戦）部には極秘としてある。そのゆえんは同部の将校中には保身組が多く、計画が成り立たぬからであるという(54)」。また畑俊六第一部長の回想によれば、満蒙情勢が悪化し、陸軍としての対策が検討されだしてからも、「厳重なる第一部のことなれば兵力使用の如きは議に上りたることなく(55)」という。第一部は満蒙問題武力解決構想に概して関心が低かったのである。また畑の残した日記を見ると、畑が外地兵備改編にも一貫して不熱心であったことがうかがえる。一九三一年七月、すでに三長官会議、軍事参議官会議で外地兵備改編が決定した後においても、外地兵備改編に触れていない従来の参謀本部軍制改革案こそが「最徹底せる案」であり、現行の参謀本部案では「朝鮮移駐の如き無理が生ずる(56)」とし、外地兵備改編案に否定的な口振りである。満蒙問題での武力行使を想定していない第一部としては、予算面、政治面での「無理」がともない、装備近代化にも悪影響を及ぼしかねない外地兵備改編に冷淡であることは当然であった。

かくして満蒙問題に関する省部の強硬化にコミットできなかった第一部とその外地兵備改編消極論は後退を余儀

なくされていく。他方、主導権を確保しつつあった第二部は、満蒙での対中武力発動に備えて外地兵備改編に熱心である一方、直近の装備近代化の緊要性に関して、大陸軍国ソ連を念頭にする第一部よりも相対的には関心が低かったと言える（第二部が装備近代化を軽視していたというわけではない。あくまで直近の未来に備えて外地兵備改編と装備近代化のどちらを先行させるかという相対論での話である）。外地兵備改編問題に対する参謀本部の態度の変化は、参謀本部内での主導権が第一部から第二部へ移行しつつあったことを示している。ちなみに金谷総長と建川第二部長の関係は極めて良好であり、建川によれば、「金谷総長は僕の先生で、信用は何時も満点だった[57]」という。金谷の総長就任（一九三〇年二月一九日）以降、金谷との個人的関係をも梃子に第二部は影響力を増大させたのである。かくして宇垣前陸相時代には外地兵備改編に消極的だった参謀本部は、満蒙問題の興隆と参謀本部内での政治力学上の変動にともない、一転して外地兵備改編に積極化することとなった[58]。ただしその改編の目的は、宇垣時代の守勢的な警備力強化から、満蒙問題武力解決構想に資するための攻勢的なものに一変していた。

しかし南－金谷体制下の外地兵備改編構想に対しては政府と外務省はもちろん、陸相在任時は外地兵備改編を推し進めようとした宇垣（朝鮮総督）も冷淡であった。若槻首相は経費増加と国際世論を考慮して朝鮮と満州の兵力増強に消極的であり、井上蔵相も朝鮮はともかく、「満州の方は外国のものなるを以て常駐は外の聞え悪かるべし」と考えていた[59]。宇垣も朝鮮師団の増強は警備力増強の観点から支持していたものの、満州兵備に関しては、これも警備力増強の観点から、より警備任務に特化した独立守備隊の増強で対応しようと考えており、師団常駐化には反対であった。「外国」である満州に師団を常設することの政治的意味を考えれば、宇垣や政府の反対は当然だろう。これに対して二宮治重参謀次長が宇垣の下に出向いて常駐の必要を説明したものの、宇垣の考えは変わらなかった[60]。この頃の宇垣は、満蒙情勢の緊迫化を認識しつつも、「帝国朝野の官民が余り満蒙問題に焦慮懊悩しあるの様子が外部に見へ透されるのは心細くて面白くない。（中略）国民の内に自ら進んで夫れを問題化するの態度に出づるものあるは遺憾なり」[61]として、中国の排日や国権回復運動に一々過敏に反応して騒ぎ立てることを戒めていた。満州事変勃発直前になっても宇垣は、日本の満蒙での発展が阻害されている原因として、「満鉄其者は唯我独尊的の気持で支那の土地で支那人を顧客として商売して居るの根本を忘れて居るのではないか」とし、排日の窮状を陳情するため宇垣を訪問した在満有力者連に逆に反省を促し、また「隠忍自重国家の大方針に基き行動して軽挙盲動する勿れと戒め」ている[62]。満蒙問題に対する宇垣の認識は現陸軍省部とは大きく異なるものであった。しかし他方で、宇垣が現陸軍省部の軍制改革方針是正のために積極的に乗り出した様子も（少なくとも管見の限り）ない。すでに現役を退いていたとはいえ、南や金谷との個人的関係を考慮すれば、宇垣は未だ相当の影響力を陸軍中央に行使できたと思われる。二宮がわざわざ改革案の説明に出向いていることもこのことを裏書きする。しかし第二次軍制改革の失敗による政治的瑕疵を恐れて辞任した宇垣にとってみれば、この問題にこれ以上関わることは避けたかったに違いない。また宇垣は具体的武力発動計画までは知らなかったから[63]、現実には武力発動計画と一体のものであった外地兵備改編構想に対する危機感も希薄であったと思われる。以降、満蒙問題に対する陸軍の対応は一層具体化していくことになる。

一九三一年六月、畑が参謀旅行統裁官として台湾へ出張中、建川は金谷総長から若槻首相に直接満蒙問題に関する意見を具申することを企画し、金谷の承認を得た。帰京後、建川より説明を受けた畑はこれに同意したものの、総長から首相に政治問題に関して意見することには慎重な態度も見せた。七月一一日、若槻と金谷の会談が行われたが、若槻は満蒙問題の重要性については金谷の意見に同調したものの、その解決策としての近々の武力発動は否定し、「日本はあくまで隠忍自重するを可とす」と回答した。若槻は将来的な武力発動の可能性を全面的には否定しなかったものの、金谷、建川との認識差は明白だった。畑によれば、「案の定首相は主旨には同意したるもうまく逃げ、折角会見したる効果はなかりき」という。会見結果に不満な建川は再度の会見を企画し、陸軍側意見を文書で残してくることを主張したが、畑は「元来総長が首相と会見すると云ふことは大に考へ物にして、幸ひ今回は世間に知られずして済みたるも、これが世間の問題となりたるときは悪しき方に逆用せらるゝ危険多分にあり」とし、二度目の会見には否定的だった[64]。

こうした畑以下第一部部員の消極性が問題とされたのであろう。参謀本部では八月の定期異動に際して畑を転出させ、その後任として建川自らが第一部長に就任する人事構想が練られていた。七月中旬、小磯は軍務局徴募課長今村均に対して、「それ〔大綱〕を基とし、陸軍としての具体的細目計画を立案する必要上、参謀本部は建川情報部長を作戦部長に廻し、君〔今村均〕をその下の作戦課長にしたいといって来て、大臣、次官ともに同意してしまった。永田軍事課長も、君とならば手を握り合って細目計画を樹て得ると熱望している」と申し込んだ。武力発動自体に否定的な畑以下の第一部現部員では大綱に則った作戦計画の立案は困難だと考えられたのであろう。なお、作戦方面を今村が担当する一方、政策方面は永田が立案することになっていたという[65]。畑自身の回想によれば、「早晩は兵力を使用して満州を処分せんとする計画が関東軍と第二部との若干のものの間には一脈相通ずるものありしなるべし。〔中略〕何にせよ第一部が邪魔なれば余の進級を機として余を追払ひ、第二部の勢力範囲とし以て満州事変をデッチ上げんとしたるもの」だという[66]。従来満蒙問題にあまり関わりのなかった今村がなぜ人選されたのかは明確ではないが、恐らく軍務局での勤務振りを小磯や永田が評価し、建川に推挙したのだろう。

さて第一部長に着任した建川は、「今の作戦課の連中は気に喰わない。これからどしどし第二部の部員で取り換える」と宣言したという[67]。他方、建川の後任として第二部長に就任した橋本虎之助は穏健な人物であったらしいが、第二部には「建川時代の部下はそっくりそのまま残った。私は上に乗っかっていたに過ぎない」という。橋本は着任後すぐに一カ月間の中国視察に出されるが、「腹蔵なく云えば、私は慎重派だったので敬遠の意味で、支那を見て来いと出されたのかも知れない」という[68]。かくして第一部と第二部両部の実権を掌握した建川は、今村に大綱を示すと極秘の内に作戦計画立案を命じた。大綱は他の第一部部員にも開示を禁じられ、「課長自身が、立案することを必要とする」と指示された。この後、今村は作戦計画を九月下旬の省部局長会議に提出するため約一カ月で策定、総長、次長の承認を得ると、大臣と次官にも説明し、おおよその賛同を得た[69]。その具体的内容は現在不明であるが、残された諸史料から推測するに、恐らく中国側の「挑発行為」を口実に日本側が主体的に奇襲攻撃を敢行し、一気に南満州要地を占領するというものであったと思われる[70]。満蒙問題武力解決構想はついに具体的作戦構想として結実することになった。外地兵備改編構想の変化は、満蒙問題武力解決構想の具体化と表裏一体の関係にあったのである。

とはいえ、中央の認識では満蒙での即時武力行使には未だ否定的であった。片倉衷によれば、永田は一九三〇年末の時点では武力発動を「二、三年後」と想定し、石原の即時発動論に反対していたという[71]。満州事変に深く関わっていた朝鮮軍参謀神田正種によれば、当時の省部関係者は、「積極解決に異存を云ふ人はなかつたが、暫く時期を待たんとするもの、稍躊躇する者（杉山さん）等々少くも即時解決に必要な手段は打つてない事が略明瞭」であったという。また「当時小磯、永田を主流とする中央部の満州解決策は目標を大体昭和十年に置き、其迄に国政の改革＝国防国家体制の整備、軍の拡張等を行はんとするものであつて、先づ手始めに満州問題解決の要を軍が主動となつて、国内に宣伝せんとする程度のものであつた」という[72]。恐らく今村の作戦計画でも数年の準備期間を経たうえでの発動を想定していたのだろう。このことは外地兵備改編構想からも裏書きされる。二年交代の満州駐箚師団制度では、一九三三年に内地から新師団が派遣され、現駐の第二師団と交代することになっていた。陸軍ではこの交代期を利用して、本土の諸師団から部隊を抽出派遣し、常駐師団制度を開始する計画であった[73]。これは片倉の回想する永田の計画と時期が一致する。また、その移行期間や新師団の習熟期間として若干年の猶予を見れば、神田の言う時期とも一致する[74]。

かくして中央では数年後の軍中央主導による武力発動に備え、消極派の畑を排除して建川を第一部長に送り込み、外地兵備の強化を図るとともに、大綱に則った作戦計画を今村が、政策計画を永田が策定したのである。

他方、内閣では外地兵備改編を政府に承認させるべく南が職を賭して若槻、井上と交渉していた。宇垣と異なり、政党への政治的配慮にとらわれない南の交渉姿勢は強硬だった。若槻と井上はついに陸軍案の「主義」を受け容れざるをえなくなる（予算関係の事務折衝はなお困難を極めたが）。一九三一年九月四日、南は軍制改革案大綱を陸軍内外に公表した。この大綱はやや漠然としたところもあり（大蔵省との折衝中であるため具体的数字に触れていない）、必ずしも改革の詳細が明らかなわけではないが、陸軍の案は次のようなものだった。まず最優先すべき外地兵備改編構想として、①満州駐劄師団の常駐化（独立守備隊は廃止）、②朝鮮に一個師団移駐（なお、満州と朝鮮の師団は内地師団よりコンパクト化）、③台湾に工兵隊を増設。次いで第二期の課題たる装備近代化として、④飛行機、戦車、高射砲などの充実、歩兵と騎兵部隊の機関銃などの増強。また整理統合の事案としては、⑤近衛師団を廃止して歩兵と騎兵よりなる小規模の禁闕守衛専門部隊を設置する、⑥重砲兵と工兵などの諸部隊の整理統合および官衙と学校制度の改変[75]、である。すなわち、平時一個師団（近衛師団）減（ただし外地師団のコンパクト化などにより人員では二個師団相当の減となる）、戦時四個師団減（近衛師団廃止により二個減、外地移駐二個師団も二倍動員しないのでさらに二個減）となる。師団数の点では旧来の参謀本部案に近似であり、師団規模の点では外地四個師団をコンパクト化しているが、宇垣案では全師団のコンパクト化を主張していたから、これも旧参謀本部案に配慮した内容と言えよう（宇垣と参謀本部の軍制改革案は前章参照）。しかし外地兵備改編問題に関しては、旧参謀本部案とも宇垣案とも異なり、警備任務に特化した独立守備隊と不完全な交代制師団を廃止するかわりに、純然たる正規師団を常駐化させようとするものであった。これは満州兵備の性格が、警備任務から対外戦争を意識したものへと変化したことを意味している。数年後の武力発動を目指して陸軍中央の下準備は着々と進展していた。

だが周知のように、関東軍では中央の漸進主義に飽き足らず、即時武力発動を計画していた。中央でも少壮将校中には、関東軍の即時武力発動を期待する空気が存在していた。[76] また上層部でも、中央における中心人物たる建川には、関東軍が独断で武力発動に踏み切る場合、これを強いて掣肘する考えはなかった。一九三〇年一二月、関東軍の武力発動を仄めかす関東軍司令部付花谷正に対して建川は、「やるなら計画して見よ。上の方のことは僕が何とかするから。そのことは橋本にもいえ」と答えている。建川自身が関東軍の武力発動計画を相当程度察知しながら、これを事実上黙過していたことは、本人および関係者の回想からしても明らかである。[77] また比較的「穏健」な小磯や永田にしても、一定の準備期間の後に陸軍主導の武力発動を強行する意思があったことは前述のとおりである。武力行使に消極的な畑第一部長を排除し、積極派の建川を後任に送り込んだことからも推察できるように、陸軍主導による武力解決を肯定する点で、小磯や永田はむしろ建川に（さらに言えば関東軍にも）近かった。[78] 小磯と永田だけではなく、この時期には「領土的解決、日支戦争」をもって「満蒙問題ニ対スル結論」とすることは南陸相も承認する陸軍中央の組織的見解となっていた。[79] 問題はその発動時期や規模に関することと、関東軍の「独断先行」を容認するか否かに過ぎなかったのである。[80]

おわりに

張作霖爆殺事件の余波を受けて退陣した田中義一内閣の後を受けて成立した浜口雄幸内閣にとって、前内閣で毀損された対中関係の改善は最重要課題の一つであった。折から第二次軍制改革に着手した陸軍大臣宇垣一成は、独自の外地兵備改編構想によってこの内閣の新政策に順応しようとする。すなわち警備力に特化した満州独立守備隊を増強、あわせて隣接地たる朝鮮の兵力を増強することで、満州に対する領土的野心を中国および列強に疑わせることなく、既得権益を確実に擁護しようとしたのである。

しかしながら宇垣の外地兵備改編構想は、参謀本部の冷淡な対応の前に頓挫を余儀なくされる。当時、参謀本部の中心たる第一部は満蒙問題の武力解決には否定的であり、その点では宇垣と近かった。しかし多額の臨時費が障害となって宇垣軍縮時にも達成しえなかった外地兵備改編構想が、徹底的な緊縮政策を推し進める浜口内閣下で実現するとは考えなかった。むしろ迂闊に外地兵備改編構想を持ち出すことで、移駐経費捻出のための軍縮要求や、近代化予算からの転用要求が高まることを懸念した。この時点では、参謀本部は装備近代化をより重要視し、その障碍となりかねない外地兵備改編構想には冷淡であったのである。外地兵備改編構想と師団削減問題（前章）で参謀本部第一部と対立してしまった宇垣は、自身の手による軍制改革を断念して朝鮮に去る。しかし満蒙問題に関して穏健策を主張して中堅幕僚の急進化を抑制していた宇垣の辞任は、事後の陸軍省部の急進化に大きな影響を与えることになった。後を受けた陸軍大臣南次郎も参謀総長金谷範三も、省部の急進化を抑えることはできなかった。

この一九三〇〜三一年を境に、陸軍部内では満蒙問題武力解決構想が急速に台頭してくる。主に参謀本部第二部や陸軍省軍務局を中心に盛り上がった満蒙問題武力解決構想は、宇垣の後を受けた南陸相や金谷総長を巻き込み、やがて陸軍の組織的見解となる。この過程で満蒙問題での武力行使に否定的な畑俊六以下第一部の影響力は減退し、第二部の威信が部内を席巻すると、外地兵備改編構想が再び俎上に載り、むしろ装備近代化よりも重要視されるようになる。

だがこの新たな外地兵備改編構想は、宇垣のそれとは全く目的を異にするものであった。新たな構想では戦略単位として質、量ともに不完全であった二年交代の駐箚師団制度と警備任務により特化した独立守備隊を廃止する代わりに、大規模な対外作戦行動が可能な正規師団を満州に常駐させる計画であった。この構想は外交や財政への悪影響を恐れる若槻や井上の反対に会うが、今や一転して外地兵備改編に積極化した参謀本部はその実現を強く要求した。他方、宇垣は陸軍の新たな外地兵備改編構想に批判的ではあったが、しかし自らの政治的瑕疵につながりかねない軍制改革問題に積極的に介入しようとはしなかった。かくして陸軍は政府から軍制改革案の原則的承認を勝ち取ることに成功する。

なお、この外地兵備改編構想を含む第二次軍制改革構想であるが、政府の承認を勝ち取りながら、満州事変の拡大と満州国建国による新情勢に対応するために一九三三年に中止が決定される。つまりこの外地兵備改編構想が日の目を見ることは結局なかった。しかしながら、同構想に関する陸軍省部の政策変遷を検討することで、陸軍の満蒙政策のドラスティックな転換を観察することが可能となるのである。

ところで独自の外地兵備改編構想を主張し、南－金谷体制下のそれに批判的だった「穏健派」の巨頭たる宇垣は、満州事変の勃発をいかに受け止めたのであろうか。満蒙問題の領土的解決を否定していた宇垣こそ「穏健派」中の「穏健派」であった。しかし満州事変の勃発は宇垣の態度を一変させる。柳条湖事件の翌一九日には、宇垣は早くも、「保護独立国建設等の大芝居が打てぬなら、所謂画竜点睛を欠くものである。先づ之に向つて働き少くも重要懸案の解決に導かざる限りは仕事は徒爾に終はれりと謂はねばならぬ[81]」と言い、従来の立場を一八〇度転換してしまう。

関東軍は宇垣の変心を巧みに利用した。南、金谷に強い影響力を持つ宇垣を利用して中央の慎重方針を転換させようとしたのである。事変勃発直後、本庄は満蒙新政権の樹立と占領地保持を訴える電文を宇垣に送って「側面ヨリ御援助アランコトヲ望」んだ。宇垣は本庄の意見に全面的に賛同するとともに、九月二三日、折から朝鮮を訪れていた在郷軍人会会長鈴木荘六と面会、「保護国の建設少くとも学良の駆逐までは持ち行かねばならぬ。乍併個様な事を耳にしたならば霞ヶ関辺では腰を抜かすものがあるかも知れぬから、出先に於て膳立てをなし最後の承認丈けを持ち込む位になさね（ば）ならぬ」との意見を南、金谷に伝言するように依頼した[82]。宇垣は事変勃発直後から

「新政権を樹立せしめ支那本土と切離し之を相手として善後所置すべき意味のことを首相、陸相、本庄氏等へ進言注告し」てきたが、「今や之を迅速ならしめ（中略）其進行を催促しつつ」あった。「本庄氏や南氏が五月蝿がるかも知れぬ程今次の事件に関し殊に前後の処置に関しては電報や書信を往復」したのである[83]。事変勃発の一カ月後には、宇垣は北満への進出と、中国中央政府から全く分離した独立国家の樹立を訴え、問題解決前の撤兵を否定するなど、併合論を掲げる関東軍に次ぐ強硬派となっていた[84]。武力発動の前と後とでは宇垣の態度は全く異なるものであった。浜口内閣の対中政策にコミットし、その穏健な対満蒙政策で陸軍を主導しようとしていた宇垣だが、満州事変勃発後の実際局面では、むしろ事変拡大の推進力となってしまったのである[85]。

しかし穏健な対中政策を志向していたはずの宇垣は一体なぜ、その考えを一八〇度転換してしまったのだろうか。宇垣といえども「戦争の熱狂」に無縁ではなかったというだけの話なのだろうか。宇垣の対中政策とその変遷の問題に関しては第Ⅲ部で詳しく検討していく。

また次のような疑問も浮かび上がる。すなわち、第一次世界大戦後、「大正デモクラシー」の時代風潮のなかで、安定的な政軍協調路線を実現し、世論、政党勢力の要求に応じて山梨軍縮、宇垣軍縮を成し遂げたはずの陸軍は、なぜ突如として政府の統制を無視して満州事変に猛進したのだろうか。この問題に関しては、「大正デモクラシー」期の政軍関係を対立的構図で把握しようとする旧来の研究に対して、軍部の「大正デモクラシー」に対する態度は、むしろある種の積極的柔軟性を持つものであったとする考えが近年有力となりつつある。そして同時に、陸軍の「大正デモクラシー」に対する柔軟性を、近代戦、総力戦に対応できる「新たな軍隊像」を模索する過程の現象と理解することで、その柔軟路線での「新たな軍隊像」模索が内外の要因によって行き詰まった時、陸軍の急激な進路変更、「革新的政治勢力」としての突出が始まったと解釈する。つまり陸軍の柔軟性のなかにこそ満州事変以降の変質の原因が潜在していたとする[86]。この学説は一定の説得力を持つものであり、筆者もその説自体に特段の異論はない。しかしいかなる目的意識に基くものであれ、「大正デモクラシー」期の陸軍が、政党内閣にコミットした陸軍大臣の統率下に政治優位の政軍関係システム（政党内閣→陸軍省→参謀本部）を慣例化していたことは事実である。仮に原内閣の成立から満州事変勃発までをそのシステムの実効期間としても実に一三年間に及ぶ（途中三代二年間の非政党内閣を含むが）。これほど長期間に及んで内閣（ことに政党内閣）が陸軍大臣を通じて陸軍を統制するシステムが現実に運用され、慣例化していたにもかかわらず、制度としての内閣による陸軍統制システムは最後まで構築されず、「統帥権独立制」は無傷のまま生き残った。そのため陸軍が柔軟路線による「新たな陸軍像」実現を断念し、対外進出と一般政治への容喙によって「新たな陸軍像」を実現しようとした時、制度としての陸軍統制システムを持たなかった政党内閣は、陸軍の突出を食い止めえなかったのである。一体なぜ、運用面での柔軟姿勢は制度そのものの改革に向かわなかったのだろうか。また政軍協調による陸軍統制を体現していた存在だった宇垣は、一体なぜ、満州事変勃発に際して政府の統制から逸脱する陸軍の行動を肯定してしまったのだろうか。この問題に関しては第Ⅱ部第2章で詳しく論じていく。

注

（1）照沼康孝「南陸相と軍制改革案」（原朗編『近代日本の経済と政治』山川出版社、一九八六年）。小林道彦『政党内閣の崩壊と満州事変』（ミネルヴァ書房、二〇一〇年）第二章。
（2）宇垣一成『宇垣一成日記』一巻（みすず書房、一九六八年）七二四頁。
（3）『宇垣日記』一巻、六九一頁。
（4）『宇垣日記』一巻、七二一頁。
（5）『宇垣日記』一巻、六九六頁。
（6）『宇垣日記』一巻、七一三頁。

（7）『宇垣日記』一巻、七二四頁。
（8）「覚書研究事情の統一、飛行隊の拡張」（国会図書館憲政資料室所蔵、『宇垣一成文書』一一七）。伊藤隆他編『続・現代史資料』四巻（みすず書房、一九八三年）三三頁。
（9）「辺境兵備充実案」（『大正十三年一月・制度調査ニ関スル書類・共五・其一・制調・制調議案』防衛省防衛研究所所蔵、陸軍省－雑－T13-1-46）。
（10）前掲『続・現代史資料』四巻、七頁。『宇垣日記』一巻、六二九頁。
（11）前掲『政党内閣の崩壊と満州事変』一三五頁も参照。なお、満州兵備に関しては前章注（78）も参照されたい。
（12）『宇垣日記』一巻、五四三頁、五六八頁。
（13）前掲『続・現代史資料』四巻、二七頁。
（14）前掲『続・現代史資料』四巻、七頁、一一～一二頁。宇垣の外地兵備改編構想を知りながら、参謀本部は独自案に一切反映させなかった。
（15）前掲『続・現代史資料』四巻、二七頁。
（16）『東京朝日新聞』一九二四年八月二六～二七日、九月一〇日、一四日。『読売新聞』一九二五年七月一〇日。
（17）「岡村寧次日誌」（高橋正衛『昭和の軍閥』中央公論社、一九九三年、一七頁所収）。日本近代史料研究会編『鈴木貞一氏談話速記録』上巻（日本近代史料研究会、一九七一年）一〇～一一頁。
（18）「木曜会記事」（日本近代史料研究会編『鈴木貞一氏談話速記録』下巻、日本近代史料研究会、一九七四年）。
（19）「一夕会と二葉会由来」（『大東亜（太平洋）戦争戦史叢書附録』国会図書館製本）。防衛庁防衛研修所戦史室『戦史叢書大本営陸軍部』一巻（朝雲新聞社、一九六七年）三〇四頁。
（20）前掲『鈴木貞一氏談話速記録』上巻、三八～四〇頁、五九頁、二六五～二六六頁。
（21）田中清「所謂十月事件ニ関スル手記」（今井清・高橋正衛編『現代史資料』四巻、みすず書房、一九六五年）。同「『所謂十月事件ニ関スル手記』について」（高橋正衛編『現代史資料』五巻、みすず書房、一九六五年）。
（22）河村恒吉『国史の最黒点』前編（時事通信社、一九六三年）一五頁。
（23）日本近代史料研究会編『稲田正純氏談話速記録』（日本近代史料研究会、一九六九年）五〇頁。
（24）森克己『満州事変の裏面史』（国書刊行会、一九七六年）三二九頁。

(25) 前掲『満州事変の裏面史』三二九頁。
(26) 松村秀逸『三宅坂』(東光書房、一八九四年)四八頁。
(27) 前掲『国史の最黒点』前編、一八～一九頁。
(28) 「昭和六年秋末ニ於ケル情勢判断同対策」(小林龍夫他編『現代史資料』七巻、みすず書房、一九六四年)一六九頁。同史料に「前情勢判断」とあるのが昭和六年情勢判断だろう。
(29) 中野雅夫『橋本大佐の手記』(みすず書房、一九六三年)八三～八六頁。
(30) 刈田徹『改訂増補版昭和初期政治・外交史研究』(人間の科学社、一九八九年)一三三頁、一三六頁。刈田が関係者から聴取した談話による。同書は当該期の軍部動向について恐らく最も詳細な研究である。
(31) 前掲『満州事変の裏面史』三三一頁。
(32) 「編制整備改正に関する各案比較表」(国会図書館憲政資料室所蔵、『宇垣一成文書』一一五)。前掲『続・現代史資料』四巻、三一頁。「外国」である満州に師団を常駐化することの持つ政治的インパクトは大きかったと思われる。
(33) 河辺虎四郎『河辺虎四郎回想録』(毎日新聞社、一九七九年)三九頁。在満兵力の現状に関しては前掲『政党内閣の崩壊と満州事変』一七七頁も参照。
(34) 前掲『満州事変の裏面史』二九四～二九五頁。
(35) 永田鉄山刊行会編『秘録永田鉄山』(芙蓉書房、一九七二年)五五～五六頁、四四一頁。
(36) 前掲『続・現代史資料』四巻、三七～三八頁。
(37) 「陸軍大臣申継事項」(憲政記念館所蔵、『宇垣一成文書』A4-12)。
(38) 宇垣一成『宇垣一成日記』三巻(みすず書房、一九七一年)一七九一頁。前掲『国史の最黒点』前編、一二四～一二五頁。
(39) 前掲『満州事変の裏面史』二三九頁、三三二頁、三三九頁。
(40) 参謀本部庶務課『参謀本部歴史22／29』(防衛省防衛研究所所蔵、中央－作戦指導その他－22)。
(41) 「昭和六年四月策定ノ参謀本部情勢判断」、「情勢判断ニ関スル意見」、「昭和六年秋末ニ於ケル情勢判断同対策」(前掲『現代史資料』七巻)。なお、前二史料では「情勢判断」としているが、内容や時期からして「対策」の方だと思われる。前掲『改訂増補版昭和初期政治・外交史研究』九〇頁、九四頁も参照。
(42) 前掲『参謀本部歴史22／29』。

(43)「満州問題解決方策の大綱」(前掲『現代史資料』七巻、一六四頁)。
(44) 守島伍郎「満州事変の思出（四）」(『霞関会会報』一九六六年一二月) 四頁。
(45) 同大綱を評して、「外交交渉決裂の場合には、従来の慣行通り内閣主導により出兵を行う」ものであったとする研究もあるが(森靖夫『日本陸軍と日中戦争への道』ミネルヴァ書房、二〇一〇年、八八頁。前掲『政党内閣の崩壊と満州事変』一五五〜一五六頁)、大綱を普通に読めばそのような主張を裏づける記載はないと思う。
(46) 前掲『橋本大佐の手記』八八頁、九二頁。
(47) 今村均『今村均政治談話録音速記録』(国会図書館憲政資料室所蔵) 四二頁。
(48) 前掲『秘録永田鉄山』四〇二頁。
(49) 前掲『続・現代史資料』四巻、三三〜三四頁。
(50) 前掲『続・現代史資料』四巻、三四頁。外地兵備改編に直接言及はしていないが、「戦車隊、航空隊、防空部隊等の拡張は第二期とし」とあるから、当然外地兵備改編が第一期の課題となっていたことがわかる。その後の経過から見ても外地兵備改編問題が近代化以上の重要問題となっていたことは間違いない。
(51)「南次郎日記」(前掲「南陸相と軍制改革案」三〇九頁所収)。
(52) 前掲「南次郎日記」。
(53) 前掲『続・現代史資料』四巻、三五〜三六頁。
(54) 中村菊男『昭和陸軍秘史』(番町書房、一九六八年) 六〇頁。
(55) 軍事史学会編『元帥畑俊六回顧録』(錦正社、二〇〇九年) 一七〇頁。
(56) 前掲『続・現代史資料』四巻、三六頁。
(57) 前掲『満州事変の裏面史』三二二頁。
(58) 金谷自身、朝鮮軍司令官時代から朝鮮増師に積極的だった(「朝鮮師団増置説ニ対スル反響ニ関スル件報告」『密大日記・昭和三年第五冊』防衛省防衛研究所所蔵、陸軍省－密大日記－S3-5-12)。
(59) 前掲『続・現代史資料』四巻、三七頁。なお、井上は原則論として朝鮮移駐に同意したものの、財政的観点からその実施は当面先送りするべきだと考えていた(前掲「南陸相と軍制改革案」三一一頁〜)。井上の賛成があくまで将来的課題としてのものであったことには注意が必要である。

(60) 前掲『続・現代史資料』四巻、三七〜三八頁。「総長も亦独立守備隊の改編は問題としたるも」(傍点引用者)とあるのは「総督」の誤記だろう。ただ宇垣自身は宇垣軍縮以前、一九二三年頃には満州駐箚師団を常駐化する構想を抱いていた(「極秘陸軍改革私案」国会図書館憲政資料室所蔵、『宇垣一成文書』一〇〇)。ただし同案では朝鮮師団の増強には触れておらず、宇垣の満州駐箚師団常駐化構想は後に朝鮮師団の増強案に転換されていったと思われる。つまり「極秘陸軍改革私案」における満州駐箚師団常駐化構想は治安維持任務を重視された朝鮮師団増強案に解消可能な性格のものであったと推測できる。

(61) 『宇垣日記』一巻、七九五頁。

(62) 宇垣一成『宇垣一成日記』一巻(みすず書房、一九七〇年)八〇八〜八〇九頁。

(63) 『宇垣日記』一巻、八一二頁。宇垣は柳条湖事件の実相について当初は全く無知だった。あるいはあえて「無知」であろうとしたとも言えるかもしれない。

(64) 前掲『続・現代史資料』四巻、三七〜三九頁。

(65) 今村均『今村均回顧録』(芙蓉書房、一九八〇年)一八七〜一八八頁。

(66) 前掲『元帥畑俊六回顧録』一七一頁。

(67) 遠藤三郎『日中十五年戦争と私』(日中書林、一九七四年)三〇頁。

(68) 前掲『満州事変の裏面史』三二九頁。建川も第二部長を「殆ど自分が兼任の形だった」と認めている(同史料三三二頁)。

(69) 前掲『今村均回顧録』一八七〜一八九頁。今村均「満州火を噴く頃」(『別冊知性』五号、一九五六年一二月)六一頁。

(70) 片倉衷の回想によると、満州事変当時、関東軍は従来の単なる警備任務を超えた対中作戦準備を「中央から」命じられていたという。この作戦構想では中央からの増援はなく、関東軍単独での行動が求められた。まず、作戦発動とともに満鉄沿線に分散配備されている兵力を奉天付近へ二時間で集中、奉天の中国軍精鋭部隊に一撃を加え、奉天省の政治中枢を麻痺させ、「その麻痺した瞬間に、強力な外交交渉によって所望の目的を達成しよう」というものであった。また兵力で勝る中国軍を圧倒するため、相手の「不意」を突くことと「夜襲」が重要視された。なお片倉によれば、この作戦計画は実際の満州事変とは関係なく立案されたものであるという(日本近代史料研究会編『片倉衷氏談話速記録』上巻、日本近代史料研究会、一九八二年、八〇〜八二頁)。また河野恒吉(陸軍少将・朝日新聞客員)によれば、関東軍は「支那軍が何らか事を構えた場合には、我はこの機を捉えて直ちに出動し、在奉天の師団側および独立守備隊側両部隊をもって奉天城を占領する」という作戦計画を立て、「中央」にも報告していたというが(前掲『国史の最黒点』前編、一二二〜一二三頁)、これは片倉の回想する作戦計画と同一のものだろう。

同作戦計画には幾つかの興味深い点が指摘できる。まず、中国軍によるなんらかの権益侵害に対し、これを局地的に排除するに止まらず、一気に奉天の占領にまで進める計画であったことである。二時間で兵力を集中するとか（当然相手の妨害が入れば画餅に帰すことになる）、「夜襲」で相手の「不意」を突くとかいう構想からも、この作戦が狭義の警備行動ではなく、日本側が主体的、攻勢的に発動するものであったことが推察される。たとえ武力発動の直接的きっかけは中国側による権益侵害であるにしても、それを口実として日本側は主体的に攻勢作戦を遂行し、満蒙問題解決の好機にしようと目論んでいたのである。また、このような形式で発動される作戦である以上、政府の事前承認を得るなどということは現実的ではない。当座の増援が期待されていなかったということも、そもそもこの作戦が閣議の了承に則って発動されるものではないことを意味する。武力発動に関して内外のコンセンサスを得ることが一年や二年では現実には困難であろうことは本文でも論じたが、軍も作戦発動に政府の事前承認などは期待していなかったのである。またこの作戦計画が軍中央のコンセンサスを得たものであったことも重要である。これは軍中央も政府の事前承認なしに満蒙問題の武力解決に乗り出す意思があったことを示している。ただしこの作戦計画では、奉天省政府を無力化した後に「外交交渉」によって最終的解決を図ろうとしており、全満州の占領にまで突き進んだ満州事変とは明らかに性質が異なる。恐らく建川のもとで今村が立案した作戦計画も、日本が主体的に攻勢作戦を展開し、奉天を中心として南満州要地を確保し、事後は外交交渉を主体に、独立政権樹立の線で懸案を解決しようというものであったのであろう。満州事変勃発後、建川は事変規模を南満州に限定し、独立地方政権の樹立に留めることを主張しているが、これは恐らく今村の策定した作戦案とも通ずるはずだ。こうしたことは今村の回想からも推測される。今村によれば、作戦計画立案に際して最も考慮したのは、ソ連の実力介入に対する対策であったという（前掲『今村均回顧録』一八七～一八九頁）。常識的に考えて、日本の武力行使が局地的、警備的範囲に留まる限り、ソ連が実力介入を図るなど考え難い。すなわち今村が想定していた武力発動が相当広範で本格的なものであったことが推測される。また同時に、ソ連の武力介入を忌避する意識が強かったということは、実際の満州事変で行われたような北満への武力進攻などは想定していなかったと考えるのが適当であろう。

（71）　ＮＨＫ〝ドキュメント昭和〟取材班編『ドキュメント昭和』第七巻（角川書店、一九八七年）六九頁。

（72）　前掲『現代史資料』七巻、四六四～四六六頁。

（73）　『東京朝日新聞』一九三一年九月五日。移動する師団は第一六師団（京都）を予定していたようであるが、師団指令部以外の隷下部隊は内地諸師団から抽出して新編成する計画だったようである。

（74）　外地兵備改編と武力発動時期の問題に関しては、前掲『政党内閣の崩壊と満州事変』第二章註（268）も参照。なお大綱と永田、神田の回想では準備期間が異なるが、これは発動時期に関して必ずしも明確なコンセンサスが確立していなかったためだろうか。もちろん、単純にどちらかの記録、記憶が間違っている可能性もある。

(75)『東京朝日新聞』一九三一年九月五日。桜井忠温編『国防大辞典』(国書刊行会、一九七八年)六一一頁。

(76)神田によれば、中央でも「課部員級」(神田、樋口季一郎、橋本欣五郎、根本博など)は、「中央の指令を待つて居たのでは到底駄目だ、出先でやれ、やつた以後はおれ達が頭を動かす」と言っていたという(前掲『現代史資料』七巻、四六四～四六六頁)。

(77)前掲『満州事変の裏面史』三二〇～三二三頁。花谷正「満州事変はこうして計画された」(前掲『別冊知性』五号)四二～四四頁など。

(78)畑の第一部長退任と建川、今村の第一部入りを評して、関東軍による即時武力発動を危惧した永田が、内閣主導の政略出兵による「合法的解決」を達成するため、第一部に対する軍政系の統制力を強める目的で行ったとする研究(前掲『政党内閣の崩壊と満州事変』一八〇頁)もあるが、これは誤解であろう。

(79)本庄繁「駐箚師団長・独立守備隊司令官ニ対スル懇談事項」(稲葉正夫他編『太平洋戦争への道』別冊資料編、朝日新聞社、一九六三年)一一二頁。

(80)ところで、近年の満州事変研究には一つの傾向があるようだ。それは満州事変を関東軍に代表される「急進派」と、宇垣一成、南次郎、金谷範三、永田鉄山、今村均などの「穏健派」の対立構造のなかにとらえ、後者と政府、外務省との政策的近接性を強調する。そして政府承認のもとでの満蒙問題の「合法的」解決の可能性や、事変の限定的、局地的解決によって政党内閣制や国際協調路線を維持しえた可能性を探ろうとするものである。たとえば酒井哲哉は、「この時期の陸軍中央の満蒙問題解決策が、ある程度外務省と共存可能なものであった」のであり、それは「関東軍の主張するような満蒙領有論や独立国家建設論とは一線を画したものであることは確実である」とする。酒井によれば、「関東軍の軍事行動が既存の権益擁護のための自衛的措置にとどまるならば、陸軍中央もある程度はこれを許容し得たかもしれない」が、関東軍の行動は「陸軍中央の許容限度を明らかに超える」ものであり、よって「陸軍中央は事変勃発後終始一貫して不拡大方針を取っていたが、特に関東軍の錦州攻撃や東支鉄道以北の北満進出には全力をあげてこれを阻止しようとしたのである」としている。また酒井は「陸軍急進派を抑制しうる穏健的勢力」として宇垣や南を挙げ、彼らと政府の提携による事変の限定的解決(中国主権下の地方政権樹立)や「大正デモクラシー体制」維持の可能性について言及している(酒井哲哉『大正デモクラシー体制の崩壊』東京大学出版会、一九九二年、第一部第一章)。また近年では小林道彦や森靖夫がやはり同断の立場からの研究を発表し、陸軍中央の想定していた満蒙問題解決策は政府主導下での「合法的」

出兵による限定的なものであり、関東軍のそれとは性格を異にしていた、また事変勃発後も政府や外務省と連携して事変の局地的解決、早期終結に向け懸命に努力していたと主張している（前掲『政党内閣の崩壊と満州事変』第二章、第三章。前掲『日本陸軍と日中戦争への道』第3章）。

筆者はこうした見方を一概に否定するものではない。確かに陸軍中央の満蒙問題解決策は関東軍のそれと比較する限りにおいて「穏健的」であった。しかし本章で縷々論じてきたように、「穏健派」とされる南、金谷、永田なども単なる既得権益の擁護を超えて、満蒙問題の武力による領土的解決を志向していたことは厳然たる事実であり、その「漸進主義」をもって直ちに政府、外務省と協調可能であったとまで論を進めることができるかは疑問だと思う。「穏健派」と「強硬派」の差異は多分に程度の問題であり、根本的な性質の違いに根差すものではない。むしろ「穏健派」と政府、外務省の間にこそ、埋めがたい間隙が存在していたと考えるほうが適切だろう。この点に関して、一九三〇年頃に永田と若手外務官僚（谷正之アジア局長など）が作成したという満蒙問題解決の覚書（外交交渉により逐次解決を図るが、不可能の場合は「あらゆる手段をもってやる」と結論していた。大綱と同一文書か？）を挙げて、陸軍と外務省の提携を主張する向きもある。しかし同覚書はあくまで外務省の一部少壮官僚との間で交わされたものであり、外務省オフィシャルなものではない。また谷らは覚書作成の段階では「あらゆる手段」が武力発動の形で現実のものになるとは考えていなかったようである。谷は事変後は狼狽の体であり、鈴木貞一から曖昧な内容の覚書を交わした迂闊さを指摘されて沈黙している（前掲『鈴木貞一氏談話速記録』上巻、二九六頁。前掲『鈴木貞一氏談話速記録』下巻、三〇二頁）。また満州事変の拡大後、政府、外務省が独立政権容認まで譲歩したことで、両者の提携協力の可能性が生まれたことは事実ではあるが、領土的解決を最終的目標とするか否かという一点で、協調はいずれ困難なものとなったのではないか（現実には若槻、犬養両内閣の崩壊で検証は不可能となるが）。そして「穏健派」といえども究極的には「強硬派」の関東軍とその目標を一にしていたことは、関東軍の統制を著しく困難にした。事変勃発後、独立国家樹立や北満進出を主張する関東軍に対して、中央は時期尚早論による抑制を試みるばかりであり、またしばしば関東軍に追従する態度も示した。それは「強硬派」と「穏健派」の違いが独立国家樹立、北満進出までの方法とタイミングの差に過ぎず、「穏健派」も将来的、理想的には関東軍の主張を肯定していたからである（たとえば関東軍抑制を試みた橋本虎之助、白川義則、今村均、二宮治重の発言などを参照。「満州事変機密政略日誌」前掲『現代史資料』七巻、一九五～一九六頁、二三一～二三二頁。「満州事変に於ける軍の統帥（案）」稲葉正夫他編『現代史資料』一一巻、みすず書房、一九六五年、三三〇頁。「満州事変機密作戦日誌」前掲『太平洋戦争への道』別冊資料編、一五二～一五三頁。前掲『片倉衷氏談話速記録』上巻、一七一頁）。したがって中央の抑制を振り切った関東軍によって満州で積み上げられる既成事実を「穏健派」が否定することは不可能であった。その既成事実は「穏健派」にとっても好ましいものであったからである。満州事変のプロセスは「穏健派」にとって不本意なものであったであろうが、その辿り着いた結論たる「全満州を包括した独立国家」にはなんらの異議もなかったのである。

(81) 『宇垣日記』二巻、八一一頁。

(82) 前掲「満州事変に於ける軍の統帥(案)」三二八〜三三〇頁。『宇垣日記』二巻、八一一頁。

(83) 『宇垣日記』二巻、八一三頁。なお、宇垣は西園寺の要請を受け一時的に錦州攻撃の阻止に動くが、この理由については小山俊樹「満州事変期の宇垣一成」(『社会システム研究』第六号、二〇〇三年三月)が説得的である。

(84) 『宇垣日記』二巻、八一四〜八一五頁。

(85) 片倉は次のように回想している。「満州事変の現地におりました人間としては、やはり内田総裁の動き、宇垣総督、それから今の芳沢大使、そういうような人のこと、二宮参謀次長、建川さんとか、こういうような要人の動きというもの。それから南前大臣が十二月にまた大臣を辞めてから満州を見に来て、今度は各地を回って十二月ですからね、まだ建国前、えらい発破をかけて行ったです、今度は。『あなた、大臣の時にこのくらい言ったらいいじゃないの』と、言ったんですよ。そうして今度は今頃になって、関東軍が独走したということが一体言えるのかどうかということを僕は非常に疑問を持っているんですよ」(前掲『片倉衷氏談話速記録』上巻、二〇五頁)。

(86) たとえば黒沢文貴『大戦間期の日本陸軍』(みすず書房、二〇〇〇年)第三章。

第Ⅱ部

宰相への道

裸になつた宇垣さんに又新しい着物を着せようとして……。

安本亮一

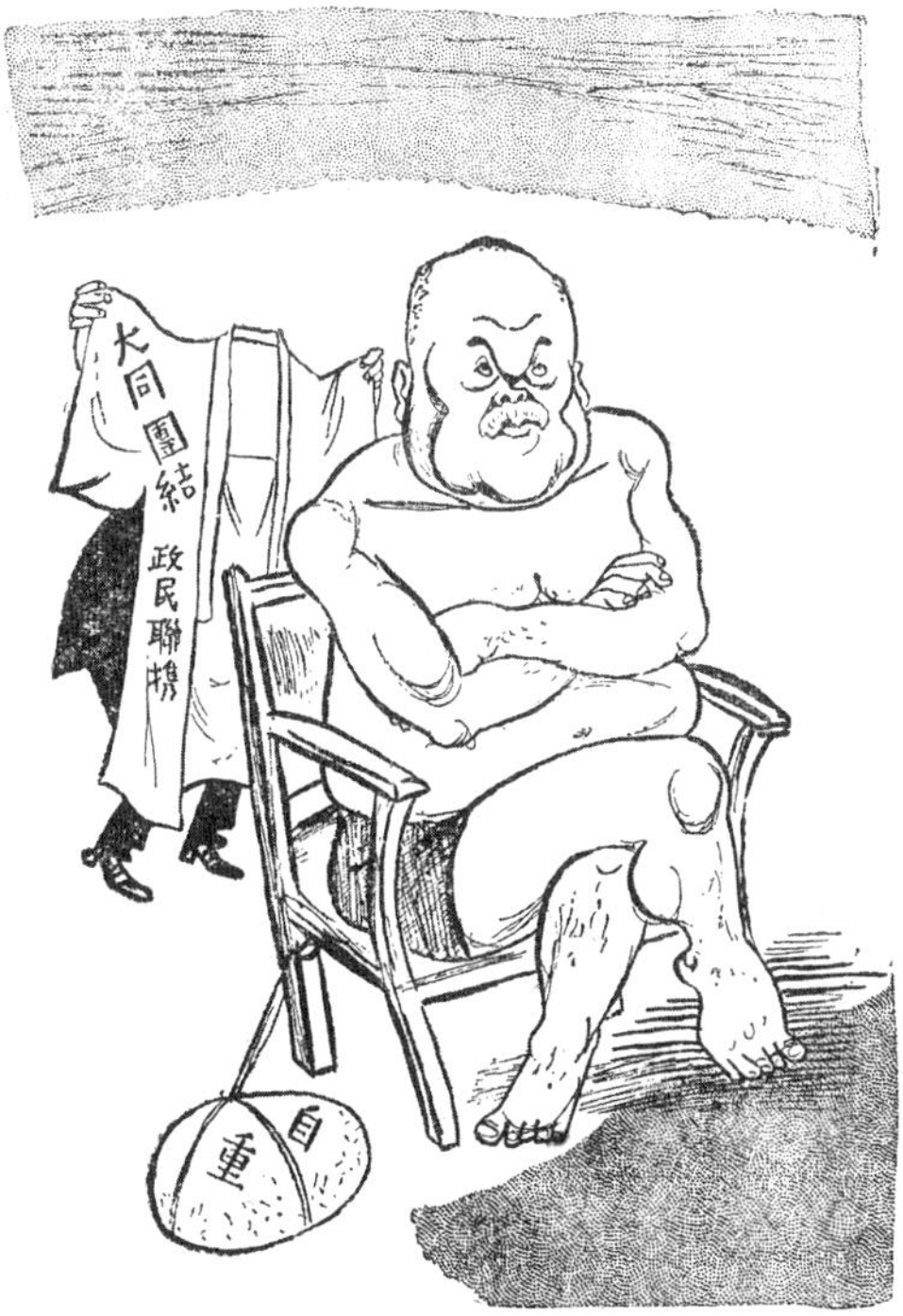

『政界往来』 7巻9号，1936年9月

そっぽを向く宇垣の背後から既成政党の黒子がそっと近づいている。
手には新党党首の羽織が…。

第1章　「宇垣時代」の陸軍派閥対立再考

はじめに

一八七一年の御親兵の設置に始まり、一九四五年の大日本帝国の敗戦にともなうその崩壊まで、帝国陸軍の「歴史」は派閥対立の連続である。「長州閥」と「薩摩閥」の対立、「薩長閥」と「非薩長閥」の対立、「田中派」と「上原派」の対立、そして「統制派」と「皇道派」の対立。しかしこうした図式は論理的明晰さを持つ反面、事態を必要以上に単純化してしまう危険性も孕む。そのことについて研究者は一定の注意を払う必要があろう。本章の議論もそうした問題意識の一端にある。

従来、「宇垣時代」の陸軍部内の権力構造も、「田中派」と「上原派」の対立以来続く、「宇垣派」と「上原派」の対立図式をもって説明されてきた。この間、田中と宇垣の関係が必ずしも良好なまま推移したわけではないことが、『宇垣一成日記』などの記述によって知られてきたが、他方で〝「田中派」対「上原派」〟から〝「宇垣派」対「上原派」〟への対立図式の移行そのものは、ほとんど無批判に受け入れられてきた[1]。しかし、田中から宇垣への権力移行が必ずしも穏当に行われたわけではない以上、「上原派」との対立図式だけが無変化のまま移行したという見方も再検討に値しよう。

実は、宇垣は一九二四年の陸軍大臣就任以来、「田中派」からの自立を志す過程で、上原勇作とその旗下の「上原派」との関係改善を試みていた。その試みの手段として宇垣が着目したのが、折から政治上の懸案となっていた朝鮮総督人事と枢密顧問官人事であった。宇垣は両人事に「上原派」の重鎮福田雅太郎陸軍大将を推挙することで、「上原派」との関係改善を試みることになる。

当該期の朝鮮総督人事と枢密顧問官人事に関してはすでにいくつかの先行研究がある。朝鮮総督人事に関しては加藤聖文の研究があり、宇垣と福田の関係にも触れているが、極めて限定的なものである[2]。枢密顧問官人事に関しては増田知子、伊藤之雄、佐々木隆の研究がある[3]。増田と伊藤の研究は「倉富勇三郎日記」を用いて枢密顧問官の選考過程を描き出したが、その人事の持つ政治的意義、なかんずく陸軍部内の権力構造上の意義についてはほとんど触れていない。この点で佐々木の研究はより踏み込んだ議論を展開している。佐々木によれば、「宇垣は就任当初は『薩摩系』に対しては一見協調的な態度を示し」、福田を枢密顧問官に推挙したが、「一応の地歩を固めた後は（中略）『薩摩系』の要路への侵入を拒否し、自己の系統でこれを固めようと図」り、参謀総長後任人事問題で上原と「鋭く対立した」という[4]。しかし佐々木の研究では、当該問題はあくまで傍論の扱いであり、前記引用文以上の議論がなされているわけではない。そして宇垣の「上原派」に対する融和策はあくまで「宇垣派」と「上原派」の対立図式上の一時的例外的事象として描写されるに止まっている。しかしながら宇垣の「上原派」に対する融和策はかなり戦略的意図に基づくものであり、当該問題を通じて実際に上原との関係を相当程度改善することに成功している。また上原との関係が再悪化した後にも、宇垣と福田の関係は良好な状態で維持され、宇垣はその福田との新関係を政治的に利用できる立場にあった。また佐々木の研究では、枢密顧問官人事と参謀総長人事での宇垣の対応変化の原因を、宇垣自身の陸軍内での地歩が盤石化したことに求めているが、これは結果として枢密顧問官職と参謀総長職の「格」を同列で扱う過誤につながるし、そもそも陸軍内での宇垣の立場は、第二次軍制改革の停滞とも関係して、就任当初よりも参謀総長後任人事問題が持ち上がった時期のほうがより不安定であったこと（第Ⅰ部）を見逃している。すなわち先行諸研究にもかかわらず、当該問題には未だ解明されるべき多くの課題が残されている。

そこで本章では、宇垣一成が「田中派」からの自立を進める過程で、「上原派」との関係改善を目指して、朝鮮総督人事、枢密顧問官人事でいかに振る舞ったのか、またその結果、上原、福田との間にいかなる新関係を構築することになるのか、その実相を解明する。またこの宇垣の試みがなぜ道半ばで頓挫することになるのか、その原因を探るとともに、宇垣の試みが宇垣と浜口雄幸民政党内閣にいかなる実際的影響を与えることになるのかを明らかにする。

一　宇垣一成と田中義一

一九一一年、宇垣一成は陸軍軍政の中枢たる陸軍省軍事課長に就任した。上司の軍務局長は田中義一であり、この時から両者の公務上の実質的関係が築かれ始める。その後、田中の参謀次長時代には宇垣は第一部長に、田中の陸軍大臣時代には次官に抜擢される。そして一九二四年一月、宇垣は田中によって清浦奎吾内閣の陸軍大臣に推挙される。この時、参謀総長上原勇作は自派の福田雅太郎を推し、宇垣を推す田中と激しい政治闘争を繰り広げる。結局、宇垣は陸軍大臣に抜擢され、宇垣は名実ともに田中の正統な後継者と目されるようになる。

しかし一九二七年一二月、陸軍大臣の職を離れ軍事参議官となっていた宇垣は、田中に対する激しい批判をその『日記』に書き込んだ。曰く、田中の宇垣に対する過去の「情誼なるもの」は、むしろ田中自身の利益のために行われた自己本位のものであり、「国家国軍の為でもなければ勿論宇垣の為でもなく要は自己及仲間の為である」。宇垣としては、「多年蒙りたる情誼」に対しては、田中と上原の抗争や機密費問題での尽力、田中の勅選議員への推挙などによってすでに「清算は完了」したと考えており、むしろ「近時彼の買冠られし市価が下りて真価の暴露するの甚しきにあきれて匙を投げたりし処なれば、彼との情的関係を断つべく勉めて居た」のだという。(5)

田中の推挙によって陸軍大臣に就任した宇垣であったが、その後、護憲三派内閣に留任して憲政会（民政党）との関係が深まるにつれ、政友会総裁となった田中との関係は必然的に微妙なものになっていた。(6)そのうえ、宇垣は陸軍大臣在任中、田中と上原の政治抗争や、田中の機密費流用疑惑などによって悩まされ続けた。「後輩の我々が先輩不始末の尻拭ひをして行かねばならぬ様の事体が頻発するのは頗る遺憾」であり、「聞くも不愉快」と憤懣を露わにしていた。(7)

そして一九二七年四月、田中政友会内閣の成立に際して、田中からの再三の陸軍大臣留任要請を宇垣は固辞した。それは憲政会内閣の一員であった自身が、政友会内閣に留任することは、政党勢力から「立憲的態度」に悖る行為であると非難され、ひいては軍部大臣武官制廃止の端緒となりかねないということを理由としていた。(8)宇垣の弁明は事実彼の本心であったのであろうが、しかしすでに憲政会系の陸軍大臣として「宇垣軍縮」をなし遂げ、政治的野心を持ち始めた宇垣の、政友会総裁田中義一への政治的対抗心が伏在していたことも否定できまい。「政党政治的」にはこの時に宇垣は田中と決別したのである。

しかしこの段階ではまだ、「吾人の仲間、先輩たる田中男の大命を拝したることは自己の運命は打忘れて何となく愉快に感じたり、軍部の面目揚がりし様の気持もしたり」という感情を宇垣は持ち合わせていた。(9)しかし「田中外交」の手詰まりを見て宇垣の不満は高まる。とくに田中が「鳴物入りの虚声外交」で「必要もないのに支那人の感情を挑発し」、「列強の神経を無益に刺戟」しているのを見て、宇垣は田中に対する批判を強めていく。(10)加えて一二月、田中が斎藤実朝鮮総督の後任として宇垣が「山半」と嫌悪する山梨半造を推薦すると、田中に対する感情は決定的に悪化した。これより前、四月から一〇月にかけて、ジュネーブ海軍軍縮会議へ参加する斎藤の代理として宇垣は朝鮮総督臨時代理を兼任しており、斎藤の有力後任候補であった。宇垣自身も総督への正式就任を期待し、田中に対しても働きかけていた[11]。田中の山梨推挙に宇垣は、「今次の朝鮮行に世論を暴勇的に排して山梨氏を推挙し呉れたことは確かに余との情的関係の断絶を世間に証明する有力なる資料となり得て誠に難有感ずる所である、頗る満足する所である、何となく気分も清々する」と言い捨てて、田中との絶縁を鮮明にした[12]。かくして冒頭の田中批判となるのである。

「田中派」の系譜に栄達した宇垣であるが、大臣就任後は次第に独自色を強め、一九二七年末頃には明確に田中からの自立を決意していた。しかし「田中派」からの独立は、政軍両界で田中を圧倒する実力者となる可能性を宇垣に賦与した一方で、宇垣の権力基盤を危うくする可能性も孕むものであった。宇垣の栄達が、程度の問題こそあれ「田中派」の組織的後援に負っていることは否定できない事実であったからだ。よって宇垣には早急に独自の権力基盤を確立する必要があった。

　岡山県出身の宇垣は独自の藩閥を築き上げることはできず、藩閥に捉われない人物を個別に抜擢し、「宇垣派」ともいうべきものを作り上げようとした。一九二四年、宇垣は陸軍大臣となると津野一輔を次官に抜擢し、制度調査委員長として宇垣軍縮の実務を執らせ、その後は大臣就任の資格を付与するため近衛師団長として部隊に出した。さらに畑英太郎（俊六実兄）を軍務局長に、一九二六年に津野が転出した後は次官に抜擢し、これも後に第一師団長として部隊に出した。宇垣は彼らに「後継者として望みをかけてゐた」。しかし津野は一九二八年に、畑も一九三〇年に相次いで早世してしまう。さらに宇垣は、参謀本部で評判の良かった阿部信行を軍務局長に引き抜くが、これは未だ「未成品《ママ》」と考えていた。「田中派」から離脱して独力で自己の権力基盤を築き上げる作業は容易には進まなかった。宇垣自身も後継者作りに失敗したことを認めている[13]。陸軍部内で圧倒的権勢を誇っていたように見えた宇垣だが、その権力基盤は宇垣の個人的権威に大きく依拠したものであり、安定したものとは言い難かった。

一九二九年七月、宇垣が浜口雄幸内閣で再び陸軍大臣の職に就いた時は、かかる状況下にあった。この時にはすでに宇垣は田中前首相の施策を完全否定し、「陸軍先輩田中、山梨両氏の不人気」によって国民の「軽侮怨嗟」を集める「陸軍の根本的立直」しを期すようになっていた。しかしそれは自信家の宇垣をして「切抜け能はざるかも知れぬ」と不安を覗かせるほど困難な事業であった[14]。なぜなら浜口内閣がその十大政綱で厳しい緊縮方針を打ち出す一方で、陸軍では宇垣軍縮（第一次軍制改革）が一九三〇年に一応の完成を見ることを踏まえ、第二次軍制改革によってさらなる装備近代化を目指していたからである。田中と決別し、しかし自身の「宇垣派」は未だ脆弱なものであり、眼前には困難な軍制改革の事業が待ち構えている。宇垣は陸軍部内での権力基盤を固める新たな方策を模索することになる。それは、かつて宇垣自身が陸相の座を争い、後には予備役に追い込んだ福田雅太郎を介した「上原派」との関係改善であった。

二　宇垣一成と福田雅太郎

「上原派」の重鎮として清浦奎吾内閣の陸相最有力候補者であった福田雅太郎は、宇垣を推す田中によって陸相への道を阻まれた。福田は士官学校、陸軍大学校ともに田中の一期下であり、日露戦争に際しては早期開戦を主張して共闘するなど、元来その関係は友好的であった。しかし田中の陸軍大臣時代、福田は上原総長旗下の参謀次長として、政府と協調路線をとる田中とたびたび対立した。また福田は軍隊内務書改訂問題や従卒廃止問題などでは陸軍省案に「最も猛烈に反対し」、結果、両者は「公務上に於て相離る、やうになった」[15]。そして陸相の座をめぐって田中の推す宇垣に敗れると、福田の田中に対する感情は決定的に悪化し対抗心を高めることになる。しかし宇垣軍縮に際して、同じく「上原派」の尾野実信、町田経宇両大将とともに師団廃止に猛反発して予備役に追い込まれ、その後は長崎県軍人会長や大日本相撲協会長といった閑職にあった。

こうしたなか、田中が政友会入りして政界に進出すると、福田は田中に対抗して政治方面での工作を開始する。まず福田が画策したのは、田中の組閣を阻止すべく、上原を首班とした「上原派」将官による中間内閣構想である。しかしこの構想は政界方面の協力者を欠き、「上原派」将官中にも消極論があり、日の目を見なかった[16]。

続いて福田が画策したのが、自らの政党入りであった。政友会入りした田中に対抗する必要上、福田は同時期にちょうど結党される民政党入りを目指すことになる。一九二七年五月、福田は松本剛吉に対して、田中を痛罵して自らの「新政党」入りの決意を述べるとともに、「政党に入るには金が入る、目下金策中ゆゑ、金が出来れば這入るし、金が出来ねば国に帰つて隠居するまでだ」と語っている[17]。結局、福田の民政党入りはならなかったのであるから、「金策」には失敗したのかもしれないが、同じ「上原派」の筑紫熊七も、「若しも彼に田中丈の金縁ありしならば、或は民政党の総裁と為つたかも知れぬ[18]」と述懐しており、福田が政治資金を持参して民政党幹部として国政に乗り込む「田中式」の政界入りを画策していたことは間違いない。そして自らの入党こそならなかったものの、福田と民政党との関係はその後も続いた。とくに浜口内閣が成立すると、「浜口総理の組閣の朝、いの一番に駆けつけ」、第一七回衆議院議員総選挙（一九三〇年二月二〇日）では、「民政党の選挙演説までした[19]」。こうした関係もあり、「同党の党員中には故人〔福田〕を敬慕し居た者も少なくないように感ぜられた[20]」という。

一般に「上原派」には軍令系の「純武人的」イメージがある。しかし福田に関する限り、「彼は政治の方面にも一種の趣味を有し」、しかも「胸中の経綸を行ふためには政治家たらねばならぬ、政治家たる以上政党を無視すべからず、而も政党政治家たらんには金なくては不可能である」という認識を持ち、政党政治に極めて融和的だった[21]。

かくして宇垣と福田には、反田中政友会、親民政党という共通項で共闘の可能性が生まれていた。「田中派」から決別して自己の権力基盤確立に努める宇垣にとって、福田を仲介にした「上原派」との関係改善は魅力的な選択肢であったはずだ。

しかし他方で、宇垣は福田と陸相の座を争った当事者であり、福田を予備役に追い込んだのもまた宇垣であった。両者の関係改善のためには、福田側にも過去の行きがかりを清算する相当の代償が提供されなくてはならない。かくして朝鮮総督後任人事が注目されることになるのである。

三　朝鮮総督後任人事問題

朝鮮総督への正式就任を熱望する宇垣を抑えて任命された山梨半造であるが、在任中に京城の米穀取引所開設に際する贈収賄疑惑（朝鮮総督府疑獄）を引き起こすなど、その治世の評価は芳しからず、在任二年にも満たずに辞任が取り沙汰されていた。

浜口はこの機会に朝鮮総督を文官に切り替えるべく、民政党と関係が深く、自身「刎頸の交友」である伊沢多喜男の就任を画策し、本人の同意も得ていた[22]。しかしこの浜口の意向に対して宇垣が反対を表明した。組閣後間もなく、宇垣は浜口に対して、朝鮮総督人事に関しては「従来政党政府の遣り口」を超越し、「政変毎に地位の動揺を来すが如きことなく、一貫したる方針の下」に選任されるべきであると意見具申した。宇垣は浜口が「第二第三流（余の認むる）辺に物色しあるが如き観ありしを以て余は軍部より某氏を吹挙した[23]」。「某氏」とは福田雅太郎のことである[24]。

宇垣の福田推挙の背景には、長らく軍部の既得権益となってきた朝鮮総督職の文官化を阻止する目的があった。

しかし単にそれだけが目的ならば、自派から候補者を推薦するほうが遥かに自然であろう。しかも朝鮮総督は宇垣自身がかつて熱望していた地位であり、実際、後に宇垣自身が総督となることを考えれば、宇垣にとって総督職は極めて重いものであったはずだ。福田推挙の背景には宇垣の戦略的意図が看取される。宇垣は福田を朝鮮総督に推挙することによって「上原派」との関係改善を画策していたのである。

事実、朝鮮総督後任問題に関して宇垣は上原と連絡を取っていた。一九二九年七月、上原は同問題に関して宇垣に出状すると、同月、宇垣、上原、福田は「打合はせ」のため鼎座会談して協議している。会談の詳細な内容は不明だが、上原はその日記に、朝鮮総督後任人事の焦点は「文官か否かにあり」、「党員之計画」が定まってしまえば「手の物にならぬ」との見通しを記し、また宇垣から、西園寺の意向や朝鮮での宣伝合戦についても報告があったことを記録している㉕。朝鮮総督後任問題に関して宇垣と上原は共闘関係にあり、浜口の推す伊沢に対抗していたのである㉖。

かくして朝鮮総督後任人事は浜口内閣組閣劈頭の大問題に発展していく。後任候補者には伊沢と福田を最有力候補として、同じ「上原派」の町田経宇も候補者に挙げられた㉗。残された諸史料に見る限り、宇垣と上原の意中は町田ではなくあくまで福田であったようだが、福田と町田は「各々直接間接に相当の運動費を散じ而も露骨に見苦しくも策動」し「狂奔」した㉘。ことに福田は問題に大きくのめり込んだ。福田の「邸宅に幾多の取巻連が集まりて、何事か画策是努むる有様㉙」であり、伊沢反対運動を展開した㉚。

しかし浜口の決意は固く、盟友たる伊沢に「執着」した㉛。だが八月、「宮中」の意向が伊沢のような党派色の強い人物の総督就任には反対である旨が浜口に伝えられると、浜口は直ちに翻意する㉜。八月一五日、浜口は宇垣を招致し、伊沢を断念し斎藤実を再就任させる意向であることを告げ、宇垣の内諾を求めた。これに対して宇垣は、浜口が文官説を捨てて「心気一転高き立場に立返りしを喜び其点に賛意を表し」た。宇垣は斎藤の力量には不満を持っており、斎藤説に積極的に賛成したわけではない。しかし浜口は斎藤を「熱望」した。そこで宇垣は、「山梨失政」を考慮すれば「先づ〱我慢すべきなり」と考え直し、浜口に同意したのである[33]。

伊沢を断念した浜口が、宇垣の推す福田ではなく、斎藤を「熱望」した理由はなんだったのだろうか。宇垣自身は、浜口が台湾総督に推していた樺山資英が「流産」していたことから、「薩派」に対する埋め合わせとして斎藤を選んだのではないかと推測している[34]。しかし「宮中」方面が伊沢に反対した理由が、党派色の強い総督が選挙ごとにすげ替わる事態を忌避したことにあったことから考えて、斎藤を再任したことは浜口の「宮中」に対するある種のアピールであったのだろう。そもそも山梨前総督の任命経緯自体が、田中の露骨な政治工作により斎藤に勇退を迫ったものであり、天皇はこの交代劇に危惧を抱いていたらしい[35]。したがって「宮中」の懸念を理解した浜口としては、反田中の象徴的存在であり民政党とも近い福田を奏薦して、再び天皇の懸念を蒙ることは避けたかったはずだし、さらに言えば誰を推挙したところでその党派性を詮索されかねなかったであろう。この際、浜口としては斎藤を復職させることで、田中内閣の党派的植民地人事を旧態に戻した体をとることが、自身が植民地統治に党派人事を持ち込む意思がないことを示す最も現実的方法だった。浜口自身、「朝鮮総統の地位については永続性を保たしめるという点をもつとも考慮せねばならぬが斎藤子が長く在任して朝鮮の事情に通じかつその評判も良かつたといふことがこの地位に永続性をもたらすものであり、殊に斎藤子に政党的色彩のないといふことがこの地位の永続性といふことに良い結果を招くものと考へて同子を総督として奏請した」と述べている[36]。なお、浜口が宇垣の内諾を求めたのは、斎藤自身や海軍大臣財部彪の意向を確認する前であった[37]。同問題で浜口が宇垣の意向を重視し、大いに気を使っていたことがうかがえる。換言すれば、それほど宇垣の意向に配慮しつつも、斎藤を選ばねばならない理由があったことを意味する。それはやはり「宮中」への配慮以外には考え辛いのではないだろうか。

他方で、宇垣としては文官説を阻止したこととともに、自身に対する浜口の配慮にも一定の満足を覚えたであろう。しかし浜口としては福田説を断念させたことで宇垣に対しては借りを作ったことになる。浜口は宇垣の意向を重要視していたから、別の形で宇垣の希望に応える必要が生じたのである。また宇垣との関係はひとまず措いても、民政党に協力的な福田、延いては「上原派」との関係をつないでおくことは浜口民政党にとっても重要であったろう。かくして福田の枢密顧問官就任が持ち上がるのである。

四　枢密顧問官補充問題

斎藤の朝鮮総督再任の数日後、福田は上原に一書を認めている。福田は朝鮮総督後任人事問題には今はなんの遺恨も後悔もない旨を述べ、続けて「首相は為劣生枢府方面に考慮し呉居候由最初陸相之直話も有之、之を唯一之力と恃み女々敷も切ては該方面なりとも実現を期し申度、陸相には不取敢斡旋尽力方に付一書致置候。御含之上御序御口添被下度伏而奉願上候[38]」と記した。宇垣と浜口は朝鮮総督の代案として福田を枢密顧問官とすることを画策していたのである[39]。当時、枢密院では顧問官に四名の欠員が生じており、この補充が急務となっていた。宇垣と浜口はこの補充を利用しようとしていた。

福田の枢密院入りについて浜口と合意した宇垣であるが、朝鮮総督後任人事とは異なり、その決定には枢密院側の合意が事実上不可欠となる[40]。しかし枢密院の説得は宇垣にとっても容易ではなかったと思われる。民政党にとっても、かつて第一次若槻礼次郎内閣が台湾銀行救済のための緊急勅令案に対する枢密院の反対が契機となって総辞職に追い込まれた経緯があり、枢密院は「鬼門」だった。

宇垣は対枢密院工作のために上原と再び連絡を取る。一九二九年一一月一日、宇垣は上原に出状すると、福田の枢密院入りに関して上原の助力を要請した。書簡を一読した上原は、宇垣の「尽力に拘らす小生之直話を要する事態は事之容易ならざるに非す哉と聊か不安」になり、四日、宇垣を陸相官邸に往訪すると、福田の枢密院入りについて協議した。そしてその「打合せ通に」、上原は大久保の枢密院副議長平沼騏一郎邸を往訪し、福田の枢密院入りを打診している(41)。枢密院議長倉富勇三郎の日記によると、「福田ノコトハ宇垣モ熱心ニ之ヲ望ミ」、「宇垣ヨリ浜口雄幸ニ説キ、宇垣ハ更ニ上原勇作ニ為シ内閣ノ方ハ自分（宇垣）カ之ヲ纏ムルモ枢密院ノ方ニハ手ガ廻ハリ兼ヌルニ付上原ノ援ヲ求ムル旨ヲ申置ケル」ということである。そして上原は平沼のみでなく親交のある元枢密院議長「清浦（奎吾）ニ依頼シ」た。これを受けて清浦は倉富に書簡を送って、福田は「誠忠ノ人ナリトテ保障」し、「福田雅太郎ヲ枢密顧問官トナスコトヲ望ム旨」を伝えた(42)。朝鮮総督選任時と同じく、福田の処遇問題を仲立ちとして宇垣と上原の提携が続いていた。

ではこうした宇垣と上原の工作(43)を背景としつつ、枢密顧問官補充をめぐって内閣と枢密院間で実際にいかなる交渉が行われたのだろうか。交渉の経過については倉富がかなり詳細な記録を残しており、ある程度の再現が可能である。

内閣と枢密院間で具体的な交渉が開始されたのは一九二九年一一月頃からである。四日、倉富は浜口を官邸に訪問し、枢密院側の一案として渋沢栄一、岡田良平、鈴木荘六、水町袈裟六の氏名を挙げ、以後、枢密院書記官長二上兵治と内閣書記官長鈴木富士弥の間で実務交渉が開始された(44)。九日、浜口は倉富を訪問すると内閣側の案を提示した。浜口は枢密院案の渋沢については「九十歳ノ高齢」を理由にして反対し、鈴木荘六については「適当ナル候補者ナルモ鈴木ヨリ先輩ナル福田雅太郎ヲ推ス人アリ鈴木ハ他日ニ廻ハシ度」と述べ、内閣側「候補者ノ順序」として「第一ハ岡田良平第二ハ高田早苗第三ハ福田雅太郎第四ハ水町袈裟六」を提示した。この会談の結果、内閣と枢密院間で意見の一致した岡田と水町の顧問官就任が決定し、福田と高田に関しては枢密院でさらに検討することになった(45)。

この会見で浜口の言った「福田雅太郎ヲ推ス人」とは宇垣や上原を指すのだろう。他日、宇垣は平沼を往訪し、「鈴木モ勿論宜シキモ福田ノ方先輩ナル故此節ハ先ツ福田ヲ入レ度」と依頼している(46)。なお、枢密院側の候補者たる鈴木荘六は現参謀総長であり、翌年に定年を控えていた。鈴木は宇垣とは士官学校の同期で関係は良好、「宇垣派」の一員と見なされていた(47)。宇垣が枢密院の鈴木説をあえて排して福田にこだわったことからは、宇垣の強い政治的意図が感ぜられよう。

枢密顧問官に決まった岡田と水町に関しては、岡田は元文部官僚で、加藤高明内閣と第一次若槻内閣で文部大臣を務めるなど、党員経験こそないものの民政党とは相当に関係が深かった。水町は大蔵次官、日本銀行副総裁、会計検査院長を務めた元大蔵官僚である。水町は政友会を与党とする第一次西園寺公望内閣で大蔵次官を務めた経歴があり、民政系と言い切ることは困難だろう。しかし水町は浜口とは姻戚関係にあり（浜口の次男が水町の娘と結婚）、また若槻が大蔵省入りをした際は推薦人となったり、若槻、町田忠治とともに民間経済研究団体である経済攻究会を組織するなど、内閣とは個人を介して一定の関係があり、内閣には好意的な立ち位置だったようだ(48)。内閣推薦の高田は早稲田大学総長であり、かつては立憲改進党員で、第二次大隈重信内閣では文部大臣を務めるなど、こちらは明確に民政系と目されていた。すなわち、内閣推薦の候補者は濃淡の問題こそあれ、ことごとく民政色ないし内閣色のついた人物であった。内閣側が自派に有利な人物を枢密院に送り込もうと画策していたことがわかる。そして内閣は枢密院案中から、とりあえず内閣に有利な候補者に同意して枢密院に送り込んだのである。

民政系候補者二名の新任に成功した浜口内閣であるが、翌一九三〇年になると日支関税協定案やロンドン海軍条約の枢密院諮詢を控えて、残り二名の後任補充によって「そのもつとも苦手とする枢府対策に余念ない」状況となる(49)。

一九三〇年三月二一日、倉富は浜口と会見した。枢密院側では残り二名の内閣側候補者のうち、福田についてはとくに異存なかったが、高田に関してはその「素行」問題を理由に拒絶し、代わりに政友会の元田肇を持ち出した。浜口は枢密院が高田の「政党臭味」を問題にしていると考え、それを弁明するとともに、逆に元田に関しては、「元田ハ余リニ政党臭味カ濃厚ナル故同意シ難シ」と反対した[50]。浜口は政友系の候補者を絶対に排除しようとしていた。

他方、枢密院側では院内に政党の政治力学が持ち込まれることを強く警戒していた。枢密院案で民政色の強い岡田が候補者となっていたことからもわかるように、枢密院側が政党色のついた候補者を絶対に拒絶していたわけではない。倉富は、「時勢モ旋転シ政党関係ノ人ヲ嫌ヘハ政治上ニ相当ノ経験ヲ有スル人ヲ得難キ故（中略）政党ニ関係アルモ枢密院ニ入リタル後偏頗ノ考ナキ人ナラハ顧問官タルニ差支ナシ」と考えていた。確かに政党関係者を候補者から完全に排除することは非現実的だった。しかし同時に、枢密院が顧問官の政党色が偏ることを忌避していたことも事実である。実は倉富は元田に関しては、「政府ハ多分同意セサルヘキ」ものと事前に予想していた。倉富は元田案が内閣に拒絶されても、このことが逆に内閣側が民政系候補者をこれ以上推薦することを困難にすると考えていた。「浜口ハ元田ニハ同意シ難シト云ヒタリ此行掛アル以上ハ浜口ヨリモマサカ、民政党系ノ人ヲ推薦スルコトハ出来サルヘク之ヲ推薦シタルモ此方ヨリ之ニ反対スルコトモ出来タルナラン」と考えていたのである[51]。

元田を拒絶された枢密院側ではさらに原嘉道を推薦した。しかし内閣にとっては、「原嘉道ハ誠ニ立派ナル人ナルモ何分前内閣ノ司法大臣タリシ人ニテ現内閣トシテハ顧問官トシテ推薦スルコトハ困難」であった。内閣は高田を取り下げて代わりに「学者」から第一候補小野塚喜平次、第二候補古在由直を推薦する。しかし小野と古在はいずれも内閣および民政党と関係のある人物だった。結局、枢密院の同意は得られず、内閣は「内閣トシテハ是非トモ特別議会前ニ顧問官ノ補充ヲ為ササルヘカラサル事情アリ此際一人ヲ補充スレハ夫レニテ一応打切ルコトトスヘシ」と述べ、枢密院の承認した福田の任命のみに止め、もう一人は後日の課題とすることを提案した[52]。

この頃、内閣と枢密院間では、新任顧問官の半分は内閣の推薦、もう半分は枢密院の推薦とすることが慣例化していたから[53]、枢密院側としては、岡田が民政系、水町もどちらかというと内閣に近い以上、残りの顧問官は中立、ないしは政友系の人物を希望していたようだ。先に見たように、当初の枢密院の推薦者は、中立的な渋沢を第一位とし、第二位に民政色の強い岡田、第三位に中立的な鈴木、第四位にやや内閣色のある水町であった。枢密院案は内閣に配慮しつつも枢密院の中立性も維持しようとする案であったと言えるだろう。枢密院は内閣がこうした補充者の党派バランスを崩そうとしてきたので、対抗上、政友系候補を持ち出したのである。

しかしここで疑問となるのは、枢密院が福田の政党色をほとんど問題視せず、その顧問官就任をあっさり承認していることである。唯一、平沼が宇垣に対して「福田ハ民政党ノ臭気ナキヤ」と質問したことがあるくらいだが、この時も宇垣に即座に否定されて、それ以上は問題になっていない[54]。他の候補者の政党色をめぐって議論が紛糾するなか、もし枢密院が福田の民政色に自覚的であったのならば、これをほとんど問題視しなかったことは不自然である。枢密院側は福田の民政色にあまり自覚的ではなかったと考えられる。

この原因としては、宇垣と上原の推薦運動が枢密院に加えられた結果、枢密院としては福田を陸軍の利益代表としてのみ認識し、内閣は陸軍の要求に答えるために受動的に福田を推薦しているに過ぎないと認識していたらしいことが挙げられる。倉富は内閣が福田の採用のみ先決し、もう一人は後日に譲ったことに関して、「急ヲ要スル事情」とは、恐らく「上原（勇作）等ヨリ迫ラルルコトナラン」と推測し、内閣の主体的意思を認めていなかった[55]。さらに、枢密院側窓口である二上と内閣側窓口である鈴木がどちらも福田の採用に批判的であったことが、こうした傾向に拍車をかけた。二人を通じて、内閣が福田の採用に消極的である旨の情報が枢密院に上げられていたからである。二上によれば、「内閣も枢密院も不本意なから福田を取る」のであるという[56]。もちろん、平沼の疑義にも表れたように、福田の民政色に関して断片的な情報は枢密院側にも入っていただろう。しかし福田は結局党員にはならず、具体的な政治活動からも疎遠だったから、民政党との関係は表立ったものではなかった。また他の枢密顧問官候補者のように、民政党関係者と学閥や姻戚関係でつながっていたわけでもない。前述のように、福田が組閣に臨む浜口のもとに駆けつけたり、民政党の選挙応援演説に出向くような事実もあったが、ありがちな単なる猟官運動と見なされていたのかもしれない[57]。そこへ前述のような福田の民政色を相殺する諸情報が加わり、結果として枢密院は判断を誤ったのだと思われる。内閣は枢密院の抵抗を受けることなく、民政系の候補者を一人余計に送り込むことに成功したのである。そして内閣が福田の任命を急いだ「事情」とは、上原への配慮もあったのかもしれないが、むしろ来るべきロンドン海軍条約の枢密院諮詢にあったことは間違いあるまい。内閣としては、第四候補が民政党に不都合な人物となる可能性がある以上、その補充は後日に譲ったほうが好都合だった。しかし福田の政党色を読み違えた枢密院は、こうした内閣の思惑に気づかなかった。

かくして一九三〇年四月、福田は枢密顧問官に就任した。しかし福田の枢密顧問官任命に先立ち、これまで同問題で共闘関係を築き上げてきた宇垣と上原の関係を根底から揺るがす事件が起こっていた。参謀総長鈴木荘六の後任人事問題である。

五　参謀総長後任人事問題とロンドン海軍条約批准問題

福田の枢密院入りが問題となっていた一九三〇年二月、同月二〇日に定年を迎える鈴木参謀総長の後任人事問題が持ち上がっていた。宇垣は後任として「宇垣派」の金谷範三の就任を画策し、八日、閑院宮載仁親王と奥保鞏両元帥の同意を得ると、一〇日、上原を訪問し同意を得ようとした。しかし上原は自派の武藤信義を推薦して意見の一致を見ず、宇垣は一二日にも再び上原を往訪し説得するが、上原の意見は変わらなかった。上原は後任人事内奏の際に天皇から下問があれば自身の反対意見も奏上することを要求した。宇垣は「責任大臣」の意見が万一採納にならない事態となれば、「輔弼の責任上」由々しき事態となることを訴えたが、上原の返事は「政治問題化するかも知れぬ、夫れも止むを得まい」というものだった[58]。

二月一三日、葉山御用邸に参邸した宇垣は後任参謀総長として金谷を奏薦、あわせて上原の反対意見も言上した[59]。この事態に侍従武官長奈良武次は困惑する。奈良には明確な派閥色こそなかったようだが、上原とは個人的に良く、また参謀総長人事をめぐる宇垣の権力欲には元来不信の念を抱いていた[60]。したがって上原の反対意見に対する配慮は当然働いたであろう。また今回の人事上の意見相違が「宇垣派」と「上原派」の「派閥の争ひ」であることを良く理解する奈良は、「其取扱に困難を感じ陛下に申上げ」、上原への「非公式御下問」を決定してしまう[61]。奈良としては「双方の顔が立つようにと考えて[62]」の行動であったのだろうが、これは宇垣が最も恐れた事態であった。宇垣による部内統制の失敗を露呈するとともに、総長人事を陸軍大臣の専断事項と考える宇垣の立場を否定しかねないものであった。何より第二次軍制改革を控えた宇垣としては、今後「只の元帥」である上原と意見が衝突するたびに、天皇に「一々直訴的の意見具申」が行われる先例を開くことは避けねばならなかった[63]。ましてや万が一にも宇垣の人事案が採納されない事態になれば、宇垣の政治的立場に計り知れない損傷を与えることになるだろう。宇垣は事態の複雑化を懸念する閑院宮に対して、万が一自身の意見が採納されなければ辞任すると述べ、憂慮した閑院宮は奈良に対して上原への下問を中止するように示唆した。しかし奈良は下問を決行し、「上原元帥の顔を立てた」うえで、「陸相の責任を重んじ金谷とすべき旨」が決定した[64]。

最終的には金谷の就任が実現できたとはいえ、この事件は宇垣と上原の関係に深い傷をつけることになった。福田の処遇問題で尽力してきた宇垣にとっては、上原の行動は自身に対する裏切り行為だと映ったであろう。福田の朝鮮総督就任問題が持ち上がって以来、宇垣はたびたび上原と会見し意見交換してきた。そして上原の意見を、

「主張や経綸としては傾聴に値するものなきは何時もながらの通りなりし」と批判しつつも、「彼の軍事に対する姿心は大に諒とすべきである」と、ある面では一応の評価もしてきた。しかしこの事件以降、宇垣は上原を「気違ひ地味た老爺」と痛罵し[65]、両者の直接的連絡は途絶することになる[66]。この時、「宇垣上原対立の最も尖鋭を見た[67]」のである。福田を介した「上原派」との関係改善という宇垣の計画は、道半ばにして頓挫することになってしまった。

この事件は宇垣と上原の関係改善が、実は表面的なものに過ぎなかったことを浮き彫りにした。福田を朝鮮総督、枢密顧問官として推挙した宇垣だが、しかし参謀総長職を「上原派」の武藤に明け渡すことは絶対に容認できなかった。それは参謀総長職が、陸軍大臣と並ぶ陸軍の二大権力であり、陸軍部内における権力関係や国政に与える政治的影響力という点で極めて重要なものであったからである。とくに折からの第二次軍制改革を受けて、宇垣は参謀本部の統制を絶対に必要としていた。国内政治アクターとして評価した場合、朝鮮総督も枢密顧問官も参謀総長には到底比肩しうるものではなかった。朝鮮総督は植民地行政の「総攬者」として任地における権威は絶大なものであったし、宇垣のごとく宰相への意欲を抱く者にとっては、統治者としての貴重な経験を積み、その能力を証明する代え難い地位ではあった。しかし国内政治に強い影響力を持つ存在ではなかった。枢密顧問官は何より名誉ある地位であった。しかし諮詢機関として特定の政治場面で強い影響力を発揮することはできても、国政一般で恒常的に政治力を発揮しうる存在ではない。したがってその職を「上原派」に握られたとしても、当面の宇垣の政治的地位に影響が及ぶ恐れは事実上皆無であった。宇垣にしてみれば、朝鮮総督職、枢密顧問官職を福田に斡旋することで「上原派」との関係改善が図れるならば、それは十分採算のとれる選択肢であったのである。

当然、同様のことは上原の立場においても言えよう。上原も朝鮮総督、枢密顧問官と参謀総長の政治権力としての性格差をよく認識していたからこそ、参謀総長後任人事で譲歩することはできなかった。上原は予てより、陸軍部内の政治権力を「長州」から奪回するためには、陸軍大臣以下陸軍「中央部」の要職を握ることが重要だと認識していた[68]。参謀総長後任人事問題は「宇垣派」に握られた部内へゲモニーを奪回する絶好の機会であり、福田の処遇問題を理由に見す見す好機を逸することは絶対にできなかった。つまり結局のところ、表面的な関係改善の裏で、両者とも相手側に対する潜在的不信感や対抗心は維持し続けていたわけである。

しかし福田の処遇問題を契機に両者の関係改善が進んでいたことも紛れもない事実である。朝鮮総督や枢密顧問官人事のような政治的に「軽微」な問題での協調を繰り返すことで、両者の関係が根本から改善される可能性もあったであろう。その意味では、参謀総長後任人事問題の惹起はタイミングが悪かった。

しかし宇垣と上原の関係が再悪化した一方で、宇垣と福田の関係は依然良好なまま維持されていた。すでに両者の間には従来の派閥関係では律しきれない個人的関係が構築されていた。枢密顧問官人事は、宇垣や上原にとっては政治的価値の低い問題であったかもしれないが、福田にとっては極めて重要な意義を持つ出来事であった。世上、福田は陸軍「大臣にもなれず朽つるのかと思はれ」ていた。福田にとっては枢密顧問官への就任はそうした世評を吹き飛ばし、かねて熱望してきた政治舞台への飛躍を限定的とはいえ可能にした。福田は「浜口内閣になつて枢密顧問官に奏請され満悦の情であつた」のである[69]。もちろん、福田の顧問官就任は、「現内閣のためには相当働いてゐる[70]」自身の努力が報われたものでもあった。しかし福田としても内閣、なかんずく、かつての政敵宇垣の協力には当然恩義を感じたことだろうし、宇垣と上原の関係再悪化の渦中で、宇垣への負い目も感じていただろう。ではこうして構築された福田と宇垣、内閣の新関係が実際の政治局面でいかに発現してくることになるのだろうか。ロンドン海軍条約の枢密院諮詢問題を通して検討する。

周知のように、海軍軍令部の反対を抑えて調印されたロンドン海軍条約は、その批准をめぐって激しい国内対立を引き起こすことになる。対立の軸は、内閣が軍令部の反対を無視して条約締結を強行した「統帥権干犯」の事実があったか否か、軍縮によって欠陥が生ずる国防力の補充が可能か否か、さらに軍縮が国民負担の軽減につながるか否かにあった。そして対外条約批准の是非は枢密院の諮詢事項とされており、その対応が注目されていた。

枢密院での審査手続きは概ね次のようになっていた。天皇より諮詢を受けた枢密院では、まず議長によって議長と副議長以外の顧問官から五～九名の審査委員が任命され、委員会は内閣の担当大臣などから意見聴取のうえ、枢密院審議の原案となる審査報告書を作成する。なお、この過程で必要ならば内閣に対して内閣案の自発的修正や撤回を求める。審査報告書が完成すると、天皇の親臨の下、国務大臣も参加する枢密院会議の評決が行われ、その採否が決定することになる。つまり枢密院通過のための関門は、第一には審査委員会の議決（換言すればその人選）であり、第二には本会議の評決であった。

枢密院ではその上層部たる倉富（議長）、平沼（副議長）、伊東巳代治（顧問官の筆頭格）、二上（書記官長、ただし書記官長に議決権はない）が当初より強硬論を維持していたのに対し、顧問官中には条約批准に積極的、ないしは妥協的と見られる者もいた。まず第一の関門たる審査委員の人選に関して言えば、委員の任命権は強硬派の倉富にあったため、内閣の関与する余地は少ない。倉富としては、各顧問官の意向を正確に把握し強硬論者で委員を固めることが重要となる。第二の関門たる本会議の評決に関しては、当時の枢密顧問官は二四名であり、うち二名は病気のために、侍従長鈴木貫太郎は官職上の慣例から、いずれも評決には参加しないと見込まれていた。また議長たる倉富は評決には参加せず、賛否同数の場合のみ決定権を持っていた。よって大臣一三名を加えた三三名が評決に参加することになり、一七名の過半数を制したほうが会議の勝者となる。内閣側としては大臣票の他に顧問官票を四票以上獲得する必要があった。いずれにしても各顧問官の意向が焦点となる。

諮詢に先立ち、枢密院では二上が中心となって各枢密顧問官の意向調査が盛んに行われていた。枢密院への諮詢が行われた七月頃の二上の調査によれば、顧問官中で条約反対と考えられる者は、平沼、伊東、金子堅太郎、久保田譲、石黒忠悳、山川健次郎、黒田長成、田健治郎、荒井健太郎、河合操、鎌田栄吉、水町、福田であり、他方、賛否不明の者は、富井政章、古市公威、松室致、江木千之、桜井錠二、鈴木貫太郎、石井菊次郎、岡田良平であった(71)。内閣に近いと思われていた水町と福田が条約反対派に入れられているが、このうち、水町は条約に断固反対する加藤寛治を「激励」し、加藤をして「水町氏は終始一貫予の味方なり」と言わしめるほど、当初の態度は強硬であった(72)。

福田に関しては、当初は内閣に気兼ねしてその態度は曖昧だと見られていた。倉富は「福田ハ浜口内閣ニテ顧問官ニ推薦セラレタリトテ自己ノ良心ニ違ヒ意見ヲ定ムルコトハ実ニ分カラサルコトナリ」と言い、福田が統帥権問題に関する従来の見解にもかかわらず、予想外の軟論に傾きかけていることに憤慨していた。そこで強硬派の顧問官河合操（元参謀総長）が、統帥権問題で強硬意見を有すると考えられた上原勇作を通じて説得することを画策していた。この問題に関して上原がいかなる立場であったのか明確なことは不明である。倉富は「上原ノ平素ノ考ハ勿論内閣ノ考ニ反対ナルヘキモ上原ハ現内閣ニ好意ヲ有シ居ルニ付統帥権問題ニ付テモ如何ナル体度ヲ取ルヤ計リ難シ」と懸念していたが、少なくとも上原の真意は強硬論であろうということで河合と倉富の意見は一致していた(73)。実際に上原には自派の将校から強硬意見が複数寄せられていた(74)。上原自身は批准問題に関して表向きは傍観的態度を貫いていたようだが、こうした「上原派」の強硬態度は福田にも当然なんらかの影響を与えたであろう。また福田と同郷の伊東巳代治もその説得を行っていた(75)。こうした工作の効果か、七月頃には福田は条約反対に転じたと見なされていた(76)。

八月一八日、第一回の審査委員会が開催されるが、その顔触れは、伊東、金子堅太郎、久保田譲、山川健次郎、黒田長成、田健治郎、荒井健太郎、河合操、水町袈裟六であった。委員がことごとく（倉富らが考えるところの）条約反対派から選抜され、「政府に都合の悪い連中で固めた(77)」ことがわかる。倉富らとしてはこの審査委員によって内閣案を否決、ないしは審査不能とする審査報告書を作成し、本会議で可決することで内閣を追い込もうとしていた。

しかし既存研究[78]によってすでに知られているように、内閣の枢密院に対する態度ははなはだ強硬であった。世論の支持もあり、内閣は枢密院の判決にかかわらず条約締結の勅裁を仰ぐ決心を固め、むしろ要すれば、この問題を枢密院改革の端緒とする決意であった。内閣と枢密院の全面対決となった場合、内閣も手痛い政治的打撃を受けるとはいえ、最終的には枢密院側に勝ち目のないことは明らかだった。こうした状況下、審査委員中では「浜口君といんせき関係の水町君が真先に委員会の態度に不満の色を見せ[79]」た。第一回審査委員会の翌日に情報収集に訪れた原田熊雄に対して水町は、「結局御批准を奏請することになるのは無論当然のことと思ふ[80]」と表明した。「強硬派」と目されていた水町は、枢密院諮詢が実施されると早々に、「積極的に原案賛成[81]」に転じてしまった。動揺は他の顧問官にも広がって行き、倉富らは困惑することになる。

枢密院への逆風を目の当たりにし、倉富らは統帥権問題での内閣追求を断念し、軍縮に対する国防力補充計画と軍縮の成果たる減税案の提出を内閣に求め、それまでは審議中止とする案でまとめようとする。しかし同案に対しても内閣の態度は強硬であり、倉富らは全く手詰まりに陥ってしまう。

こうした状況下で内閣と枢密院の斡旋に乗り出したのが福田であった。審議委員会での議論が大詰めを迎えつつあった九月一三日、福田は「伊東委員長ニ招致サレ」て会談すると、続いて江木翼鉄道大臣と会談した[82]。翌一四日にも福田は二時間にわたって伊東と会談すると、再び江木を往訪している。伊東から内閣説得の「委嘱[83]」を受けた福田は江木に対して、「条約は必ず可決する[84]」から内閣側でも多少妥協して補充計画と減税案ができるまで「審査に若干日間延期[85]」することを求めた。伊東はすでに「とりこにしたはずだつた[86]」〔傍点原文ママ〕「長崎県の同じ国ものの福田雅太郎君を使つて浜口首相や江木鉄相に色目をつかつてみた[87]」のである。しかし内閣の強硬態度が緩和されることはなかった。それどころか伊東が自派と認識していた福田の態度まで怪しくなる。一五日、福田から前日の江木との会談結果の報告を受けた伊東は、その時の福田の言動が「政府ニ与ミスル様ニ思ハル」ことを「非常ニ心配」することになる[88]。福田を使って内閣の説得を試みた伊東は、今や内閣に使われた福田に逆説得されることを懸念しなくてはならなくなった。

「政府枢府間に何とか妥協の道を斡旋せん[89]」とする福田の行動は、条約案の否決を期待する陸軍強硬派からも、内閣を利するものであると疑念の目で見られていた。予備役陸軍中将菊池武夫は、「福田大将政府と枢府間斡旋に付き、斎藤総督総理たるの暁其後釜たるの意義を以て現内閣の為策動せられ居る模様なりとの説、大に信すへき所有之（中略）実に世は驚くへき事に相成り」との憤懣を上原宛に書き送っている[90]。元々は伊東の働きかけで始まった福田の斡旋活動だが、外部からは福田の斡旋振りはむしろ内閣寄りと見られていたこと、また上原個人の反応は不明ながら「上原派」将官中に福田の行動に対する強い疑念が存在していたことがわかる。

そして内閣と枢密院の調停に失敗した福田は再び宇垣に頼ることになる。一六日、宇垣を静養先の国府津に訪問した福田は、「委員会中の強硬論者が承知せぬとか、一応ケリを付けた統帥権問題を平沼が持ち出しそうであるから」などと理由をつけ、「政府側の少しの譲歩を求むる」伊東の立場を説明し、「何か衝突を避くる名案なきや」と相談した。この時、宇垣は悪性の中耳炎のために三月以来半年にわたる病気療養中で政務からは離れていたが、枢密院の態度に対しては厳しい見解を持っていた。宇垣はロンドン海軍会議での内閣と全権の交渉姿勢に満足はしておらず、「今一度押し返しての交渉」がより望ましいと考えていたが、最終的には「大局上会議を成立せしむる」ことが必要だと認識していた[91]。とくに「統帥権独立」問題に関しては、宇垣は軍部大臣の内閣内での優越的立場を支える「統帥権独立」（「広義統帥独立」）は固守しようとする反面、参謀本部が「統帥権独立」を振りかざして陸軍大臣からの独立（「狭義統帥独立」）を強めることは警戒する微妙な立場にあり、問題が複雑化することを望んでいなかった（統帥権問題に関しては次章で詳述）。また自身の所属する内閣の権威を重要視する立場から、枢密院が問題に容喙することを好んでおらず、内閣は枢密院の意向にかかわらず強行突破を図るべきだと考えていた[92]。したがって福田から相談を受けた宇垣は、「今更政府方の軟化を勧告する訳には行かぬ」と自身の立場を説明した。それどころか宇垣は、「寧ろ却て伯に勧告を今一応試みて貰ひたい」と述べ、福田を通じて伊東の逆説得を試みようとする。宇垣は伊東の権威と実力をもってすれば「強硬論者」や平沼を抑えることができないわけはないはずであり、「委員や平沼に口実を設くる所に尚伯の策略が含まれて居る」と福田に忠告した。そして枢密院自身のためにも条約案を承認することが賢明であると言い、福田に伊東の説得を依頼した。これに対して福田は、宇垣の「立場を諒し伯に進言すべく約して去」った[93]。伊東の意を受けて内閣の説得を試みる福田に対して、「福田君を〔枢密顧問官に〕推薦した宇垣陸相は態々福田君を国府津に呼んでそんな馬鹿な事をするなと忠告した」のである[94]。

かくして福田を使って内閣の妥協を引き出そうとした伊東の試みは失敗した。福田は自身を推薦した内閣に配慮して行動し、最終的には朝鮮総督、枢密顧問官就任問題で恩義のある宇垣の勧告によって、むしろ内閣側に立って伊東を逆説得する立場に転じてしまう。宇垣と上原の関係悪化にもかかわらず、宇垣と福田の関係は依然良好であり、宇垣は福田に政治的影響力を発揮できたのである。そしてこうした福田の転向に代表される枢密顧問官の動揺、政府の強硬態度、さらには世論の枢密院攻撃といった不利な要素が重なったことで、倉富、伊東らの強硬派は内閣に対して事実上の全面敗北を余儀なくされることになる。

九月一七日、内閣から譲歩を引き出すことを断念した伊東は、倉富らの勧告を受け入れた妥協案を審査委員会に提出することになる。それは若干の名目的条件を付したうえで条約案を丸飲みする案であった。審査委員会で可決された審査報告書は一〇月一日、枢密院本会議に上程され満場一致で可決、翌日に天皇の裁可を受け、ロンドン海軍条約は批准されることになるのである。

おわりに

田中義一の後継者として累進した宇垣であるが、陸軍大臣に就任した頃から次第に独自色を強める。そして田中の政友会総裁就任以降は田中との決別を鮮明にし、「民政党大臣[95]」として政治的にも政友会の田中と対立するようになる。しかし田中と決別したことで、宇垣は「田中派」という権力基盤を失うことになってしまった。宇垣は出身県にとらわれずに有能な軍事官僚を抜擢し、自身の後継者として育て上げようとするが、その試みは後継者の相次ぐ早世もあり容易には進展しなかった。

こうした状況下、宇垣は朝鮮総督、枢密顧問官に福田雅太郎を推挙することで、「上原派」との関係改善を試みることになる。「上原派」との包括的な関係改善の試みは参謀総長後任人事問題の影響で失敗するが、しかし宇垣と福田の関係は劇的に改善し、宇垣は福田の存在を政治的に活用できる立場に立つ。実際、ロンドン海軍条約批准をめぐっては、枢密院説得に福田が大きな存在感を示す。

上原の高齢を考えれば、未だ六〇代半ばの福田と一定の関係を築けたことは、一つの政治的成果であった。福田との関係は宇垣の将来に決して否定的には働かなかったであろう。福田を介して上原および同派との関係調整を再度試みることも不可能ではなかったはずだ。しかし皮肉なことに福田は一九三二年六月に早世してしまう。

一九三一年六月、宇垣は朝鮮総督に就任するに際して現役を離れる。これは明らかに政界進出を見越しての行動だった[96]。しかし宇垣なき陸軍では、「上原派」の荒木貞夫が陸軍大臣に就任すると「宇垣派」の一掃人事を強行し（一九三二年二月）、事後、荒木と真崎甚三郎らを中心とする「皇道派」が部内の主導権を握る。「皇道派」は「上原派」の系譜に連なる存在である[97]。そして同年の夏頃から、宇垣の組閣を阻止しようとする「皇道派」の反宇垣宣伝に宇垣は悩まされ続けることになる。[98] 反宇垣宣伝の主張は宇垣が政党におもねって陸軍を裏切ったというものであった。「皇道派」は宇垣軍縮の四個師団削減を非難するとともに、ロンドン海軍会議においては政府の「統帥権干犯」を宇垣が黙認、擁護したと攻撃した。[99] こうした反宇垣宣伝に予備役となった宇垣は有効な対策をとりえなかった。そして「陸軍部内に於ける反宇垣派勢力を代表して立つた荒木」が、「機会あるごとに肚に一物あるかの如き身振りを示した結果は、つひに、『軍部は宇垣内閣出現に絶対反対』といふことになつてしまひ」、「黒色テロリズムの脅威」[100]もあって、重臣層に宇垣の首相奏薦を再三にわたって躊躇させることになる。[101] さらに「皇道派」衰退後も、陸軍に拡散した「反宇垣熱」は、宇垣内閣「流産」の伏線となっていく。

もちろん、福田の存在があればこうした「皇道派」の反宇垣宣伝を阻止しえたとまでは断言できない。「上原派」と「皇道派」は同系譜に連なるとはいえ、その構成者には異同があるし、上原自身も一九三三年一一月には死去してしまうから、福田が上原および同派に対して持ちえた影響力を「皇道派」に対しても同様に持ちえたと決めつけるのは無理がある。しかしそれでも「皇道派」にはその首領格である荒木貞夫や柳川平助ら、福田と親しい面々が存在していたことも事実である。[102] また宇垣と福田の過去の因縁は陸軍内外に知れわたっており、その意味では福田は（本人の意思には関係なく）反宇垣、反宇垣内閣の象徴的存在になっていたと言える。[103] こうした福田の立ち位置を考えれば、「反宇垣熱」を緩和するために福田の存在が一定の効果を発揮しえた可能性は十分あるだろう。いずれにせよ、かつて「宇垣時代」を現出した圧倒的権力者の面影を思えば、現役を離れた宇垣は陸軍内であまりに孤独であり、有効な協力者を欠いていた。[104] その意味では福田を失ったことは、宇垣にとって貴重な政治的協力者、選択肢の喪失であり、このことが宇垣の政治人生に否定的影響を与えた可能性は低くはないのである。

注

（1） 宇垣と「上原派」の関係が、改善に向かっていたことを示唆する研究もあるが（駄場祐司「斎藤実朝鮮総督更迭をめぐる対立図式」『日本歴史』六九〇号、二〇〇五年一一月）、あくまで「示唆」の範囲に留まっている。
（2） 加藤聖文「植民地統治における官僚人事」（大西比呂志編『伊沢多喜男と近代日本』芙蓉書房出版、二〇〇三年）一一七頁。宇垣が「某氏（福田雅太郎？）を推し」ていたと記述しているに過ぎない。
（3） 増田知子「政党政治と枢密院」（近代日本研究会編『政党内閣の成立と崩壊』山川出版社、一九八四年）。伊藤之雄『昭和天皇と立憲君主制の崩壊』（名古屋大学出版会、二〇〇五年）。佐々木隆「陸軍『革新派』の展開」（近代日本研究会編『昭和期の軍部』山川出版社、一九七九年）。
（4） 前掲「陸軍『革新派』の展開」八頁。
（5） 宇垣一成『宇垣一成日記』一巻（みすず書房、一九六八年）六二四頁。
（6） 星野庄三郎は上原宛書簡において、宇垣との会見を報じ、「田中大将と両政友の関係。宇垣が田中大将と加藤総理との間に如何に処するやは小生共の固より知る所にあらす候へとも、当時の直覚よりすれば宇垣は少くも『余は必すしも何時迄も田中の傀儡にあらす』との意味を匂はせた様にも被感候」と述べている（上原勇作関係文書研究会編『上原勇作関係文書』東京大学出版会、一九七六年、四二六頁）。
（7） 『宇垣日記』一巻、五一一頁、五一三頁。
（8） 『宇垣日記』一巻、五七〇～五七一頁。この問題は次章で詳しく論じる。
（9） 『宇垣日記』一巻、五七〇頁。
（10） 『宇垣日記』一巻、六〇三頁、六〇五頁。翌一九二八年五月の第三次山東出兵に際しては、軍事参議官会議の席上、宇垣は田中の面前で公然と痛烈な出兵批判を展開し、「田中首相は不快の表情を示した」（牧野伸顕『牧野伸顕日記』中央公論社、一九九〇年、三二一～三二二頁。『宇垣日記』一巻、六五九～六六〇頁）。
（11） 『宇垣日記』一巻、六〇四～六〇七頁。
（12） 『宇垣日記』一巻、六二四頁。
（13） 宇垣一成『宇垣一成日記』二巻（みすず書房、一九七〇年）八四九頁。
（14） 『宇垣日記』一巻、七二四頁。

（15）黒板勝美『福田大将伝』（福田大将伝刊行会、一九三七年）三五三頁。
（16）岡義武編『大正デモクラシー期の政治　松本剛吉政治日誌』（岩波書店、一九七七年）五二七頁、五三八～五三九頁。前掲『上原勇作関係文書』五一一～五一二頁。福田雅太郎追懐録刊行会編『福田雅太郎追懐録』（福田雅太郎追懐録刊行会、一九三五年）一六一～一六二頁。
（17）前掲『大正デモクラシー期の政治　松本剛吉政治日誌』五七三頁。
（18）前掲『福田雅太郎追懐録』二二八頁。
（19）『読売新聞』一九二九年八月五日。『東京朝日新聞』一九三〇年四月一八日。
（20）前掲『福田雅太郎追懐録』二二七～二二八頁。
（21）前掲『福田雅太郎追懐録』二二七頁。
（22）伊沢多喜男伝記編纂委員会編『伊沢多喜男』（羽田書店、一九五一年）一六九～一七三頁、一八七～一九一頁。
（23）『宇垣日記』一巻、七二五～七二六頁。
（24）『東京朝日新聞』一九二九年七月三日。
（25）尚友倶楽部編『上原勇作日記』（芙蓉書房出版、二〇一一年）四一八～四一九頁。
（26）なお「倉富勇三郎日記」の記述によれば、宇垣は上原自身を朝鮮総督とする案も持っていたという。もっともこの話は倉富が宇佐美勝夫から又聞きしたものであり、宇佐美の話には明らかに事実と異なる内容（宇垣は福田を朝鮮総督とすることをあまり望んでいないようだという宇佐美の印象論）も含まれている（「倉富勇三郎日記」一九二九年八月一二日、国会図書館憲政資料室所蔵）。
（27）『東京朝日新聞』一九二九年七月三日。
（28）前掲『上原勇作関係文書』一七〇頁。そのため「田中内閣の倒閣までは手を握つて来た両大将が今はをかしな格好でいがみ合を始め」出したとの新聞の観測もある（『東京朝日新聞』一九二九年七月一六日）。ただし宇垣の意図が「上原派」の分断にあったとまで言ってはうがち過ぎだろう。
（29）前掲『福田雅太郎追懐録』二二八頁。
（30）前掲『伊沢多喜男』一九一頁。
（31）『宇垣日記』一巻、七二六頁。

(32) 前掲「植民地統治における官僚人事」一一七～一一八頁。
(33) 『宇垣日記』一巻、七二六～七二七頁。
(34) 『宇垣日記』一巻、七二六頁。伊藤隆も薩派、海軍との関係を推測している（伊藤隆『昭和初期政治史研究』東京大学出版会、一九六九年、八三～八四頁）。それもあろうが、しかしそれだけではなぜ最初は伊沢に執着したのか説明がつかない。
(35) 斎藤の辞任と山梨の就任経緯については前掲「斎藤実朝鮮総督更迭をめぐる対立図式」が詳しい。
(36) 『東京朝日新聞』一九二九年八月一八日。もちろん、この発言は浜口の本心ではあるまい。この人事を受けて政友会の森恪は、「植民地行政の上にも自党の所信を断行する事が責任政治の下における政党内閣の当然の態度である」と批判したが（同史料）、浜口も本心では森に同意であったであろう。
(37) 浜口雄幸『浜口雄幸日記・随感録』（みすず書房、一九九一年）二一九頁。
(38) 前掲『上原勇作関係文書』四一一頁。
(39) 福田の枢密院入りが朝鮮総督案の代案として提起されたことに関しては、前掲『福田雅太郎追懐録』二二八～二二九頁。ところで、福田の枢密院入りに関しては、宇垣はすでに一九二六年頃から考慮し、福田とも連絡していたらしい（前掲『上原勇作関係文書』四〇五～四〇六頁）。
(40) 法令上は内閣に奏薦権があるが、慣例上は総理大臣と枢密院議長が事前に協議合意のうえ、まず議長が内奏し、次いで総理が上奏する手順を取っていた（百瀬孝他『事典昭和戦前期の日本』吉川弘文館、一九九〇年、五二頁）。
(41) 宇垣一成文書研究会編『宇垣一成関係文書』（芙蓉書房出版、一九九五年）一一六～一一七頁。一一月一日付の上原書簡の発年は不明となっているが、前掲『上原勇作日記』四三五～四三六頁の記述からして一九二九年であろう。
(42) 前掲「倉富勇三郎日記」一九三〇年三月一九日、四月一五日、一九二九年一一月六日、七日。
(43) ちなみに福田自身も「現閣僚全部ヲ饗応」して猟官運動を行っていたらしい。もっともこの行動は内閣と枢密院の一部で悪評を招いたようだ（前掲「倉富勇三郎日記」一九二九年一一月七日）。なお『浜口日記』によれば、福田は朝鮮総督候補者時代に浜口を招宴しており、「倉富日記」の記述はあるいはこのことを指すのかもしれない（前掲『浜口雄幸日記・随感録』一六七頁）。
(44) 前掲「倉富勇三郎日記」一九二九年一一月四日。
(45) 前掲「倉富勇三郎日記」一九二九年一一月九日。
(46) 前掲「倉富勇三郎日記」一九三〇年二月二四日。

(47) 河野恒吉『国史の最黒点』前編（時事通信社、一九六三年）二八頁。前掲『宇垣一成関係文書』二三九～二四四頁。
(48) 若槻礼次郎『古風庵回顧録』（読売新聞社、一九五〇年）四二～四三頁。経済攻究会自体もどちらかというと民政系の会だったようである（下重直樹「経済攻究会覚書」『史境』五八号、二〇〇九年三月）。
(49) 『東京朝日新聞』一九三〇年四月一五日。
(50) 前掲「倉富勇三郎日記」一九三〇年三月二一日。
(51) 前掲「倉富勇三郎日記」一九三〇年三月一九日、二五日。
(52) 前掲「倉富勇三郎日記」一九三〇年四月一四日、一六日。小野塚は浜口、幣原、伊沢らと東京帝国大学の同期であり、浜口とは常に首席を争い、個人的にも親しくしていた。またそのクラス会である二八会は「不思議に非政友的色彩が強いので、政友系の勝田主計氏は出席したことがなかつた」という（南原繁他『小野塚喜平次』岩波書店、一九六三年、二八～三七頁。幣原平和財団編『幣原喜重郎』幣原平和財団、一九五五年、二〇～二二頁）。古在の政党色はさほど濃くないようだが、若槻とは一九〇二年に足尾銅山鉱毒事件調査委員に任命されて以来の親交があり、「極く親しくして居た」。また浜口は大蔵大臣時代に古在と折衝した経験から、「古在といふ人はえらい人じゃ（中略）と其偉大を賞揚尊敬せられて居た」というから、少なくとも内閣とは個人的関係を通じて近しい位置にあったと言ってよいだろう（安藤円秀編『古在由直博士』古在博士伝記編纂会、一九二四年、三九～四一頁、一六〇頁）。なお、古在の長男は幣原坦の次女と結婚しており、幣原喜重郎とは姻戚関係にあった。
(53) 朝日新聞社政治経済部編『枢密院問題』（朝日新聞社、一九三〇年）一三四頁。『東京朝日新聞』一九二九年九月一七日。『読売新聞』一九二九年九月四日。
(54) 前掲「倉富勇三郎日記」一九三〇年三月一九日。
(55) 前掲「倉富勇三郎日記」一九三〇年四月一六日。
(56) 前掲「倉富勇三郎日記」一九二九年一一月七日、一九三〇年三月一九日、四月一五日。倉富は福田に反対する二上について「何カ排斥スヘキ原因アルヘキカ余リ極端ナル様ナリ」と批判的である（前掲「倉富勇三郎日記」一九二九年一一月七日）。
(57) 注（19）参照。ちなみにこうした報道の絶対数は少ないし、選挙応援演説の記事自体は、福田の顧問官就任が内定した後である。
(58) 『宇垣日記』一巻、七五四～七五五頁。
(59) 『宇垣日記』一巻、七五五頁。

(60) 前掲『上原勇作関係文書』三四四頁。
(61) 奈良武次『侍従武官長奈良武次日記・回顧録』四巻（柏書房、二〇〇〇年）一五四～一五五頁。
(62) 前掲『国史の最黒点』前編、二七頁。
(63) 「総長選任経緯の一部」（国会図書館憲政資料室所蔵、『宇垣一成文書』一一二）。
(64) 前掲『侍従武官長奈良武次日記・回顧録』四巻、一五四～一五五頁。
(65) 『宇垣日記』一巻、七五一頁、七五五頁。
(66) 前掲『上原勇作日記』の記述に基づくと、宇垣の大臣就任から参謀総長後任人事問題が持ち上がるまでの七カ月間に、宇垣と上原は直接会談四回（うち一回は師団長会議に際して三長官招待の会食）と書簡を二往復程度している。これが後任問題以後は宇垣の辞任まで皆無となる。
(67) 前掲『国史の最黒点』前編、二七頁。
(68) 日本近代史料研究会編『鈴木貞一氏談話速記録』上巻（日本近代史料研究会、一九七一年）二六一～二六二頁。
(69) 前掲『枢密院問題』一九六頁。
(70) 『東京朝日新聞』一九三〇年四月一八日。
(71) 前掲「倉富勇三郎日記」一九三〇年七月一〇日。
(72) 加藤寛一編『昭和四年五年倫敦海軍条約秘録（故海軍大将加藤寛治遺稿）』一四頁。前掲『昭和初期政治史研究』三三八～三三九頁も参照。
(73) 前掲「倉富勇三郎日記」一九三〇年五月三〇日。なお、上原が浜口内閣に好意的であった理由としては、反田中政友会であること、同郷の海軍大臣財部彪の存在とともに、浜口内閣によって「内閣の四天王」たる警保局長（後三つは内閣書記官長、法制局長官、警視総監）に娘婿の大塚惟精が任命されていたことにもよるだろう。大塚自身も反田中の政治的立場だと認識されていた（『東京朝日新聞』一九二九年七月四日、一九二七年五月一九日夕刊）。
(74) 前掲『上原勇作関係文書』一七六頁、二四一～二四三頁、五四七頁。それぞれ菊池武夫、鈴木貞一、武藤信義の意見。
(75) 前掲「倉富勇三郎日記」一九三〇年七月一〇日。『東京朝日新聞』一九三〇年九月一四日。
(76) 前掲「倉富勇三郎日記」一九三〇年七月一〇日。
(77) 原田熊雄『西園寺公と政局』一巻（岩波書店、一九五〇年）一四四頁。

(78) 前掲『昭和初期政治史研究』一一三～一一六頁。前掲「政党内閣と枢密院」。
(79)『東京朝日新聞』一九三〇年九月二〇日。
(80) 前掲『西園寺公と政局』一巻、一五一頁。
(81) 前掲『伊沢多喜男』一九四頁。
(82) 前掲『浜口雄幸日記・随感録』三九〇頁。
(83)『宇垣日記』一巻、七七一頁。
(84)『東京朝日新聞』一九三〇年九月一五日。
(85)『宇垣日記』一巻、七七一頁。
(86)『東京朝日新聞』一九三〇年九月一八日。
(87)『東京朝日新聞』一九三〇年九月二〇日。
(88) 前掲「倉富勇三郎日記」一九三〇年九月一六日。
(89)『東京朝日新聞』一九三〇年九月一五日。
(90) 前掲『上原勇作関係文書』一七六頁。残念ながら上原の認識は明らかでない。
(91)『宇垣日記』一巻、七五八頁。
(92)『宇垣日記』一巻、七六二～七六三頁。七六五～七六六頁。
(93)『宇垣日記』一巻、七七一頁。
(94)『東京朝日新聞』一九三〇年九月二〇日。もっとも福田は自ら宇垣の下に出向いたようではある。
(95) 松下芳男『宇垣一成と南次郎』(今日の問題社、一九三六年) 一一頁。
(96)『宇垣日記』二巻、七九九頁。予備役編入は宇垣自らの申出によるものである。予備役となることで現役軍人には禁止されている政治活動が可能となる。宇垣は「現役将校としての御奉公」から政治家としての「御奉公」に飛躍を期したのだろう。
(97)『宇垣日記』二巻、九二四頁、一〇五五頁。前掲『鈴木貞一氏談話速記録』上巻、二六三頁。
(98)『宇垣一成日記』を読む限り、反宇垣宣伝が本格化するのは一九三二年八月ないし一〇月以降のようだ(『宇垣日記』二巻、八六〇頁、八六六～八六九頁)。
(99)『宇垣日記』二巻、八九七頁、九一七～九一八頁。原田熊雄『西園寺公と政局』三巻、岩波書店、一九五一年、三一八～

三二〇頁など。

(100) 来間恭『今日を創る人々』(信正社、一九三六年)四八頁。

(101) 原田熊雄によれば「宇垣大将が内閣首班者たるにどうかといふことについては、随分長い間公爵〔西園寺〕も研究され、内大臣あたりも各方面の様子を見てをられ、よほど考へた」が、「現在の状況では、なほ陸軍の方面に不安な刺戟を与へることもあらうし、まだその時期でない」と見送られてきた(原田熊雄『西園寺公と政局』五巻、岩波書店、一九五一年、二四二頁。前掲『西園寺公と政局』三巻、三〇九頁)。

(102) 荒木は福田とは「公私三十年」のつき合いがあり、荒木は福田から「多大の薫化と感銘とを受けた」という(前掲『福田雅太郎追懐録』二一四〜二一五頁)。柳川は福田とは同郷で、追懐録刊行会の発起人代表も務めている。

(103) 福田の死後その追懐会において、「上原派」の陸軍中将石光真臣は、福田が宇垣によって陸相の座を奪われ、「晩年を不愉快の中にお暮しになつた」たことを惜しみ、他方で今なお、宇垣やその関係者が組閣を目指して策動していることを批判して、「私は今日、福田大将こそ担ぎ出して見たい」と述べ、参会者の「喝采」を博した。ここでは福田が反宇垣、ひいては反宇垣内閣の象徴的存在と認識されていたことがわかる(前掲『福田雅太郎追懐録』五四〜五六頁)。

(104) 宇垣自身も政敵たる荒木も、宇垣が軍内に献身的協力者を持たなかったことを認めている(『宇垣日記』二巻、一〇三一頁。前掲『昭和初期政治史研究』三〇一頁所収の荒木の談話)。

第2章　宇垣一成と「統帥権独立」の政治論理

はじめに

一九一三年二月、山本権兵衛内閣が成立した。その前々内閣、西園寺公望内閣が、朝鮮二個師団増設問題に端を発した上原勇作陸軍大臣の単独辞職により倒閣に追い込まれたことを受け、世上、陸軍に対する批判が高まっていた。

こうしたなか、山本は軍部大臣任用資格の見直しに取りかかり、現役陸海軍武官に限定されていたその資格を予備、後備役にまで広げようとした。これに対して当時陸軍省軍事課長たる宇垣一成大佐は、独断で無署名の意見書を作成して各所に配布し、任用資格見直し反対の論陣を張った。いわゆる「怪文書」である。

宇垣の主張は、純然たる法律論を別にすれば次のようなものだった。すなわち、軍人は世論に惑わず政治に関わらず、超然として国家の干城となることにその真髄がある。このことは「聖諭」によっても固く示されている。軍部大臣任用資格を政治活動の許される予備、後備役にまで広げることは、党派的関係を有する人物を軍首脳とする道を開き、軍隊を政治の渦中に巻き込む危険性をはらむ。よって非現役軍人を、天皇の「神聖なる統帥権」行使の補翼匡救に当たる陸海軍大臣に起用するということは、「大権行使の神聖を汚」すことを意味するという(1)。宇垣は

「統帥権独立」擁護の立場から任用資格緩和に反対したのである。

後年の宇垣の政治的あり方を考える時、この「怪文書」の議論は興味深い。なぜなら建軍草創期からの元勲級軍人を除けば、宇垣こそ、田中義一と並び陸軍史上最も「政治化」した軍人であり、傑出した軍政家として政党政治の全盛期に陸軍を統率し、最後には後備役の陸軍大将として、現役軍人達によって宰相への道を封殺されるからである。

宇垣内閣「流産」の「悲劇」は、「政界の惑星」とも綽名された軍人政治家宇垣一成の政治的ハイライトであり、「怪文書」と「流産」の皮肉な関係もたびたび言及されてきた。しかしそうした表面的な言及の一方で、宇垣と「統帥権」の関係について学問的講究はほとんど行われてこなかった。(2) 宇垣が「統帥権独立」に関してどう考え、どう行動していたのか、実は意外なほど明らかではない。宇垣が「怪文書」から「流産」までほぼ一貫して「統帥権独立制」とそれを制度的に支えた「軍部大臣（現役）武官制」および「参謀本部独立制」(3)の擁護者であったことは、『宇垣一成日記』などによって漠然とは知られてきた。しかし他方で、宇垣が陸軍大臣として君臨した「宇垣時代」は、「大正デモクラシー」と政党政治の時代であり、軍部大臣文官制や参謀本部廃止論が高唱された時代でもあった。陸軍は田中義一陸相以来、政軍協調路線を余儀なくされ、二度にわたる「陸軍軍縮」を強いられた。そうした時代のなかで、宇垣とその幕下の陸軍は統帥権独立問題とどのように向き合ったのか。また政軍協調路線と統帥権独立制はどのように共存しえたのか。そして政党政治と政軍協調路線が全盛のなか、なぜ統帥権独立制は生きながらえ、やがて前者を圧倒して突出するのか。実は必ずしも明確ではない。

本章は以上のような研究の現状を踏まえ、統帥権独立を制度的に支えた軍部大臣武官制と参謀本部独立制をめぐる宇垣の認識と対応を解明する。以下各節において具体的に次のように論じていく。

まず第一節では、統帥権の独立を制度的に支えていた軍部大臣武官制と参謀本部独立制について概説するとともに、「軍政家」宇垣にとって、軍部大臣武官制と参謀本部独立制がいかなる関係にあったのかを概観する。

第二節では、「宇垣時代」の陸軍が、政党勢力による軍部大臣武官制と参謀本部独立制の廃止要求に対して、いかなる対策研究を行っていたのかを検討する。そして政党政治全盛のなか、政党勢力を「統帥権」から排除するため、陸軍の態度は強硬であり、かつ非常に緻密な研究を行っていたことを明らかにする。この分野に関しては最近、「宇垣時代」の陸軍省は軍部大臣文官制を積極的に受け入れる態勢に入っており、しかし宇垣陸相がそれを掣肘していたとの新たな学説が発表されている[4]。果たして同説のごとく、陸軍省は文官大臣を積極的に容認しようとしていたのだろうか。同説の再検討も第二節の大きな目的である（同説に対する反証は煩雑さを避けるため注で行う）。

第三節では、宇垣が統帥権独立制をめぐって政党勢力との間でいかなる政治的交渉を行っていたのかを解明する。この時期の陸軍と政党勢力の関係に関しては、既存研究において、「軍は、既得権の拠り所となる制度（すなわち軍部大臣武官制と参謀本部独立制）の改革には抵抗しつつ、政党政府とできるだけ協調することによって、軍事的合理性と組織利益を守ろうとした。（中略）その積み重ねから新しい慣行や柔軟な制度運用が試みられ、統帥権独立制を保持したまま、それを有名無実化する可能性すらないわけではなかった」との重要な指摘が行われている[5]。そこで同節では、「制度」と「運用」の矛盾はいかなる論理、方法で解消されたのか、その実相を解明する。そして宇垣の対応が、統帥権独立制への確固たる信念を保持しつつも、第二節で確認するような陸軍の強硬な政党勢力排除姿勢とは異なり、柔軟なものであったことを明らかにする。また宇垣が、政軍協調路線と軍部大臣武官制、参謀本部独立制の堅持を巧みに関連づけた論理を展開し、統帥権独立の擁護に成功した事実も明らかにする。また同節の分析によって、統帥権独立制を「有名無実化する可能性」が実は現実にはかなり低いものであったことを証明する。そして「宇垣時代」の安定した政軍協調関係が、なぜ脆く崩れ去ることになるのか、「運用」面での柔軟姿勢が、なぜ「制度」そのものの根本的改革につながらなかったのか、という疑問（第Ⅰ部第２章）にも一つの回答を提示する。さらに一連の議論は、圧倒的な部内権威を確立していたかに見えた宇垣が、なぜ第二次軍制改革において参謀本部を統制しえなかったのか、という疑問（第Ⅰ部第1章）にも答えを出すことになる。

一　軍部大臣武官制と参謀本部独立制に対する宇垣の認識

「統帥権独立」という概念は、大日本帝国憲法第一一条の天皇大権「天皇ハ陸海軍ヲ統帥ス」と、軍人勅諭「我国の軍隊は世々天皇の統率し給ふ所にそある（中略）兵馬の大権は朕か統ふる所なれは其司々をこそ臣下には任すなれ其大綱は朕親之を攬り肯て臣下に委ぬへきものにあらす」云々に由来する。この憲法上、勅諭上の規定は極めて漠然とした観念的なものであり、この「統帥権独立」概念を実体化し、また支えた制度が「参謀本部独立制」（一八七八年に陸軍省から独立）と「軍部大臣（現役）武官制」（一九〇〇年の「陸軍省官制」、「海軍省官制」改正により制度化）であった。そもそも統帥事項は純然たる作戦用兵分野である「狭義統帥」と、その「狭義統帥」と密接にかかわりながら一般政務事項とも不可分の「広義統帥（＝混成事項）」とに分けられる。一般的に統帥権独立というと「狭義統帥」の独立を意味し、「参謀本部独立制」をもって担保された。他方、「広義統帥」は内閣の一員で国務大臣たる軍部大臣の管轄下に置かれていたため、内閣（ことに政党内閣）の干渉に晒される危険性があった。したがって軍部では、軍部大臣に帷幄上奏権を付与し、かつ武官に限定することで、統帥権独立が担保されると認識していた(6)（したがって本章でいう「統帥権」とは「狭義統帥権」と「広義統帥権」の両方を指す。また本章では法律論的観点からの議論に深くは踏み込まない）。しかしこうした制度はしばしば軍部の「恣意的」な行動の根拠になっていると非難され、とくに政党勢力の伸張とともに激しい論争の対象となった。

一九二〇年一〇月一五日、原敬内閣の大蔵大臣高橋是清は、参謀本部廃止要求を含む意見書「内外国策私見」を起草、原首相の意見を求めた。同意見書によれば、参謀本部は軍事上の一機関に止まらず、外交や経済に容喙し、外国からも嫌悪の対象になっているという。ちょうど居合わせた陸軍大臣田中義一とともに一読した原は、その内容の重大性に驚き、発表は見合わすように勧告した。原は、参謀本部の廃止などは「実際は行はれずして徒に反対者を造くるまでの事」であり、「軽々に之を口外せば意想外の面倒を生ずべし」と考えたのである。[7]

高橋が参謀本部廃止論を起草した背景には、シベリア撤兵問題での政府、陸軍省と参謀本部との確執があった。統帥権を盾に政府と陸軍省の統制を拒む参謀本部に対して、高橋は撤兵遅滞にともなう財政負担や列国感情の悪化を懸念していた。これより前、六月二一日、高橋の懸念に対して原は、「陸相田中は比較的軍事上の注意もありて余等と大体同意見なるも参謀本部は薩長の軋轢も加はりて常に田中の意の如くならざる事多しと思はる、依て十分田中を援助して其政策を遂行せしむるを国家の為に可なりと思はる」と答えていた。[8] 原は以前から高橋の参謀本部廃止論を聞いていたが、今回これを印刷物にしたことは予想外のことであった。[9]

しかし原自身も、参謀本部のあり方には強い不満を抱いていた。また参謀本部の統制に手を焼いた田中も、「参謀本部を改革し、自分は総長を兼任する位にて断行するを要す」と認識していた。[10] 田中は参謀本部の廃止までは考えなかったようだが、「統帥権」を盾にして陸相の統制に服さない参謀本部に対して感情を悪化させていた。

とはいえ、参謀本部の統制に手を焼いていた田中と陸軍省も、高橋の参謀本部廃止論には衝撃を受けたようであり、半月後には早くも陸軍省軍事課が「参謀本部廃止案ニ対スル意見」をまとめて反論している。この意見書は、参謀本部の軍事上の価値について説明するとともに、仮に参謀本部が外交や経済政策に容喙することがあるならば、「其罪一ニソノ人ニアリ」と主張した。[11] つまりは現在の問題の根源は、制度形態ではなく参謀総長上原勇作の個人的資質に由来すると示唆した。

陸軍省が参謀本部廃止論に衝撃を受けたのは、参謀本部独立制（狭義統帥の独立）が、軍部大臣武官制（広義統帥の独立）と密接に関連していると認識していたためであった。参謀本部の廃止によって狭義統帥が内閣の一員たる陸軍大臣の管轄下に置かれることで、「統帥権独立」という概念自体が形骸化し、やがては広義統帥独立のための制度である軍部大臣武官制の廃止や帷幄上奏権の廃止へと行き着くものと認識していたのである。この点に関して宇垣（教育総監部本部長）も、参謀本部への批判は、「帷幄上奏権の本塁を攻撃して軍令系統を軍政内のものとし、延いて大臣文官制を迫るの素地らしくも思考せらる」と警戒していた[12]。

しかし他方では、宇垣は参謀本部が現実政治に踏み込んで政府や陸軍省の施策に介入することも鋭く批判した。なぜなら現実政治への参謀本部の恣意的な介入は、参謀本部独立制に対する批判を招き、究極的には軍部大臣武官制までも破壊する行動だと認識していたからである。宇垣は、参謀本部が折からの国防観念鼓舞運動を「パーシング（米国参謀総長）気取り」のスタンド・プレーでやりたがる様を、政治と統帥の別を乱す「米英流」と批判した。「統帥と政治を区分する帝国従来の主義を固持しながらもパ式を真似るは一種の矛盾せる考」であり、参謀本部の活動が、狭義統帥からはみ出すことは、たとえそれが国防観念鼓舞運動のような些細なことでも、「政治と統帥を混同し軍部大臣（文官でも）の下に統帥を働かしむる米英流にまで持行く」危険性があると認識していた[13]。宇垣は、参謀本部は「形体的活動」に介入することなく、「精神的活動」、「考案思索」に傾注しなくてはならないと考えていた[14]。すなわち、参謀本部が純然たる狭義統帥分野でのみ活動し、政治分野への介入を厳に自制することが、世間の参謀本部批判を回避し、参謀本部独立制ひいては軍部大臣武官制を維持し、統帥権独立を擁護する道だと考えていた。宇垣の論理は、上原時代の参謀本部のあり方に対する、統帥権独立擁護の立場からの鋭い批判を内在するものであった。

換言すれば、宇垣は参謀本部独立制を統帥権独立擁護のために不可欠なものと認識しつつも、現実の政治的運用面においては、参謀本部は陸軍省の統制下にありつづけなくてはならないと考えていた。そもそも宇垣は、効率の観点からすれば「軍部の三鼎立〔陸軍省、参謀本部、教育総監部〕の如きは余り良制度ではない」と考えていた。これまで同制度が機能してきたのは、名目は鼎立でも実際には寺内正毅という「一の中心点」があったからであり、その死後は鼎立の弊害が発現してくるのではないかと懸念していた。「是非一偉人の許に陰ながらにても宜しいから権威責任が集中せらるることが必要である」[15]。宇垣は分権制度を統帥権独立擁護のために肯定しつつも、同時に、三職を統括する中心権力の必要も主張していた。

こうして宇垣は、参謀本部の活動領域を陸軍省の監督下に制限したうえで、その制度上の独立を主張する。さらに鼎立の非効率を指摘して、軍政、軍令、教育を統合する「一偉人」の存在を求める。文官大臣批判の論理からすれば、その「一偉人」も当然現役軍人でなくてはならない。かくして陸軍「三権」を強力に統率した陸軍大臣宇垣一成の面影が浮かび上がるのである。

二　陸軍の「文官大臣」対策

「大正デモクラシー」期、軍部は統帥権独立制廃止を求める政党勢力からの攻勢に晒された。一九二二年一月、第四五議会における尾崎行雄の軍部大臣文官制を求める質問主意書提出に始まり、翌一九二三年の第四六議会では陸海軍大臣任用官制改正に関する建議が全院一致で可決される。以後、議会ごとに軍部大臣武官制と参謀本部独立制に対する批判が繰り返されることになる。

一九二五年一月の第五〇議会において、野党政友本党総務松田源治は、与党三党が野党時代に軍部大臣任用資格改正を主張していたことを引き合いに出し、政府の決意を質した。これに対して加藤高明首相は、軍部大臣任用資格の改正は政府としても「大ニ考慮致シテ居ルコトデアリマス〔中略〕憲政運用上ノ上カラ申シテモ、全ク必要ノコトト存ジマスカラ、何トカ相当ノ結果ヲ得タイト云フ積リヲ以テ折角研究ハ致シテ居リマスルガ、未ダ結了ニ至リマセヌカラ、其結果ヲ明言スルコトノ出来マセヌコトヲ遺憾ト致シマス」と回答している。加藤は巧みに結論を避けたが、これに対して松田は、「野ニ於テ唱ヘタ事ヲ朝ニ於テマダ考ヘテ居ルト云フコトハ何タル無責任デアリマスカ」と痛烈に批判した[16]。この時期、陸軍は最も追い詰められていたと言ってよいだろう。それは陸軍の軍部大臣任用資格問題に関する研究が一九二五年に集中していることからも明らかである[17]。

では一九二五年当時、「宇垣時代」の陸軍の文官大臣対策研究はいかなるものであったのだろうか。陸軍研究「軍部大臣任用資格制限撤廃ノ可否ニ関スル研究[18]」から検討してみよう。まず陸軍研究は問題を《統帥権上の問題》と《憲政の運用上の問題》に分ける。後者の見地からは、「議院政治政党内閣制カ必然ノ趨勢タルコトヲ是認スルモノトセバ」（陸軍はその前提をまだ「疑ノ余地尠カラサル」とは思っているが）、「理論上軍部大臣任用資格ノ撤廃ハ一脈ノ理路ヲ有ス」と認める。しかし前者の見地からは、文官の統帥関与はやはり問題が多く、「軍部大臣ハ武官ヨリ専任スルヲ要シ万一此ノ制ヲ改メントセハ根底ヨリ制度ノ立直シヲ実行セサルヘカラス」と主張する。そしてこのように立場によって一長一短がある以上、その可否は実際上の利害得失や現実性から判断すべきだとする。

そして陸軍大臣に要求される高度の専門知識や、軍隊に政党勢力の浸透する危険性などを考えれば、文官大臣は現実的ではないと主張する。確かに文官大臣になれば政府、政党、国民との連繋には有利であり、また「軍部ノ専恣」の防止にも有効かもしれないが、結局それも「人ノ問題」であり、制度固有の問題ではないとする。

では前述のように、文官任用のため「根底ヨリ制度ノ立直シヲ実行」すればどうであろうか。同研究によれば、「仮リニ」文官大臣を容認した場合でも、二つの方法で統帥権独立を維持できるという。第一の方法は、帝政ドイツのように「統帥」に多少なりとも関係する混成事項はすべて参謀本部に移管してしまう方法である。しかしこれでは現行制度よりも却って統帥部が一般政務を圧迫することとなる。第二の方法は、欧米諸国のように「高等軍事会議ノ如キモノヲ設ケ主トシテ高級軍人ヲ以テ之ヲ組織シ重要ナル軍務ハ本機関ノ議決ヲ経ル」、あるいは「軍部大臣ハ事実上単ニ憲法上ノ責任者タルニ止メ別ニ高級軍人ヲ置キ軍務ニ関シ之ニ実権ヲ賦与ス」る方法である。どちらの場合にも、軍隊への政党勢力侵入を防ぐため、「人事特ニ高級軍人ノ人事ヲ掌ラシムル為高級軍人ヨリ成ル会議ヲ設ケ此等関係事項ハ之ヲ大臣ノ職権外ニ置ク」ことも必要だとする。

同研究によれば、これらは現行制度の「抜本的改革」を必要とし、「実行スルカ如キハ殆ント不可能」であり、仮に強行してもそれで政党が得るものは、「大臣ノ椅子二個ヲ増加スルニ止マリ此等大臣ハ各省大臣トシテノ実権ヲ有セス労シテ効ナク」と警告した。

しかし「労シテ効ナク」と評価され、文官大臣否認の根拠として使われているとはいえ、同研究が文官大臣容認の前提条件として、制度改革、ことに欧米式（と陸軍が称する）制度改革に言及していることは興味深い。

この「欧米式」制度改革に関しては、翌一九二六年にさらに詳細な研究「陸軍大臣文官制ニ関スル研究」[19]が作成されている。同研究によると、文官大臣制が導入された場合には、「完全ナル統帥権ノ独立」を堅持するため、「対応処置トシテハ混成事項中大臣ノ参画スヘキ範囲ヲ成ヘク縮少シ（中略）他ノ国家作用ノ干渉ヲ排除スル趣旨ノ下ニ一部制度ノ改変ヲ為スヲ要ス」としている。そのためにまずは、一九一三年の軍部大臣任用資格緩和の際に、大臣とともに予備、後備役にまで範囲を広げられた陸軍次官任用資格を、現役武官に限るよう制度復旧が必要だとする。またこれに関連して、秘書官任用、官房編成業務にも改変が必要だとする。要するに文官大臣を認める代わりに、その周辺を武官スタッフで固めるよう制度改革を求めているのである。

混成事項に関しては、陸軍大臣の権限として従来認められてきたものを参謀本部に移す必要は基本的にないとする。また帷幄上奏の権利も維持される。これだけ見れば文官大臣に大きな権限を与えているように思えるが、重要な但し書きがつく。それは「軍令軍政混成事項ノ処理ニ誤ナカラシメ他方ニ於テ統帥事項ノ独立ヲ確保」するために設置される「陸軍省軍事会議」である。

この会議は陸軍大臣（議長）以下、次官、人事局長、軍務局長、整備局長、兵器局長、経理局長、その他省外の知識経験ある将官若干名により構成され、議案は多数決をもって議決される。その審議対象は、①平時出兵に関する事項、②兵額の決定、③編制装備に関する事項、④要塞と団隊配置に関する事項、⑤教育検閲に関する事項、⑥紀律に関する事項、⑦その他軍機軍令に関する重要事項、とされ、これらは勅令で定め、「規定ノ事項ニ関シテハ陸軍大臣ハ本会議ノ議決ヲ経タル後之ヲ実行スルモノトス」る。つまり文官大臣は、およそ混成事項中で政府と陸軍間の対立が予想される問題（兵力、編制、装備などの予算が関連する問題）の決定権を「陸軍省軍事会議」に奪われることになる。また会議への付議事項は勅令で予め規定されているため大臣は付議を回避しようがない。しかも大臣以外の議員はすべて軍人であり、議決は多数決である。そして議決後は大臣はいかに不服でも決定には従わざるをえない。つまり混成事項に関しての大臣の決定権は事実上皆無に等しい。このことは陸軍側も「露骨ニ大臣ニ掣肘ヲ加フヘキモノ」と認めている。そのうえ陸軍は、「陸軍省事務中一般政務ト関係ナキモノ及軍機軍令ニ関スル事項ハ努メテ次官以下ニ委譲シ大臣ノ決済ヲ受クルヲ要セサル如クスル」とし、さらに大臣権限の縮小を図っている。

また武官人事に関しても、大佐、団隊長以上の人事は、「陸軍人事会議」を設け議決する。そのメンバーは、陸軍最古参者（議長）以下、大臣、参謀総長、教育総監、元帥、とくに選任する大（中）将若干名とする。この会議も多数決であり、大臣は「一議員トシテ発言権ヲ有スル」のみである。これでは協議者が増えた分、現行の三長官合議制の人事制度よりも大臣の権限は大幅に縮小される。要するに陸軍が求めたのは、「軍人側カ結束スレハ文官ニ殆ト決定権ナキ理論」、「武官絶対優勢ノ制」であった[20]。

またこの研究は、文官大臣出現時に予想される参謀本部からの「混成事項」に関する権限移譲要求を、巧みに排除するものでもあった。文官大臣の実質的権限を奪い、これを次官以下で肩代わりすることで、陸軍省自体の権限は確保したのである。[21]

なお、この陸軍の「文官大臣」研究の存在は、陸軍が文官大臣の出現を容認したことを意味するものではない。この研究は、政党勢力に文官制の導入を断念させることにも大きな目的があった。だからこそ陸軍は文官制論者に対して前述のように、「大臣ノ椅子ニ一個ヲ増加スルニ止マリ此等大臣ハ各省大臣トシテノ実権ヲ有セス労シテ効ナク」と警告したのである。陸軍は武官制堅持で揺るぎなく、また万が一にも文官大臣が出現した際には、その文官大臣を事実上「統帥」から排除し、「文官大臣制」を有名無実化（実質的には武官制を継続）すべく緻密な理論武装を行っていたのである。[22]

しかしこうした陸軍の対策は大きな問題もともなっていた。陸軍が文官制論者を論破しようとすればするほど、その理論武装を強化して頑なになればなるほど、政党、国民の陸軍への感情的反発はますます大きくなり、両者と陸軍の間隙は一層大きくなる。陸軍の研究は、それが一定の論理性と合理性を持っていただけになおさら、「軍部をして国民の怨府たらしむる」[23]危険性をともなったのである。ところで、こうした一連の研究と宇垣の具体的関係は明確ではない。しかし常識的に考えて陸相たる宇垣の意向を無視したものとは考え難いし、また宇垣が「怪文書」以来「統帥権」擁護に傾けてきた執念を考えれば、文官大臣に対する頑なな拒絶を前面に押し出した研究の論理は、宇垣の認識とも共通するものであったと考えるのが妥当だろう。しかしながら、では宇垣が実際の政治局面でも、こうした研究に則って政党勢力と論戦を繰り広げていたかというと、実はそうではない。宇垣は「軍部をして国民の怨府たらしむる」危険性を巧みに排除しながら、統帥権独立制を擁護しようとしていた。

三　宇垣と政党内閣

一九二四年一月、清浦奎吾内閣で陸軍大臣に就任した宇垣は、同年六月成立の加藤高明護憲三派内閣にも留任する。同内閣で四個師団廃止を含む宿願の軍制改革（宇垣軍縮）を成し遂げた宇垣は、「大なる仕事、思切りたる芸当は矢張り政党政派を超越したる偉人によりて初めて求め得べきである」と自賛した。そして「軍部に政党大臣を入るるなどとは一種の理想否空想」と文官大臣否認の自信を深めた[24]。

宇垣は一九二五年五月、「上原派」の重鎮、福田雅太郎、尾野実信、町田経宇三大将を予備役に追い込み、部内での権威を確固たるものにした。続く第一次若槻礼次郎内閣にも留任した宇垣は、一九二七年四月成立の田中義一内閣で一旦大臣の職を離れるものの、一九二九年七月成立の浜口雄幸内閣で四度目の陸軍大臣職に復す。大正後期から昭和初期の陸軍はまさに「宇垣時代」の様相を呈する。

しかし「宇垣時代」は憲政史上、陸軍が最も政党勢力の攻勢に晒された時代でもあった。陸軍内部での地位の安定と、政党内閣下での陸軍自体の動揺という二局面のなかで、宇垣はいかにふるまったのであろうか。

一九二四年七月、第四九議会に臨んだ宇垣は思わぬ攻撃を受けることになる。野党政友本党松田源治は、清浦内閣で陸軍大臣であった宇垣が、その清浦内閣を超然内閣として攻撃してきた護憲三派内閣に留任したのは「憲政ノ常道」に反する、それで「輔弼ノ責任」を果たせるのか、と詰問した。これに対して加藤首相は、軍部大臣は軍隊という専門職官僚機構の「一種ノ官制ノ下ニ在ル」役職であり、他の閣僚とは同一視できないと答えた。松田の質問は確かにためにするものであったのかもしれない。しかし重要な指摘も含んでいた。それは松田が、宇垣の行政長官としての留任を問題にしているのではなく、国務大臣としての留任を問題にしていたことである[25]。松田が指摘するように、陸軍大臣が一官僚機構の長に過ぎず、国務大臣としての「責任」を免除されているというのなら、それは確かに閣内で異質な存在とならざるをえないであろう。

一九二七年四月、田中内閣が成立すると、田中からの再三の留任要請に対して、宇垣は「余の今日迄の立論と立憲的行為の軍部大臣資格擁護上肝要なるとに鑑み之を固辞した」。宇垣によれば、自身の大臣就任以来の努力により文官制の議論は下火となっているが、ここで政友会内閣に留任することで、政党内閣下でも「軍相丈は治外法権なるが如きの態度採らんか、近く再び陸相資格問題の抬頭すべきは有勝の事である」。それゆえ憲政会内閣で陸相を務めた自身が党と政治的運命をともにすることで、「立憲的態度の俑を示して之が擁護に当るべき」と判断したのだという[26]。もちろん、田中と距離を取り始めた宇垣の政治的野心が固辞理由の裏面にあることは確かだろうが、同時に三年前の松田の攻撃が脳裏にあったことも確実であろう。すなわち「軍部大臣」というものは、それ自体が極めて政治的な存在であり、政党政治の渦中にあっては、軍部大臣が「非政党的存在」に止まることは不可能であるということを、宇垣は的確に理解していたのである。

軍事参議官として「下野」した宇垣はこうも述べている。軍部大臣任用資格をめぐる議論は所詮「水掛論」だが、政党側の言い分にも「二点は事実問題として多少顧慮を払ふべき価値を有する」。それは武官大臣が、「政治方面を顧慮すること少なくして動もすれば専門的方面からのみ問題を取扱ふの恐れがある」こと、また「政党的背景地盤を有せないから其業務の円満なる遂行に支障を生じ易い」ことである。よって「軍部の首脳が此点に注意して修養を積み仕事をして行けば宜しいのである[27]」。

宇垣は、軍部大臣武官制を守るためには、武官大臣が「立憲的」に「政党方面を顧慮」して行動することが必要だと考えた。後には宇垣は周囲から明確に「民政党大臣[28]」であると見なされることになるが、こうした政党色の付与は宇垣自ら積極的に選択したことであった。こうした宇垣の論理は矛盾を含む。そもそも宇垣は、軍隊からの政党勢力の排除を主張していたはずだからだ。

しかしこうした論理矛盾は、「神聖なる統帥権」独立擁護という、より高次の目標の前には問題とはされなかった。宇垣によれば、政党はその主義主張の相違によって「国民間に敵対観念を高めつゝある」存在である。これに対して「中立不偏の地位にある」軍隊は、「率先国民を率ゐ一視同仁の大御心を体して挙国一致の中枢となりて御奉公を為さねばならぬ」立場にある。(29) もちろん、宇垣は政党政治を否定はしない。今日「政党政治が憲政の常道たるべき観」があることを認める。それは好むと好まざると現実だと認識している。しかし政党「内閣の首班たるべき人士は政党の首領として必ずや一敵党若（く）は数敵党を有して」いる。(30) 政党内閣は国民の一部世論を代表しているに過ぎない。したがって「国家の最後の権力として軍隊は　至尊の統率、国家の管理に委するを適当且必要とする。茲に軍部大臣の政党外の人たるを要する一面の理由」がある。(31) 宇垣は政党政治が伸張すればするほど、「軍部大臣の政党外の人たるを要する」と考えた。そして軍部大臣から政党人を排除するためには、軍部大臣が政党人的に振る舞わなくてはならない、すなわち、制度上の独立のためには、運用上の協調を図らなければならない、という論理に宇垣はたどり着いたのである。(32)

もちろん、こうした論理の裏に、宇垣の既得権擁護の意図を読み取ることは容易い。(33) 軍部大臣武官制を維持しつつ、自らは政党政府に融和的に対応することが、自身の存在価値を高め、ひいては政治舞台でのさらなる飛躍をもたらすことを、宇垣はよく認識していたはずである。軍部の政府からの制度的独立が確保された状況下では、政府は軍部統制のために陸軍大臣個人の資質に大きく依存せざるをえない。よって政府内での宇垣の威信は高まり、他方、政府は宇垣との協調を維持するために、その核心的利害に関わる問題では妥協的対応を取らざるをえない。宇垣は軍部大臣武官制という核心的利益擁護のために政党政府と協調し、政党政府は宇垣との協調を維持するために武官制に手をつけることができない（またそもそも協調的軍部に対しては制度的統制の動機も減退する）。宇垣の対応は（その自覚的であるか否かはともかく）自己の権力確保のための一種の政治的駆け引きでもあった。

しかしこの論理を、単なる権力欲偽装の手段に過ぎないと断言してしまうことも、適切なこととは思えない。「政党も多数議員も国家の大事を托するものではな[34]」く、「中立不偏」の軍隊こそが、「大御心を体して挙国一致の中枢となりて御奉公を為さねばならぬ」との宇垣の考えが、彼の信念に発するものだったことも事実であろう。

いずれにせよ、宇垣の論理は、その包蔵した自己矛盾にもかかわらず、現実局面では大きな成果をもたらす。一九二六年一月、若槻礼次郎はその組閣にあたって、宇垣の留任を求めるために、「多年の主張」たる軍部大臣文官制の「実際論」としての放棄を約束せざるをえなかった[35]。また一九三〇年五月、第五八議会において、浜口雄幸はロンドン海軍会議後の政局突破のために、陸軍に関しては文官の「事務管掌を置くことが適当でありませぬ」と明言せざるをえなかった[36]。宇垣は党人的武官大臣として行動することで、民政党内閣で余人に代え難い存在となり、その結果、政府の軍部大臣文官論を封じ込めたのである。こうして「宇垣時代」は、世間のアンチ・ミリタリズム風潮と軍閥攻撃にもかかわらず、内閣内部における政軍関係は驚くほど安定していた。それは宇垣の論理と、それに基づいた彼の巧みな遊泳術に由来していたのである。

しかし同時に、この安定は宇垣の個人的資質に大きく依存するものでもあったから、宇垣以後の陸軍の協調を制度的に保証するものではなかった。宇垣に続く陸軍大臣が部内統制に失敗したり、政府に協調する動機を喪失すれば、政府の軍部統制もたちまち崩れる危険性をはらんだ。そして宇垣の個人的資質に依存するということは、政軍協調の「毀誉褒貶」もまた宇垣個人の評価として収斂される。これによって宇垣の政権内での権威が上昇した一方で、政軍協調路線によって抑え込まれた陸軍の部内不満も宇垣個人に収斂され蓄積されることになる[37]。

とくに宇垣によって「統帥権独立擁護」の名目で抑え込まれた軍令系統には強い不満が存在していた。軍令系の陸軍大将菊池慎之助（軍事参議官）は、「現行制度ハ（中略）軍部大臣ノ余リニ統帥事項ニ容喙スル」ものであり、これでは「軍部大臣ヲ軍人ト為シ置ケハ参謀総長モ教育総監モ陸軍大臣ノ一部下ト為セハ足レリト云フ議論モ起ラサルニアラス」と警告した[38]。確かに菊池の懸念どおり、陸軍大臣が武官であれば参謀本部を廃止しても統帥上の問題は起こらないだろうという議論は政府内部にもあった。一九二七年に前田米蔵法制局長官と阿部信行軍務局長との間で文官大臣問題に関して書面および口頭で問答が交わされているが、この時に前田が同様の意見を表明している。これに対して阿部は、「内閣カ変レハ軍部大臣モ亦其ノ内閣ト進退ヲ共ニスルコトカ今日政界ノ常態ト思ハル（中略）統帥ハ現在ノ通リ独立シ置クコトニ依リテ始メテ軍部大臣カ武官ニテモ時勢ニ順応シテ其ノ進退ヲ処シ得ヘク以テ政治ノ円滑ナル進展ヲ期シ得アルモノト考フ」と答えている[39]。阿部の回答は巧みであった。武官大臣が政党政治の原則に則って行動するには、参謀本部の独立が必要だというのである。

かくして、参謀本部独立制の維持によって武官大臣の「政党化」（すなわち政軍協調路線）が可能となり、武官大臣が「政党化」して陸軍（とくに参謀本部）を政党の意向に沿って統制することで、政党は軍部大臣武官制と参謀本部独立制を容認しうる。そして軍部大臣武官制と参謀本部独立制の維持は「神聖なる統帥権」からの政党勢力の排除に帰結する。こうして政軍協調路線、軍部大臣武官制、参謀本部独立制の関係は安定した相互依存的システムを形成し、政軍協調路線と統帥権独立制の両立を現実政治上に実現しえたのである。

しかし菊池の発言に見られるように、宇垣の統制に対する部内不満は厳然と存在し続けた。統帥権の「独立」のために統帥権の「譲歩」を要求するシステムは、必然的に危険性を内在した。統帥権の「譲歩」を余儀なくされた陸軍内に不満が蓄積する一方で、その統帥を制度的にコントロールするシステムは構築されなかったからである。政府は陸軍省を統制する制度的保障を持たず、陸軍省は参謀本部を統制する制度的保障を持たなかった。とくに政府と陸軍省に二重の従属を余儀なくされた参謀本部の不満は大きかった。したがって、狭義統帥と広義統帥の分立を大前提とするこのシステムが、宇垣の政治力の源泉であった一方、参謀本部がその制度的独立を盾にとって陸軍大臣に離反する可能性も必然的につきまとった。強力な政治権力を確立していた宇垣は、多くの場合に参謀本部を統制しえた。しかし第I部第1章で見たように、戦時兵力という統帥機関たる参謀本部にとってバイタルな利害問題にまで宇垣が容喙しようとした時、参謀本部は宇垣に対して反旗を翻した。宇垣は、それまでは自身の政治権力の源泉だったシステムの存在ゆえに、参謀本部の統制に失敗することになるのである。

またこのシステムが政軍関係の当面の安定をもたらしたことは事実だが、それはこのシステムの持つ自己矛盾が解消されたことを意味するものではなかった。一九二六年三月、第五一議会において、予備役陸軍大将大井成元は宇垣陸相に対して、政府内で「国防上ノ要求」を貫徹できない武官大臣なら、もはや大臣を武官に限定する必要などないだろう、と皮肉った。大井の主張は任用資格撤廃に賛成する立場からのものであったが、政党勢力排除と政軍協調の相互依存という論理の矛盾を図らずも指摘したこととなる。(40) そして宇垣自身が吐露しているように、軍部の政党政府への協調は決して自明のものではなく、至極便宜的なものだった。それに対して「統帥権独立」へのある種の「信仰」ともいうべきものは、政党政治への違和感や天皇、国家への使命感とも結びついて、非常に強固なものだった。武官大臣が制度の自己矛盾に直面した時、「統帥権独立」の「信仰」のために政党政府に背馳する危険性は常につきまとった。表面的な政軍関係の安定は、実は危ういバランスの上に成り立っていた。

さらに言えば、この政軍協調路線が軍部大臣武官制と参謀本部独立制の維持を大前提としていた以上、それがいかに進展しても制度そのものの改革には容易につながらなかった。むしろ表面的安定ゆえに、制度の抜本的解決の機会を逸してしまった。

浜口内閣総辞職から約三カ月後の一九三一年六月、陸軍省で『我が陸軍に関する諸問題』と題する国防思想普及のための参考資料が作成された。「取扱注意」とされたこの資料は、部外者への直接開示を制限されたものであり、「就中『統帥権問題』及『軍部大臣文官制』は、軍部内の意見を統一する為、中央部の見解に関し起案したものな

れば、之が利用に際しては特に如上の注意を必要とす」るとの注意書きが付されていた。その一節に曰く、

軍部大臣の任用資格を制限するは、内閣組織上人選を困難にし、憲政の運用上支障ありとの理由を以て、資格撤廃を可とする議論あるも、正論と謂ひ難く、軍人中より一人の大臣適任者を発見し得ざるが如きことは、想像し得ざる所にして、若し万一斯くの如き事態発生せば、事態そのものが既に組閣不可能を示すものと云ふべし。蓋し国防上の要求は、国政上極めて重大にして、全軍盡く其の見を異にするが如き政見を有する士が、国政を担当することの不適当なることは、敢て多言を要せざる所なり。又統帥上の要求に基く軍部大臣主張強硬なるときは、内閣不統一として瓦解に至るべきを以て、資格を撤廃すべしとの議論あるも、是僻論にして、政見一致せざる閣僚の生ずるとき内閣瓦解に至るべきは、独り軍部大臣のみに限定せらるゝものにあらず。苟も自己の所信と異なる事項、特に其の主管事項に関して他の閣僚と意見不一致の事態発生するに至らんか、其の内閣を瓦解せしむること亦避くべからざるは理の当然にして、武官なるが故にあらざるなり[41]

文書の作成時期が宇垣辞任から間もないことを考えれば、これは「宇垣時代」からの一貫した陸軍省の認識だったに違いない。「統帥権独立」への信仰は政党政治全盛期もなんら変わらず伏在し続けた。そして統帥権が内閣の死命を制することに軍部はなんの違和感も抱いていなかった。政軍協調と統帥権独立制の両立という矛盾を一身に引き受けていた宇垣はすでに現役を去り朝鮮にあった。やがて満州事変の勃発と陸軍の政治的急進化が、「宇垣時代」の安定した政軍関係を大きく揺り動かしていく。統帥権独立擁護のために政党との協調関係をもはや必要としない環境が、急速に広がっていくのである。

おわりに

一九三六年、二・二六事件後の「粛軍」の一環として、軍部大臣現役武官制が復活した。宇垣は朝鮮にあってこの報に接した。「軍部大臣任用資格が復旧したり。誠に結構至極である。余が過去に於て身命を賭して争ひし問題も時代の力によりて安々と解決したのは可祝である」。ただし宇垣は、改正が「皇道派」将官の復帰阻止という内向きの理由により行われ、政党勢力からの統帥権独立擁護という本来的意味でなされたわけではないことに、多少残念な感情も示した[42]。

一九三七年一月、ついに宇垣に大命が降下する。この後、宇垣が陸軍大臣を得ることができず組閣断念に追い込まれるまでの経緯は、次章で論ずるので本章での詳述は避けたい。ただ軍部大臣任用資格との関係で、いくつか興味深い点が指摘できよう。

軍部側の宇垣排撃の大きな理由の一つは、宇垣と政党との関係にあった。宇垣自身「余の組閣に反対するには色々の口実も存したるならんも対政党意識も強く手伝て居る、政党排撃の延長なりとも云へる[43]」と分析している。とくに「宇垣軍縮」が宇垣の政党への媚態と認識され、宇垣排撃理由の一つとなったことは良く知られている[44]。また朝鮮総督時代の一九三三年頃には、宇垣が浜口内閣の「統帥権干犯」に融和的だったとして反宇垣宣伝が行われ、宇垣もかなり神経を尖らしていた[45]。いずれにしても宇垣が（少なくとも彼の主観的には）統帥権独立擁護のために政党との協調政策を進めていたことを考えれば、宇垣と政党との関係が常に陸軍で問題視されてきたことは皮肉な現実だった[46]。

そして陸軍の抵抗に直面した宇垣は、①内閣官制第九条に基づき陸軍大臣事務管理を設置する、②大命により現役将官を陸軍大臣に就任させる、③大命により予備、後備役の将官を現役復帰させ就任させる、という三方策を考え出す。しかし内大臣湯浅倉平は、「優諚其の他の手段の不可なる故を伝えたり。右の結果か、宇垣氏は拝謁を願い出でずに退出せり」[47]。結局宇垣は組閣を断念するのであるが、①と③の方法を宇垣が湯浅に打診していたことは、軍部大臣現役武官制を主張し、また文官による陸軍大臣事務管理を否定してきた宇垣の過去の言説に照らせば矛盾している。確かに宇垣には「目的のために手段を選ばざる」[48]一面があったようである。

そして陸軍の裏切りにあった宇垣は、やがて従来の政党に対する評価を転換していくことになる。この後、第一次近衛文麿内閣の外務大臣に就任した宇垣は、「何といふても政党は国民に基礎を有するが故に政治を行ふには絶対必要なり、政党が相争ひ相傷つきたるが故に軍人が抬頭せるなり」[49]と言う。かつては国民統合の阻害要因になりかねないと猜疑の眼差しを向けられていた政党は、今や国民意志の代弁者として評価され、むしろ軍部がその阻害要因に擬せられていくのである。しかし宇垣が政党に対する評価を転換した時、肝心の政党が政治的に弱体化されつつあったことは歴史の皮肉としか言いようがない。

ではこうした「目的のために手段を選ばざる」宇垣の政治姿勢や、政党、軍に対する政治的評価の転換は、「統帥権独立制」に対する宇垣の信念になんらかの影響を及ぼしたのだろうか。答えは恐らく否である。それは組閣に失敗した宇垣が、その原因を軍部大臣現役武官制に求めていないからである。

宇垣は組閣失敗の原因を、①元老側近に強固な覚悟がなかったこと、②陸軍首脳の部内統制力の弱さ、③憲政擁護に対する政党の無自覚、に求めており、制度的な欠陥（軍部大臣現役武官制）とは考えていなかった[50]。しかし当然のことながら、旧制度であれば宇垣は優諚を求めるまでもなく、陸軍大臣兼任で堂々組閣しえたわけであり、また大命を仰いでまで予備、後備役（恐らく宇垣自身）の現役復帰による陸相就任を画策したくらいだから、旧制度下であれば実際躊躇なく陸相を兼任したであろう。宇垣は組閣さえしてしまえば、部内統制は「難事」とは考えていなかった[51]。宇垣がこうしたことに思いが至らないわけはないだろう。それでもなお、宇垣は軍部大臣現役武官制の「弊害」を容易には認めなかった。宇垣はその陸相時代、現役時代は武官制を主張しながら予備役となると途端に文官制支持に転向した大井成元大将の「売名的議論」を痛罵していた(52)。その意味では宇垣は、最終的には筋を通したと言えよう。またそれは取りも直さず、「統帥権独立」が宇垣にとって単なる既得権益以上のものであったことを示している。

敗戦後、伊豆長岡に閑居する宇垣は、雑誌のインタビューに答えている。再軍備問題に関して宇垣は言う。

やはり青年層の精神力だな。（中略）合理的な新しい愛国心の培養が必要になつてくるね。何といつても天皇中心の神風論ではもう駄目だよ。敏感な近代青年が納得するものがなければね。それともう一つ心配しているのは統帥権の問題だ。いま言つたように時代逆行は許されないし、さりとて党人の一大臣に、一切任せきりとゆうわけにもゆくまい。如何なる内閣でも、国民の世論を基礎に厳として統帥の神聖を守れるような制度が欲しいのだ。一党一派の気まぐれな命令で、軍隊がすぐ出動するなどということは禁物だからね(53)

宇垣は、もはや天皇は「新日本軍」統制の精神的中核にはなりえないだろうと達観する。しかしそれでもなお、「統帥権独立」の一線は譲らなかったのである。

さて外面的な政党優位の政軍関係が形成された「大正デモクラシー」期を通じて、宇垣が内面的には「統帥権独立」と軍部の「不可侵性」への確固たる信念を持ち続け、「統帥権独立制」が内閣の生殺与奪の権を持つことすら肯定していた以上、後に宇垣が陸軍統制の切り札として既成政党に担ぎ上げられたことは、いささかの矛盾を帯びてくる。次章では宇垣内閣「流産」事件における宇垣と政党、軍部の関係を再検討し、その実像を解明する。

注

（1）宇垣一成『宇垣一成日記』一巻（みすず書房、一九六八年）八八〜九五頁。「怪文書」とされるものには複数の種類があるようだが、ここでは『宇垣日記』所収の「陸海軍大臣問題に就て」を利用した。他に「陸海軍省官制改革ニ対スル研究」（国会図書館憲政資料室所蔵、『宇垣一成文書』八七）がある。内容は同意である。
（2）管見の限り宇垣と統帥権の関係に本格的に踏み込んだ研究は存在しない。
（3）この場合の「参謀本部独立制」とは、作戦、用兵（いわゆる狭義統帥事項）に関して参謀本部が陸軍省から独立して天皇を輔弼していた制度ないし実態のことを指す。以下本章ではすべてこの意味で便宜上「参謀本部独立制」の語を用いる。
（4）森靖夫『日本陸軍と日中戦争への道』（ミネルヴァ書房、二〇一〇年）第2章。同『永田鉄山』（ミネルヴァ書房、二〇一一年）第三章。
（5）戸部良一「戦前日本の政軍関係」（『防衛学研究』三三号、二〇〇五年一〇月）一一頁。
（6）『宇垣日記』一巻、八八〜九五頁、四七九頁。「軍部大臣任用資格制限撤廃ノ可否ニ関スル研究」（『統帥権問題ニ関スル綴』防衛省防衛研究所所蔵、中央－全般統帥－132）。防衛庁防衛研修所戦史室『戦史叢書陸軍軍需動員』一巻（朝雲新聞社、一九七〇年）一三〇〜一三四頁などを参照。
（7）原敬『原敬日記』五巻（福村出版、一九六五年）二九七頁、三〇三頁。「内外国策私見」は前述『統帥権問題ニ関スル綴』に残されている。
（8）前掲『原敬日記』五巻、二五一頁。
（9）前掲『原敬日記』五巻、三〇三頁。
（10）前掲『原敬日記』五巻、二七〇頁。
（11）「参謀本部廃止案ニ対スル意見」（前掲『統帥権問題ニ関スル綴』）。
（12）『宇垣日記』一巻、三八九頁。
（13）『宇垣日記』一巻、四一五頁。
（14）『宇垣日記』一巻、四四三頁。ただし宇垣もかつて参謀本部員であったころは実際の政治領域に踏み込むような活動をしていた（大石常松『陸軍人事剖判』尚武社、一九三〇年、二三四頁。『宇垣日記』一巻、一六一頁）。
（15）『宇垣日記』一巻、四〇五頁。日記上の「□□伯」とは寺内のことであろう。あるいは山県有朋公爵の誤記かもしれない。

(16)「第五十回帝国議会衆議院議事速記録第三号」。「文官大臣問題ニ関スル経過」（前掲『統帥権問題ニ関スル綴』）。
(17) 前掲『統帥権問題ニ関スル綴』。
(18) 前掲「軍部大臣任用資格制限撤廃ノ可否ニ関スル研究」。以下次の注まで引用は同史料。なお同史料の作成部局は不明だが、内容からして陸軍省（軍務局か）作成の可能性が高いと思われる。ちなみに同史料の簿冊『統帥権問題ニ関スル綴』には参謀本部廃止問題や軍部大臣任用資格撤廃問題に関する陸軍内の諸研究がまとめられているが、ほとんどすべて既存制度の擁護論であり、その論理も概略一致している。陸軍の「組織的意思」が既存制度擁護にあったことは間違いない。
(19)「陸軍大臣文官制ニ関スル研究」（前掲『統帥権問題ニ関スル綴』）。以下次の注まで引用は同史料。この研究の作成主体もはっきりしないが、そもそも研究対象が陸軍省所管の問題であること、また後述のように陸軍省から参謀本部への権限移譲を否定していることからして、陸軍省による研究であると思われる。
(20) 森靖夫は前掲『日本陸軍と日中戦争への道』（第2章およびその註参照）で、この「陸軍大臣文官制ニ関スル研究」の簿冊を『陸海軍大臣任用資格問題に関する件』としているが、筆者が確認した限り、同簿冊は海軍簿冊であり、「陸軍大臣文官制ニ関スル研究」は含まれていないと思う。同書中で森が出典を『陸海軍大臣任用資格問題に関する件』としている他の史料もほとんどが実際は『統帥権問題ニ関スル綴』からの出典ではないだろうか。なお森は同書および前掲『永田鉄山』（第三章）で、この史料を取り上げ、「陸軍省は軍部大臣文官制を積極的に受け入れる方向で具体的な研究を進め」ていた、と主張している。しかし筆者が確認した限り、同史料には文官制を受け入れるとはどこにも書かれていない。また森は文官大臣に軍令事項への関与や帷幄上奏権が認められていることを重大視し、「画期的な方針」と評価しているが、本文中の筆者の説明のように、この制度では文官大臣が武官の意思に反する決定を行うことはほとんど不可能であり、陸軍の研究はむしろ文官大臣を無力化することに主眼があったと思われる。また森は「陸軍省軍事会議」への付議事項を軍令ではなく勅令によって定めるとしていることを取り上げ、「首相の副署を要することになり（中略）首相のチェックが入ることを意味する」と強調しているが、何を付議事項とするかは制度確定の時に事前決定されるわけであり、文官大臣制容認とのバーター取引になった場合に、首相が陸軍の意思を無視して決定できないことは明白であると思う。そして一旦勅令によって定められれば、以後はむしろ政府、文官大臣を拘束するものとなるのである。またこれは陸軍省内の制度、意思決定システムを定めるものなのだから、勅令で定めることはむしろ自然ではないだろうか。恐らく陸軍省官制での規定を想定していたのだろう。また森は「陸軍大臣文官制ニ関スル研究」に極秘の朱印が捺してあることを取り上げ、「陸軍の公文書で首脳部の承認を得、各団隊長に配布される公式のものであることを示している」と強調しているが、極秘の印は単に軍が秘匿に値すると判断した資料に捺されるものであり、その内容が軍の公式見解であることを担保するものではない（例えば軍の公式見解とは全く相反する意見が書かれた個人のメモの類であっても、それを公表すべきではないと軍が判断すれば、極秘印は捺されることがある）。また極秘の印が捺されているから各団隊長に配布されたと言えるものでもない。

(21) 一九一三年の任用資格緩和の際に、陸軍省の主管事項から編成、動員計画などが参謀本部に移され陸軍省権限の分散化が図られたこと（関係業務担任規程改定）を想起されたい（前掲『戦史叢書陸軍軍需動員』一巻、一三〇〜一三四頁）。

(22) ところで軍部大臣文官制が陸軍内部でも相当の支持を受けていた証左として松村秀逸の回想が引用されることがある。すなわち一九二八年、松村が陸大学生の時、軍制学の講義に来た軍事課長梅津美治郎が文官大臣の是非について質問したところ、回答する学生の答えがほとんど文官制容認だったため、狼狽して途中で質問を取り消してしまったという逸話である（松村秀逸『三宅坂』東光書房、一九五二年、二七〜二八頁）。しかし筆者はこの話をあまり重要視していない。それは第一に、この事例は一般的なものではないという同時代人の証言があること（日本近代史料研究会編『岩畔豪雄氏談話速記録』日本近代史料研究会、一九七七年、二二〜二三頁）。第二に、陸大学生の「アカデミック」な気質を考慮すべきこと。第三に、学生の回答が梅津の予想外のものであったことが、逆に軍中央の見解が武官大臣制堅持でゆるぎなかったことを示しているからである。

(23) 「軍部大臣文官論の否認に就て」（前掲『統帥権問題ニ関スル綴』）。

(24) 『宇垣日記』一巻、四五六頁。

(25) 「第四十九回帝国議会衆議院議事速記録第三号」。

(26) 『宇垣日記』一巻、五七〇〜五七一頁。

(27) 『宇垣日記』一巻、六五三頁。

(28) 松下芳男『宇垣一成と南次郎』（今日の問題社、一九三六年）一一頁。

(29) 『宇垣日記』一巻、六二七頁。

(30) 『宇垣日記』一巻、四九七頁。

(31) 『宇垣日記』一巻、七七三頁。

(32) こうした宇垣の独特の政治的発想については、北岡伸一の研究においても言及されている（北岡伸一『官僚制としての日本陸軍』筑摩書房、二〇一二年、二七六頁）。

(33) 宇垣は軍部大臣武官制を、政治的諸権利を制限された軍人に与えられた「特権」と考えていた（『宇垣日記』一巻、三〇六頁）。

（34）『宇垣日記』一巻、五一六頁。
（35）『宇垣日記』一巻、五〇三頁。
（36）稲葉正夫他編『現代史資料』一一巻（みすず書房、一九六五年）五四頁～五五頁。周知のごとく、海軍大臣財部彪がロンドン海軍会議出席のために不在の間、浜口は臨時海軍大臣事務管理として名目的に海軍大臣代理を務めていた。これは軍部大臣文官制の端緒を開くものと考えられていた。
（37）たとえばその実施時にはかなり広範な部内支持を受けていた「宇垣軍縮」が、後に反宇垣の動機の一つとなってしまうような現象を引き起こす。軍縮の責任が宇垣個人に収斂されてしまったのである（小磯国昭『葛山鴻爪』中央公論事業出版、一九六三年、四六七頁。伊藤隆他編『続・現代史資料』四巻、みすず書房、一九八三年、五三〇頁など）。
（38）「軍部大臣任用資格ニ対スル軍事参議官其他所見集」（前掲『統帥権問題ニ関スル綴』）。
（39）「陸軍省軍事課秘資料」（憲政記念館所蔵、『宇垣一成文書』A4-208）。この時宇垣は大臣ではない。しかし辞任から半年しか経っていないこと、白川義則陸相は宇垣と個人的に親しく（宇垣一成『宇垣一成日記』二巻、みすず書房、一九七〇年、一〇二三頁）、また大臣任用資格問題で宇垣と同意見であったと思われること（『宇垣日記』一巻、六二三頁、六二六頁）、阿部は宇垣側近であり、また宇垣陸相時代から引き続いて軍務局長の職にあったこと、同問答をまとめた書類が後日宇垣に届けられていることなどからして、宇垣の認識に沿うものでもあったと考えられる。
（40）「第五一回帝国議会貴族院議事速記録第十九号」。
（41）『我が陸軍に関する諸問題』（防衛省防衛研究所所蔵、中央－軍事行政その他－150）。
（42）『宇垣日記』一巻、一〇六四頁。
（43）『宇垣日記』一巻、一一三五頁。
（44）宇垣一成「組閣工作の一〇九時間」（『文芸春秋臨時増刊昭和メモ』一九五四年七月）一〇九頁。前掲『岩畔豪雄氏談話速記録』二七頁など。この場合、軍縮そのものだけではなく、それに象徴される政党との関係も問題とされたようだ。
（45）『宇垣日記』二巻、九一七～九一八頁。
（46）大命降下以前から、宇垣は「軍部内に相当の反対勢力を有し」、その原因が①軍備整理、②統帥権干犯問題、③宇垣の政党化、にあると指摘されていた（前掲『宇垣一成と南次郎』九～一一頁）。
（47）木戸幸一『木戸幸一日記』上巻（東京大学出版会、一九六六年）五四〇頁。

（48）　前掲『宇垣一成と南次郎』一七頁。
（49）　小川平吉文書研究会編『小川平吉関係文書』一巻（みすず書房、一九七三年）四〇九頁。もっともこの発言は近衛新党構想を受けてのものである。
（50）　『宇垣日記』二巻、一一三六頁。
（51）　『宇垣日記』二巻、一一二九頁。
（52）　『宇垣日記』一巻、五一一～五一二頁。「第五一回帝国議会貴族院議事速記録第十九号」。大井の現役時代の主張については「海軍大臣ノ事務管理問題ニ関スル顚末」（『海軍大臣事務管理問題顚末』防衛省防衛研究所所蔵、文庫－宮崎－59）を参照。
（53）　「獅子はねむっている」（『経済往来』五巻三号、一九五三年三月）三一～三二頁。

第3章　宇垣「流産」内閣の組閣過程

はじめに

一九三七年一月二一日、第七〇議会において浜田国松（政友会）は陸軍の政治干渉を痛烈に批判する演説を展開した。激怒した陸軍大臣寺内寿一は議会懲罰のための解散を要求、結局、広田弘毅内閣は閣内不統一のために総辞職に追い込まれる。「腹切り問答」事件である。

二四日、広田内閣の後を受け、宇垣一成に大命が降下した。しかし陸軍は陸軍大臣の推薦を拒否、二九日、宇垣は大命拝辞に追い込まれる。「大正デモクラシー」期の政軍協調路線を体現して「宇垣軍縮」をなし遂げた「陸軍穏健派」の巨頭宇垣一成は、その卓越した政治手腕によって軍部を統制することを期待され、重臣、既成政党、国民からの広範な支持を集めた。しかしまさにその裏返しとして、宇垣は陸軍から「現状維持派ノ代表[1]」と見なされ排撃された。

この後、結果として日中戦争、太平洋戦争へと突き進む歴史経過もあって、一種の歴史的イフへの関心からも、多くの研究者が宇垣内閣「流産」の問題に言及している。こうした諸研究は、「流産」事件を「既成政党」対「陸軍」、「現状維持的勢力」対「革新的勢力」、あるいは「政民提携＝宇垣擁立派」対「親軍的新党＝近衛擁立派」の対立構図で説明している。

たとえば加藤陽子によれば、当時政界には広田内閣の後釜をめぐって、政友会総裁派、民政党主流派による「政民提携＝宇垣擁立派」と、政友会中島（知久平）派、民政党永井（柳太郎）派が陸軍や財界（結城豊太郎）を巻き込んで展開した「親軍的新党＝近衛擁立派」の対立があった。そして前者は後者の企画を阻止するため、「腹切り問答」によって広田内閣を計画的に総辞職に追い込み、宇垣内閣の実現を図ったのだという(2)。

酒井哲哉は、「選出勢力（既成政党）の復権という点でも、対軍部統御機能の回復という点でも、政民連携構想は、この時期考えられた内閣構想として最も優れたもの」であり、「昭和一二年（一九三七年）初頭に一旦成立しかけた宇垣内閣は、この構想の遅きに失した実現だった」とする。そして「弱体化した穏健的諸勢力は、大正デモクラシー体制再均衡の最後の可能性を、宇垣に託した。（中略）大命降下をうけた宇垣内閣が陸軍の抵抗にあい流産するまでの一週間は、穏健的諸勢力の体制再均衡の試みが、ほぼ最終的に挫折していった過程であった」と説明する(3)。

坂野潤治は、宇垣「流産」内閣を、政友会と民政党の提携による「日本版人民戦線内閣」と定義した。そして「宇垣内閣が成立すれば、民政党も政友会もそれを支持して閣僚を送るに決まっていたから、『既成政党を包含せざる軍部、官僚の超然内閣』になる訳はなく、さらに民政、政友両党に支持された宇垣内閣には、議会解散に打って出る動機がない」として、政民提携の「人民戦線派」によって議会に安定勢力を確立した宇垣内閣が、政党政治擁護の切り札となったであろうと主張している(4)。

宇垣「流産」内閣の組閣過程を「既成政党」対「陸軍」、「現状維持派」対「革新派」といった対立図式でとらえようとするこうした諸研究は一見極めて説得的に思える。筆者も既存研究の図式を一概に否定するものではない。しかしこれらの諸研究はある一点で決定的な未解決問題、矛盾点を残してしまう。宇垣が既成政党の「現状維持派」によって、陸軍に代表される「革新的」諸勢力から政党政治、議会政治を擁護するために担ぎ上げられたのならば、宇垣内閣「流産」の危機に際して、一体なぜ、宇垣を担いでいたはずの「現状維持的」既成政党は、陸軍に対して敢然と「憲政擁護」の戦いを挑まなかったのだろうか。ここで一応、「すでに弱体化しつつあった既成政党には軍部と正面衝突するまでの体力、気概が残されていなかったからだ」といった類の説明をすることも考えられる。しかしこの説明も突き詰めればたちまち矛盾に直面する。なぜなら既存研究では、そもそも広田内閣の瓦解自体が、政党政治復活を目論んだ既成政党中の「現状維持的」勢力による計画的軍部批判（「腹切り問答」）に端を発したものであるとしているからである。筆者は「腹切り問答」が、あそこまで重大問題化したことは、政党側の意図を超えるものであった可能性もあるとは考えているが、しかしいずれにせよ、議会において公然と陸軍攻撃をなしえた政党が、「大権干犯」の疑いさえある陸軍の陸相推薦拒否を批判しえなかったとするのは無理がある。

この問題に関しては最近、井上敬介が民政党内の宇垣擁立派（非主流派、富田幸次郎ら）と主流派（町田忠治ら）の政権構想をめぐる対立の存在を指摘している[5]。井上の研究は説得的であり、筆者も賛同するが、しかし主流派が宇垣擁護に回らなかった事情は説明できるものの、宇垣擁立派や政友会の行動までは説明できない。

そこで本章は、前述の諸研究が確立した枠組みに対して、新たな枠組みを補完することで、「流産」の過程をより立体的に再構築することを目指すものである。

一　既成政党の宇垣内閣構想

(1)　田中義一内閣から犬養毅内閣まで

既成政党による宇垣擁立構想が本格化するのは浜口雄幸内閣以降であり、西原亀三、富田幸次郎（民政党幹事長、非主流派）を中心に宇垣擁立工作が進められる。浜口が東京駅で遭難すると、西原、富田は宇垣を民政党総裁に迎えることを画策する。しかし若槻礼次郎が後継内閣を組閣すると、西原、富田は宇垣を首班にした政民連立による挙国一致内閣を目指すことになる[6]。これは西原が、国家の経済的、外交的苦境を救うためには、「民政・政友を握手させ、宇垣大将をその総帥とする強力内閣をつくれば、あるいはこの危機を打開することができはしないかと考えた[7]」からであり、また政党員ではない宇垣を首相にするには、政民提携内閣の首班とする方法が最も自然だったからだろう。西原は挙国一致内閣実現に奔走するが失敗、宇垣に朝鮮総督として一時雌伏することを勧めている[8]。

しかし一九三一年九月一八日、満州事変が勃発する。「大正デモクラシー」期の「安定」した政軍関係（前章）が崩壊したことで、政府、既成政党には陸軍の統制という極めて困難な課題が突きつけられた。このことは宇垣の政治的価値を著しく高めた。「宇垣が出たら陸軍に対して、おしがきいて相当なことがやれるだろう[9]」との期待が掛けられた。

他方で、満州事変の外交的混乱収拾のために、内務大臣安達謙蔵を中心に政民提携による協力内閣構想が持ち上がった。政民提携は宇垣内閣の実現に近づくものである。なぜなら一般論として、「新党樹立にせよ政党合同にせよ、必ず行詰る問題は適当な党首を得難い事[10]」であり、政党外から適当な人物を擁立する方法が最も抵抗の少ない方法だからだ。そして政党外に人物を求めた場合、宇垣はその筆頭であった。宇垣は朝鮮から帰京すると、元老西園寺公望、若槻、犬養毅政友会総裁を歴訪して協力内閣実現を目指す。しかし政策的妥協を嫌う外務大臣幣原喜重郎と大蔵大臣井上準之助の反対、単独内閣にこだわる犬養の反対のために失敗し、結局、犬養政友会内閣が成立した[11]。また協力内閣構想の挫折により、富田は民政党を離脱した。

協力内閣構想に失敗した西原と富田は、再び宇垣の民政党入りを画策する。しかし宇垣は西原の「照会」に躊躇の態を見せた。西原は宇垣の躊躇を「宇垣氏の僻（癖）より出てたるもの」と解した[12]が、宇垣としては朝鮮総督の栄職を捨てて野党の党首に就任することには実際躊躇せざるをえなかったのだろう。

一九三二年一月八日、昭和天皇暗殺未遂事件（桜田門事件）が発生すると、犬養内閣の引責総辞職を期待した宇垣は帰京する。宇垣は西原らの工作によって民政党内閣の首班として組閣することを期待していたのだろう。この時期には西園寺も「この内閣が倒れたら、（中略）宇垣と民政党の協力でやらせたらどうか」[13]という構想を抱いていた。しかし犬養は優諚によって留任することになり、宇垣の当ては外れた。さらに帰京した宇垣に対して西原は、富田の民政党工作によって「容易に宇垣氏を総裁に迎ふるの運ひに至り難き模様」が判明した旨を報告した。宇垣の民政党入りも（理由は判然としないが）民政党側の事情によって頓挫してしまった。西原は日記に「氏（宇垣）の今后は如何になるべき歟、出処を誤るなきを望む」[14]と記しており、宇垣の落胆が大きかったことが推測される。

その後、第一八回衆議院議員選挙（二月二〇日）で民政党は大敗する。皮肉にも総選挙での敗北は民政党内の宇垣待望論を勢いづかせたが[15]、政権に直結しない政党入りに宇垣の興味は減退していた。四月から五月にかけて、西原は二度にわたって宇垣に総督「勇退」（つまり中央政界進出）の「最后的進言」を行っている。民政党内での宇垣待望論を受けたものだろう。しかし宇垣はこれを拒絶している[16]。

(2) 斎藤実内閣時代

一九三二年五月二六日、斎藤実内閣が成立した。斎藤内閣は五・一五事件によって動揺した政局を鎮静化させるための挙国一致内閣と位置づけられ、政民両党から閣僚が送り込まれた。このため当面の政局は安定した。宇垣と西原は、斎藤内閣に追従する「民政党のだらしなき現状」を改善するため、富田の民政党復帰を画策し、宇垣は側近の今井田清徳（朝鮮総督府政務総監）を介して富田への資金援助を開始した[17]。宇垣の援助は富田の復党後も継続された。宇垣内閣実現に向けて政党方面への工作費用となったのだろう。

斎藤内閣の成立当初、宇垣は「憲政の常道」の原則に従って多数党の政友会内閣が成立する機会（つまり政党内閣の復活）を待ち、野党に転落する（そして宇垣待望論が興隆するであろう）民政党に乗り込む計画を立てていたようだ[18]。しかしすでに見たように、政権に直結しない政党入りを宇垣は逡巡していた。今回の計画も宇垣にとって最善の選択肢ではなかっただろう。

他方で、斎藤内閣期には政界再編構想が興隆することになる。たとえば、従来単独内閣を強く志向してきた政友会総裁派でも、小川平吉や小泉策太郎の進言を受け、鈴木喜三郎や鳩山一郎の態度が軟化しつつあった[19]。政民提携構想はやがて一九三四年五月の政民政策協定締結に結びつく。

こうした状況下、宇垣は当初の民政党入りの方針を転換する。政民提携が実現した場合、宇垣は連立政権の首班候補筆頭であった。しかし、もし少数政党である民政党に入党した場合、多数党の政友会を差し置いて大命が降下する可能性は低いからである。一九三二年一二月、西原の意を受けた竹越与三郎（貴族院）は西園寺を訪問し、軍部の統制のためにも次期内閣は「政民両党の連合か宇垣内閣かの外なしとの趣旨は一致」した。「政民両党の連合」となっても宇垣が首班候補筆頭であることに変わりはない。「十中の八九は大丈夫」[20]なのである。一九三三年四月、西原は「後継者は宇垣内閣なることは確なり」との報告を宇垣に伝えている[21]。六月、富田は「情勢は何れの方面より看るも日一日と吾等の計画に有利に転向し来るものと確信」し、関係者に対して「政党連合に導くべく秘密命令」を下した[22]。斎藤内閣末期の一九三四年六月から七月、西原は政友会の前田米蔵や児玉秀雄（貴族院）と対政友会工作を検討し、岡崎邦輔（貴族院、元政友会）には政友会との斡旋引き受けを承知させている[23]。宇垣首班の政民連立内閣成立の条件は揃っているかに思われた。

しかし七月四日、後継組閣の大命は岡田啓介に降下した。岡田が選択された理由としては、五・一五事件後の政局を乗り切った斎藤の手腕を、重臣層が高く評価し、後継内閣も斎藤内閣の政策を引き継ぐことを求めたこと、そして政策的後継者として斎藤自身の強い推挙があったことが大きかった[24]。加えてこの時期には、「皇道派」による激しい反宇垣宣伝が展開され、宇垣自身も神経を尖らせていた[25]。陸軍内に再び波乱をもたらしかねない宇垣の登用に重臣層が二の足を踏んだのもやむをえないことであったろう。しかし宇垣の失望は大きかった。宇垣の不満は政党工作を行ってきた富田に真っ先に向けられた。それまで宇垣は富田の活動に大きな期待を掛けていた[26]。しかし岡田に大命降下後、宇垣は富田への資金援助打ち切りを仄めかしている[27]。そして宇垣の失望は、自身の期待を裏切った既成政党にも向かうことになる。

(3)　岡田啓介内閣時代

宇垣政民連立内閣構想に挫折した西原は、むしろ両党の接近をさらに推し進め、「大同団結」による新党結成によって宇垣を担ぎ出そうとする。岡田内閣成立直後から西原と富田は政友会の砂田重政を交えて「大同団結」工作の話合いを始め、宇垣に承認を求めた[28]。しかし宇垣の反応は冷淡だった。宇垣によれば、政民合同によって「新党を樹立」しようという西原らの構想は、「趣旨に於ては御同感至極、千万御尤」ではあるが、現実問題として「ダラシなき箍の弛んだ政治家を相手に新党樹立を遣りた処て回天の事業遂行に何等裨補する所なき」はずであるということう。宇垣がとくに非難したのは岡田内閣成立時に既成政党が見せた態度だった。宇垣は、「日常口癖の様に政党政治の擁護とか政民連携とか政策協定とか勿体らしく呼号」していた政民両党が非政党内閣排撃を主張しなかったこと、ことに民政党が準与党として政権に協力している現状を痛罵した。そして「斯様の連中」を相手にした政権工作を「余より進んで御依頼する丈のインテレスをは持合せ居り不申[29]」と突き放した。

しかし西原は政党工作を継続し、宇垣の政界進出を説得し続けた。とくに一九三四年一一月九日、西原は宇垣に「中央政情を告げ、民政総裁の経緯、政友会の挙党的提携の由来」を報告し、「宇垣大将の出処進退に重要なる建策をなし、決意を促[30]」した。「民政総裁の経緯」とは、前総裁の若槻が一一月一日に辞任した後、町田忠治が翌一九三五年一月二〇日まで正式総裁に就任せずに総裁代行として執務を執っていたことを指すのだろう。町田が直ちに総裁に就任しなかったのは、町田自身が総裁不適格と自己評価していたこととともに、宇垣の民政党乗り込みへの期待もあったからである[31]。この機会をとらえ、西原は宇垣の民政党入りと政民合同の実現を図っていた。この時の西原の宇垣内閣樹立構想は次のようなものだった。すなわち、西原らの工作によって政民提携の機運を促進し、両党に具体的提携交渉に入らせる、その交渉の最中に「提携」よりもむしろ「合同」ないし「新党樹立」に進むべきだという空気が生まれる（そのように工作も行う）、しかし民政党は決断が鈍いから容易には合同に踏み切れないだろう、そこでその交渉の最中に宇垣が帰京することにする、帰京した宇垣に総裁不在の民政党は総裁就任の要請を行うだろう、これに対して宇垣は、まずは両党の合同問題を解決することが先ではないか、自分の総裁就任はその後の問題であると回答する、そこで民政党も政民合同、新党樹立を決断する、宇垣はその総裁に納まる、というものであった[32]。一見してその過程は極めて複雑なものであった。

一九三四年一一月、西原は政友会の前田、砂田と政民提携に関して相談、また竹越、児玉、清浦奎吾と相次いで会談し、宇垣の中央政界進出に関して話し合っている。協力者の意向をまとめた西原は渡鮮し、宇垣の直接説得に乗り出した。西原は、国家を救うには「国民を基調とした新勢力を以て国政を軌道に戻すより外なし。これには正に進みつゝある政民提携を具体化し、（中略）新政党に進むを最善とす。其処に宇垣大将の使命あり」と訴え、宇垣の決断を迫った。しかし宇垣は西原の描く政権獲得の筋書きに懐疑的であり、その反応は鈍かった。西原は二日間にわたって説得を続け、ようやく宇垣から「政民提携に関し其の緊密なる提携となすに楔の役をなすことを政民双方より嘱せらるゝ場合となれば、野に下り奉仕の役を引受くべし」との「諒解」を得た[33]。すでに見たように、宇垣は政権に直結しない政党入りに抵抗感を持っており、前回の政権獲得失敗の経緯から既成政党との提携にも懐疑的になっていた。したがって中央政界進出に一応の「諒解」を与えながらも、あくまで政民両党から一致して宇垣招請が行われるまでは乗り出すことはないと釘を刺したのである。

宇垣の懸念は結果的に的中する。一二月五日、衆議院予算委員会で単独内閣樹立を志向した政友会総裁派は災害救済追加予算を唐突に要求した。「爆弾動議」である。総裁派は岡田内閣の予算不成立引責辞任と政友会単独内閣成立を期待した。しかし岡田内閣は態度を硬化し、総裁派も議会解散を恐れてそれ以上の政権攻撃を手控えたため、政変に結びつくことはなかった。この動議自体は綿密な計画に基づくものではなく、一部の思いつきに発するものであったらしい[34]。しかし「爆弾動議」が政民提携に残した傷は深かった。準与党民政党は政友会への態度を硬化した。この政民提携への逆風に際しても、西原は宇垣の帰京を再三要請し、両党合同を強行しようとした。しかし宇垣はこれを拒絶し、西原の見込み違いに対して怨嗟的文面の書簡を発している。そして今後は「余の進退を政党の工作と直接結び付けての策動は深甚の御注意を払はれ度、（中略）現地位にありながら政治策動に参加することは断して同時に二足の草鞋を履かぬ底の余の年来の信条と矛盾するもの」であると警告した[35]。宇垣は西原らとの協力による政民提携工作から当分は身を引き、朝鮮総督の職務を全うすることを決意した。

このやり取りの直後、既成政党に対する宇垣の失望は極めて明確な形で具体化する。一九三五年一月、近く選挙が予想されることもあり、民政党では町田、川崎卓吉らの最高幹部が会合、宇垣に民政党総裁就任を要請することを決定し、使者として溝口直亮（貴族院議員、陸軍少将）を朝鮮に派遣した。一七日、宇垣と会見した溝口は、「民政、床次系、国同、旧政友を合したる新党樹立の議熟し進行しあり（中略）宇垣氏を頭首に仰ぎ度意向にして、承諾さるれば存外新党の樹立は容易に運ぶべし」と新党樹立に向け宇垣の乗り出しを求めた。また町田、川崎からも、宇垣の「奮起を要望する」書簡が届けられた。町田らの見込みでは民政党から一二〇議席、旧政友から四〇議席、床次系から三〇議席、国民同盟から三〇議席で合計二二〇議席、さらに政友会から久原派その他を加えれば計二四〇〜二五〇議席にはなるが、しかし久原派の加入は歓迎しないという。いずれにせよ政友会から議会第一党の座を奪還するだけの議席は確保できることになる。つまり町田ら（民政党主流派）の計画は、従来から富田（非主流派）が推進してきた政民大同団結構想とは異なり、政友会総裁派と久原派を除いた非主流派を吸収して「民政中心の第一党を造りたしとの底意」であった。そして町田らはこの多数新党を率いて「暫く現政府支持にて進む考」であった。少数準与党たる民政党を多数準与党にしようとしたのである[36]。

しかし宇垣は民政党最高幹部からの懇請を拒絶してしまう。宇垣によれば、「今日に於ける国民的要望は所謂挙国一致」による国政運営であり、宇垣自身もそれを希望している、町田らの案では「単に第一党たる政友を第二党に落す丈で（夫れも怪し）、左様な政界分野の小変更位では国民的の信頼を恢復することも出来ねば、又政治の中心を確立して大勢を制し得るとも考へられぬ」、「少しく政界の分野を換へて更に新に対立抗争を継続するが如きは決して民意に合し輿望に副う所以ではない」から「同感致し兼ねる」という。宇垣が希望したのは「政民両者を丸呑みにする」「大同団結」であった[37]。

しかし町田らの立場に立てば、多数野党たる政友会を丸呑みにした大同団結では民政党は少数派とならざるをえず、しかも以前から政民提携を主導してきた富田らの非主流派に主導権を奪われかねない。また準与党の地位も失うことになる。準与党の主流派として党内へゲモニーを握り、政府への影響力も確保していた町田らとしては受け入れ難い提案であった。

一連のやり取りは、既成政党と政治的運命をともにすることへの宇垣の抵抗感の大きさをはっきりさせた。宇垣は政権に直結しない政党入りを欲しなかった。宇垣は大同団結による政権の膳立てを要求したのである。しかも宇垣は現職の総督の責任上、「余の進退は議会中には出来ぬ」とし、「余の進退に直接結付けての政治策動は避けたし」と釘を刺し、政党側の政治工作に関わること自体に消極的態度を示した[38]。「ダラシなき」政党に対する宇垣の不信感は大きかった。

では宇垣の政党方面進出の可能性を残していた大同団結構想はその後いかなる経過を辿るのだろうか。民政党主流派による新党構想とは別に、西原は政民大同団結工作を継続していた。一九三五年五月頃から西原は工作目標を政友会に切り換え、鳩山一郎、前田米蔵、古島一雄、山本条太郎などの政友会関係者と相次いで接触、とくに鳩山とは、政友会から民政党に結束を呼びかける方式で大同団結を実現することで合意した。つまり総裁派を除外した政友会との合流を企画していた町田らの構想とは異なり、西原は総裁派を直接的交渉相手にして大同団結を構想していた。西原は工作の経緯を宇垣にも逐次報告している(39)(『西原亀三日記』を見る限り、西原、富田は町田らの宇垣勧誘に積極的でないようだが、この構想の違いが原因か)。いずれにせよ、党や派閥の違い、政界再編構想の違いにかかわらず、宇垣担ぎ出しの機運は高まっていた。

しかしその一方で、「天皇機関説」問題を利用した政友会の政権攻撃が活発化すると、準与党民政党との関係は悪化、五月二二日、民政党幹事長川崎卓吉は政民提携の解消を通告する。この事態に宇垣は諦めの感想を漏らしている。すなわち、これまで自分は政民提携に「共鳴」してきたが、最近の議会中の両党の有様を見て「愛憎を尽かして」いた、そして「今次の正式絶縁によりて余の心境も一段と明朗となり今後党争渦中に絶対に近づかぬ考へである(40)」。宇垣はさらに言う。自分はこれまで各方面から「政党更生の為」の出馬を要求されてきた。しかし「一般民衆の大部は今日尚政党を呪ひ夫れの破滅を祈りて居りはせぬか？果して然りとせば余の出廬も驚天動地的の仕事を以て君国の進運に貢献することは政党によりては至難なりと今日では云はねばならぬ(41)」。宇垣は政界進出のパートナーとしての既成政党に見切りをつけてしまった。同時期、西原は相変わらず対政党工作を継続し宇垣の「奮起」を期待していたが(42)、西原に対する宇垣の態度は冷淡なものになっていた(43)。

政民提携解消宣言を受けて西原は方針を転換する。宇垣に面会した西原は、「既往の大命降下の期待なり政党の自覚に基く提携乃至大同団結等の期待は所詮は他力本願にして、現状の趨勢に一致せず、須らく政友と民政とを論せす、纏るものを基礎とし、それを基本となして他一方に呼懸け、萬一の場合は纏る丈を纏めた上に乗るとの覚悟にて陣頭に乗り出すより外なし」と進言した。西原は、政党側の膳立てを漫然と待つのではなく、宇垣自らが政党方面に進出して政権獲得のために政治的リスクを取ることを求めたのである。これに対して宇垣は、「政民提携乃至合同の上になれは乗る」との主張を繰返し、結局「結論に至らすして袖別」(44)した。その後、西原は鈴木政友会総裁や大蔵大臣高橋是清への工作も試みるが、前者は鈴木の病と老いによる「膏盲」のために、後者は肝心の高橋の協力を得られず、すべて失敗に終わる(45)。

二・二六事件後、広田弘毅に組閣の大命が降下した一九三六年三月五日、西原はその日記に、「爰に宇垣総督は遂に中央進出の期待を裏切れり。惟ふに君の怜悧な性格は遂に断を缺くこと、なり、屢ゝ機会を逸する所以ならん」(46)と記し、宇垣への不満を露わにした。宇垣は政党政治の渦中に飛び込むことを欲せず、政党側が政権を膳立てることを要求した。その「怜悧」で「断を缺く」態度は政党への抜き難い不信感に由来するものであった。かくして政民大同団結による宇垣の政権獲得構想は一九三六年初めには完全に行き詰まり、政党に対する宇垣の不信感も最高潮に達していた。他方で二・二六事件後の「粛軍」の結果、それまで宇垣を牽制し続けてきた「皇道派」は完全に没落する。その結果、陸軍内では反宇垣感情は相対的に緩和されつつあり、一九三七年一月の宇垣への大命降下につながることになる(47)。宇垣と政党との間隙が最大限に広がっていたまさにその時、宇垣は待望の組閣に乗り出すことになるのである。

二　宇垣「流産」内閣の組閣過程

一九三六年以降、宇垣は西原や既成政党とは別個の民間シンクタンク「国策研究会」との関係を深めていくことになる。国策研究会は大蔵公望や矢次一夫などの朝野の「革新的」有識者が中心となって一九三三年末から組織化が始まり、一九三四年三月二三日に正式発足、その後改組や太平洋戦争末期の休会、戦後の解散と再結成を挟みながら現在まで続く総合的国策研究、立案機関である[48]。

後には軍、政財界との関係を深めて巨大化し、国政に大きな影響を及ぼすことになる同会だが、設立当初は個人的関係から結集した有志の私的会合に過ぎず、「資金の問題が一番の苦労であり、苦手でもあった[49]」。また「総理大臣候補者といったような人とも、またたえず連絡をとり、これを啓発するというようなことも、非常に必要なことじゃないか。（中略）たえず連絡もし、教育もしておこうじゃないかということが、この研究会を運営していく上において、ひそかに考えられておった[50]」関係上、一九三六年以降、宇垣との関係を急速に深めていく。一月三〇日、大蔵、矢次は宇垣側近の今井田清徳を往訪し、「国研の内容を説明し、宇垣さんに話されることを依頼」、二月六日には今井田を招いて座談会が開催され、今井田から一千円が国策研究会に寄付されている[51]。その後も今井田の寄付は定期的に継続され、矢次によれば「合計して十万円、今日の少なくとも一億円以上に当たる資金の提供を受けたのである。（中略）本会の設立とその後の発展とは、今井田の資金援助がもと[52]」だという。この時期の宇垣は政界関係者に政治資金の援助を行っており[53]、国策研究会への莫大な寄付金の出所も宇垣と考えて問題ないだろう。これ以降、国策研究会の会員となった今井田を介して両者は関係を深めていく。

一九三六年八月、宇垣は五年間にわたって務めた朝鮮総督職を辞し内地に帰還した。この月一八日、大蔵は今井田に対して「政界の現状、宇垣さんへの注文等」を伝え、今井田は「具体的の国策案出に付、月二、三千円を支出すること」を承諾した。また一〇月六日には、今井田、大蔵、矢次、滝正雄（国策研究会会員）が会談、「今井田君より近く宇垣内閣成立の見込に付、余等の同志の手にて其前に、一、政治目標及此に伴ふスローガン題目　二、国策研究及此に伴ふ同志獲得の運動　に着手され度、其費用として一万円を負担することの話あり」、大蔵らはこれを承諾して矢次を中心に準備に取りかかった。[54]一二月一六日、今井田は大蔵を往訪すると、「広田内閣は近く倒れ、其後任は宇垣氏となる筈」であり、「組閣及政策のことを宇垣さんとして呉れと依頼」した。これを受けて大蔵は、池田宏（国策研究会会員）、滝正雄と協議、一二月二二日には宇垣と直接会談して組閣方針を話し合い、その後も大蔵を中心に国策研究会メンバーが大命降下当日まで数次にわたって会合し、宇垣組閣の研究を実施している。一連の事前研究は相当詳細なものだったらしく、一九三七年一月二四日夜に大命が降下した際には「もう万事打合済」という状況だった。[55]国策研究会メンバーが宇垣内閣実現に向けて政策ブレーン化していたことがわかる。

他方、宇垣と既成政党との関係は相対的に稀薄なものになっていた。「政党の無力上塗り」[56]に直面した宇垣はその『日記』に、「既成政党に対して何等の興味を有して居らぬ。世間一部では宇垣は政党と握手し迎合し総裁たるの野心あるかの如く伝ふるものあるも、夫れは全然余を誣ふるものである」[57]と記している。同時代のジャーナリストの観測でも、「重臣が積極的勧請でも試れば別のこと、さもない限り、宇垣はかかる筋書（既成政党の合同による宇垣擁立工作）の上に、おどることをしないだろう。彼は、すでに朝鮮を離れる以前に於て、自ら政党の圏内に投ずる意思のないことを、明言してゐるのである」[58]と見ている。また同時期に今井田、大蔵らと既成政党が有意に接触していた形跡もない。

さて大命降下を受けた宇垣は直ちに組閣本部を開設する。組閣本部に参集していたメンバーは次のような人物であった。今井田清徳（元朝鮮総督府政務総監、元逓信官僚、国策研究会、岡山県）、池田宏（国策研究会、元内務官僚）、安井誠一郎（元朝鮮総督秘書官、元内務官僚、岡山県）、次田大三郎（元内務官僚、岡山県）、松本学（元内務官僚、岡山県）、県忍（元内務官僚）、川崎克（民政党、宇垣姻戚）、砂田重政（政友会、宇垣姻戚）、鶴見祐輔（民政党、岡山県）、溝口直亮（貴族院議員、陸軍少将）[59]。

一見して国策研究会、朝鮮総督府関係者、郷党、姻戚といった「身内」が多いことがわかる。川崎、砂田、鶴見は政党人であるが、この時は政党代表というよりは「身内」、「側近者」として組閣本部に出入りしていたと考えられる[60]。そのことは後に所属政党との間で齟齬が顕在化することで判明する（後述）。いずれにせよ、政策ブレーンや組閣本部の顔触れ、あるいは宇垣自身の発言などに徴しても、宇垣周辺からかつての政民提携工作期の既成政党色が薄まりつつあったことが感ぜられる。この問題に関して政治ジャーナリストの木舎幾三郎は、宇垣擁立派の間では今井田らの官僚系による「主流派」と、富田を中心とする「政党派」の「二派に岐れて争つてゐると云ふ現状」で、「宇垣を繞る、この二つの勢力の対立関係が漸次悪化して来つゝ」ある、そして宇垣自身は「主流派」の影響下にあり、そのため「政党派は、いさゝか失望しちよる」状況だと観測している[61]。今井田らの国策研究会グループと富田らの既成政党宇垣擁立派は対抗関係にあったのである（本章では以後の記述において、木舎の定義に従って「主流派」、「政党派」の語句を便宜的に用いる）。

では宇垣内閣の組閣構想は一体いかなるものであったのだろうか。閣員候補については一九三六年一二月に今井田が私案を作成して宇垣に送致している。それによれば、［内務］松本烝治、［外務］首相兼任、［大蔵］結城豊太郎、［司法］林頼三郎、［文部］永田秀次郎、［農林、拓務］町田忠治、［商工］津田信吾、［逓信、鉄道］前田米蔵、である[62]。その後、宇垣と国策研究会による研究の後、大命降下の当日朝に最終的人選が行われ次のように決定した。［首相、外務、拓務］宇垣、［内務］児玉秀雄、［司法］松本烝治、［大蔵］結城豊太郎、［文部］吉岡海軍中将（保貞か?）、［農林］中島知久平、［商工］津田信吾、［逓信、鉄道］永井柳太郎、［内閣書記官長］今井田清徳、［法制局長官、調査局長官］池田宏、である[63]。

この人選からいかなることがわかるだろうか。まず第一に政党員の少なさである。既成政党からは政民一人ずつ計二名の入閣に過ぎず、これは前三代の非政党内閣（斎藤、岡田、広田）よりも少ない。しかも「議員は必要に応じ党を脱して入閣すること」とされており、現実には政党員はゼロとなった可能性もある。これは「軍部の反対あれば駄目なり」と考えられたからである。[64] 宇垣内閣は、いかなる意味でも「政党内閣」とは言い難いものであった。[65] かつて宇垣が意欲を燃やした政民提携、大同団結構想とは全く別個のものとして計画されたのである。

もちろん、松本学が、「むろん政党人の中にも大同団の候補になった人はありました。政党を無視してはあの当時はなんとしても出来ませんでしたから」と後日述懐したように、宇垣内閣が既成政党を無視していたわけではない。しかしその松本にしても、「やはり宇垣さんを推戴して大きな理想を実現しようとなると必ずしも政友会とか民政党とかいうことでなしに各方面に広く求める方針でした」[66]と言うように、既成政党の存在が組閣の基本条件として受容されていたわけではない。今井田は宇垣に送った意見書において、「立憲政治の確守尊重により政党の支援も求むるを得策とす[67]」と意見具申しているが、見方によってはこの発言そのものが宇垣内閣が既成政党に立脚するものではなかった証左となろう。

第二にその政党員の顔触れである。民政党からは、宇垣擁立派として活動してきた非主流派の名前が見えず、第一案で町田が選抜された。富田らとの関係を軽視する国策研究会グループにすれば、むしろ町田ら民政党主流派を懐柔するほうが有利だと考えたのだろう。しかしこれも第二案では永井に代わっている。

政友会からの人選も興味深い。実は宇垣が国策研究会との提携に比重を移した後も、西原は従来の政民大同団結構想のもとで政党工作を継続していた。西原は鳩山、桜内幸雄（民政党）と接触を繰り返し、一九三六年末には「政民一致」の「国民的蹶起」を推進し、提携に向けて内交渉に入ることで合意していた。西原はこの経緯を逐次宇垣に報告している。[68] そしてこの工作の流れのなかで惹起した「腹切り問答」事件が政変に結びつくことになるのである。[69] しかし閣員候補者を見る限り、この工作が組閣構想に影響を与えた形跡はない。閣員候補の前田と中島は政友会「反総裁派」の盟友であり、この頃には鳩山とは明確な対立関係にあった。仮に宇垣の組閣構想が鳩山らの政治工作と連携のうえで進められたものならば、この人選は不可解である。鳩山らの宇垣擁立工作については宇垣自身も、「頼みもせぬに進んで余を中心としたるが如く、又余を対象としたるが如き政界の動きが沢山ある」が、そのような動きと自分とは「何等の交渉縁故はなき」(70)としている。鳩山らは宇垣の組閣構想からはオミットされていたのである。

しかしなぜ、永井、前田、中島が選抜されたのか。この人選は宇垣内閣の政策的志向に関係があるようだ。実は「主流派」(国策研究会グループ)と「政党派」(富田、鳩山ら)の間にはその目指すべき政策のあり方においても明確な差異が存在した。それは「主流派」が「革新的イデオロギー」を持って軍部の意向にも相当に配慮していたのに対して、「政党派」では「現状に即して進んで行こう」という反「革新的」傾向が強かったという事実である(71)。

国策研究会の「革新性」についてはいうまでもないが、たとえば、今井田は「革新政策」の目玉的事業である電力統制問題でも重要な役割を果たし、後の電力管理法の成立にも影響を与えた(72)。また今井田は、宇垣内閣の政策方針として、政党への配慮とともに、「軍備充実庶政革新により軍部の意向を入れ(73)」ることを重要視していた。大蔵は「已成政党の腐敗に極度に憤慨し、軍の力をかりて此れを倒すことに賛成(74)」する政治思想の持ち主であり、その目指すところは「金融、重工業等の国有制実現、農民の負担軽減、富豪に対する極端なる圧迫、社会政策の実行等」による「議会中心の国家社会主義(75)」だった。松本、次田、安井は「革新的」内務官僚が多数在籍し、「新官僚」の温床と言われた国維会の出身でもある。国維会は「頽廃して、無力で醜態をきわめていた」既成政党に対して「日本を新しく革新しなければならない」との危機感から結成された官軍民の有志の会合だった。宇垣の朝鮮総督時代には関係者を多く送り込み、「朝鮮総督府は国維会精神で牛耳っておられた」という(76)。池田、滝、大蔵は「合法的な政治革新運動の現れ(77)」たる内閣調査局の関係者でもある(参与、専門委員)。

また内閣資源局と内閣調査局で要職を歴任し、統制経済の啓蒙書『経済参謀本部論(78)』の著者でもある「革新派」の大物イデオローグ、松井春生の次のような回想もある。一月二六日、松井は組閣本部に突然招致された。松井に対して宇垣は、「経済参謀本部論もよく読みましたよ、〔松井の〕行政機構の改革意見も聞いていますが、その考えの通り、書記官長と法制局長官を兼ねてもらい度いのです……いろいろむずかしいこともあるから、まっさきにあなたに来てもらったのです」と協力を求めた。前述のように当初の組閣案では内閣書記官長に今井田、法制局長官に池田宏が就任する計画であったが、変更になったのだろう（今井田はもともと書記官長就任に消極的だった）。それまで宇垣と特段に親しい関係でもなかった松井は突然の抜擢に驚いたが、「宇垣さんと最も親近の間柄になっていた大蔵公望さんとは、私は最も御懇意で、かねてから、河田烈さん、池田宏さん、滝正雄さん、丹波七郎さんなど十人ばかりで、政治研究会を創設して、しばしば時局を論じあい、その後国策研究会となってからも始終、政治行政の改革案などを、親しく話しあっていました関係だったものですから、自然大蔵さんから宇垣さんにお噂されたものでしょう」という。「それで、組閣後はすぐ改革意見の通りになおして貰いたいのだというのです。びっくりしちゃいましたが、断然お受けしようと決意はしたのでした」[79]。ちなみにその松井自身は、「私の経済参謀本部論は、要するに政治の経済化であつて、自由主義経済機構の崩壊して、統制経済となつた際、従来の議会政治――政党政治家には、これを擔当する能力はない。即ち、在来の政党人は、完全に時代と遊離したのである。したがつて、政治の統制経済化時代においては、その主導権は、官僚が握るのだ」と公言していたという[80]。

松井の回想からもわかるように、「主流派」が主導権を握った宇垣内閣は、統制経済体制の確立、行政改革を含む大規模な「革新的」政治改革を目指していた。もっとも残念なことに宇垣の政策ブレーンがこの時点で準備していた改革案を具体的に伝える史料は未発見である。しかし前述の『経済参謀本部論』や後に国策研究会が立案した「新体制試案要綱」が参考になると思われる[81]。いずれにせよ、後に宇垣内閣の「革新的」改革案を知った陸軍が政策面に関しては宇垣に反対しえなかったという同時代人の観測（後述）からもわかるように、相当に思い切ったものであったことは確かなようである。そして「革新的」政策へ傾斜する宇垣内閣の政策的変化は、新聞や雑誌を通じて世間にも報じられるようになっていた[82]。

この宇垣内閣の性格を前提とすれば、閣員候補として民政党から当初案の町田に代わって最終案で永井が選抜され、政友会から中島と前田が選抜されたことは、極めて理解しやすい。この三者は既成政党中の「革新派」として指名されたのである。永井、中島、前田は「軍部と政党とが一対の歩調をとり」、「軍部が要求してゐる庶政一新」の要求にも応えることで、新党樹立も含めた政党の立て直しを実現しようとしていた[83]。とくに中島は国家社会主義的色彩の強い改革意見書「昭和維新の指導原理と政策」を執筆した。中島は経済政策能力を欠いた既成政党と議会は無用の長物であると断ずるとともに、首相直属の専門スタッフ集団である組合会議、経済会議、経済参謀本部を中心とした計画経済の実現を目指した[84]。永井は「革新政治家を以て自任する[85]」存在であり、国策研究会の古参会員でもある。これに対して鳩山や富田らの「政党派」は反「革新的」傾向、軍部や官僚への反感が強かった。鳩山は自他ともに認める「現状維持派」の代表的人物であった。富田も軍部、官僚からの政治主導権奪回を公言していた[86]。「主流派」と「政党派」はその政策志向においても分裂していたのである。

もちろん、松本の言にもあったように、政党勢力を無視した国政運営は不可能であり、既成政党と折合いをつけることは重要だった。宇垣自身も「議会政治に政党の発生は自然であり又必然とも云へる[87]」と肯定している。しかし他日、宇垣は自身の政界進出を「勧奨」した「政党幹部」に対して次のように警告している。「諸君の宇垣擁立運動は救国の運動と政党救済の運動とを混同し混線して居る様である。余の脳中には両者は判然と区別されて居る、救国の為必要とあれば余は政党の打倒をも辞するものでない、諸君も此の両運動を判然と区別して乗り出されることが肝要である、左もなければ後日臍を噬むの悔を生ずるかも知れぬ[88]」。宇垣が政党の存在を「必然」としている以上、この場合の「政党の打倒」とは既成政党の打倒を意味している。これより数カ月前には宇垣は、「議会政治を行ふ上には政党存在の必要は余も深く認めて居る。併し既成政党は大改造を必要とする。若し余にして政党に乗出すことあらば夫れは此の大改造の実現を図るべき時である[89]」と記している。事実、宇垣は大蔵との組閣研究のなかで、「自分は現状打破に付き堅き決心を有し二度までは議会を解散断行の覚悟なり[90]」と発言している。解散は政民両党の最も忌避するところであり、逆に陸軍は解散を欲していた。

こうした宇垣の一連の発言を総合すれば、宇垣は「主流派」立案の「革新的」政権構想によって軍部の支持を得、既成政党「革新派」を包蔵した内閣を組織し、かつ解散を断行、従来の政民合同ではなく（政民合同ならば解散の必要はない）、既成政党の枠組みを破壊して政界再編＝「革新的」新党（宇垣新党）の実現を目論んでいたと言える。度重なる既成政党への失望は、宇垣の志向を政民合同論から全くの〝真新党〟創設に変えていたのである。もちろん、政界再編であれ「宇垣新党」の実現であれ、政党政治の必要を否定するものではない。宇垣は既存の「政党政治」を更新して新たな「政党政治」を作り上げようとした。しかし「革新的」官僚、軍部と結びついた政府の与党「宇垣新党」が、既成政党の「現状維持的」勢力の歓迎しうるものになるとは考え難い。

宇垣に大命降下の直後、政民両党は宇垣内閣歓迎の声を上げた。両党はたとえ宇垣が軍部への配慮から政党員の入閣を拒絶する場合でも、宇垣内閣に対しては一般的支持を与えることで概ね一致していた。しかしその表面的な歓迎ムードの裏で、宇垣の組閣構想と既成政党とは潜在的齟齬を抱えていた。宇垣内閣は人的にも政策的にも既成政党と分裂していた。したがって既成政党の宇垣に対する支持は、宇垣ならば「議会政治の危機を解消し得る」だろうし、もし政党員を入閣させなかったとしても「政党否認とは全然その意味を異にする」だろう、という極めて漠然とした印象に基づくものに過ぎなかった[91]。宇垣内閣と既成政党間には、計画的、戦略的提携関係など存在していなかったのである。こうした両者の間隙は、もし陸軍が陸相推薦拒否という強硬手段によって宇垣内閣を追い詰めなければ、当面は発現することはなかったであろう。しかし陸軍の反対は既成政党に対して、果たして宇垣内閣は政治的リスク（陸軍との正面衝突）を負ってまで擁護するに値する内閣か、という重大な問題を提起した。

宇垣の支持基盤だった「政党派」は、前年後半から急速に台頭した「主流派」によって宇垣擁立工作の主導権が奪われていることに自覚的だった[92]。大命降下して以降は、宇垣の組閣構想が全く「主流派」によって専断されていることにもすぐ気がついただろう。「主流派」にとってみれば、宇垣と既成政党の関係はむしろ迷惑なものだった。そのことが陸軍に良い感情を抱かせないことは確実だからだ。木舎幾三郎によれば、「今井田なぞは、大命降下の以前から、この点を心配して、何んとかして、既成政党側との因縁関係を清算してやつて行きたいものだと、人知れず肝胆を砕いてゐた[93]」。一政治ジャーナリストが感知した「主流派」の「政党派」排除の事実に、当事者の「政党派」が無自覚であったとは考え難い。組閣に際して、宇垣は陸軍との交渉を最優先にして、他の閣僚との交渉は表に出ないように慎重に秘匿していた[94]。閣員候補者がマスコミに漏れることはなかったが、組閣本部に出入りしていた一部の政党関係者（川崎克、砂田重政など）によってその片鱗程度は既成政党側でも感知しえただろう。

宇垣擁立運動の政友会側の中心だった鳩山にとって、対抗派閥の領袖で「革新派」の中島と前田を抜擢する組閣構想は受け入れ難いものであったはずだ。民政党側の中心だった富田にしても、長く宇垣擁立派として活動してきた自派を排除した組閣構想に失望したであろうし、宇垣内閣の「非政党内閣」としての実態、軍部や官僚との「親和性」が明らかになるにつれ宇垣への疑惑を抱いたであろう。富田は仮に宇垣内閣が成立するにしても、それが「政党」主導の内閣であるか、それとも「宇垣」主導の内閣であるかの違いを非常に重要視していた。富田にとって宇垣はあくまでも「政党中心で政治をやる」ための手段であった[95]。この富田の思想に立てば、宇垣主導（「主流派」主導）の宇垣内閣の存在価値は実は低かったことになる。こうした諸点を考慮すれば、「政党派」の宇垣内閣に対する期待が減退しつつあったと考えるのは自然だろう。

「政党派」の宇垣内閣からの離反が端的に表れたのが尾崎行雄による「衆院の意思表示」提案への対応である。一月二七日、宇垣内閣の組閣難航を受け、衆議院の長老尾崎行雄と田川大吉郎は、「現下の時局は我が憲政にとつて重大な危機に迫つてゐる、幸ひ議会の会期中であるから院議を以て衆議院としての意思を表示するなりその他適当な方法をとるべきではなかろうか」との提案を富田（当時は衆議院議長）に提議した。[96]宇垣の組閣を衆議院として側面援助しようとしたのである。もちろん、宇垣の組閣を援助するとは言っても、「議会」として行える行動には限界があったであろう。この時も議会を再開して個々の政党、議員が当該問題に関して議場で発言する機会を創出し、「国論を起こす」程度のことを想定していたようである。[97]さて提案を受けた富田は、副議長の岡田忠彦（政友会）、民政党の小泉又次郎、政友会の安藤正純を招致して協議した。小泉と安藤は「政党派」の代表的人物である[98]（なお、岡田は久原派だが、後に政友会総裁公選問題では鳩山派として活動している）。しかし、この本来なら宇垣に圧倒的に有利なはずの会合の結論は、「憲政のため憂ふる精神においては全く同感であるが、宇垣大将の組閣工作中に議会を開いて兎角の処置をとることは軽率の嫌ひがある、この際は厳粛にその成行きを監視する意味で静観するがよからう」という極めて冷淡なものだった。[99]組閣が暗礁に乗り上げるなか、宇垣は政党からの後援を期待していた。[100]しかし「政党派」を含む政民両党は様子見の態度を決め込み、[101]議会再開程度の消極的行動さえ起こさなかったのである。こうした「静観見送り」の党方針に対して、後に宇垣側近の砂田重政は、「党是に悖つた責任」を取るとして政友会政調会長の辞任を申し出ている。[102]同じ宇垣擁立派でも、宇垣側近者と所属政党側では温度差が存在していた。[103]

では、かつて宇垣を党首に迎え入れようとした町田ら民政党主流派は、宇垣内閣に対していかなる態度を取ったのだろうか。町田が宇垣を勧誘した当時、民政党は岡田内閣の準与党であったとはいえ、少数党として議会では政友会に対して劣勢に立たされていた。町田の宇垣勧誘工作は議会での勢力挽回にその主眼が置かれていた。しかしその後、一九三六年二月の総選挙で民政党は第一党の座を奪還し、宇垣勧誘の意義は薄れていた。そのため選挙以後は、宇垣擁立と政民提携に関して、「党幹部の方では、オイソレとは良い返事を与へぬのみか、第一町田がこれ以上進んで深入りをすることを好んでゐない[104]」という状況になっていた。さらに次期政権をめぐっては、「町田に充分の色気が出て来ちよることだけは、ドウしても、否定の出来ないことだと思ふ[105]」と批評されるような状況すら現出していた。かくして宇垣への大命降下の直前には、「総裁〔町田〕は明に宇垣ぢやないこれはもう宇垣の問題が出ても苦い顔をする。（中略）自分に来るとまで思はんでも、宇垣の運動が出来るといふことは自分に対する不信認だと曲解してゐるのか、僻みをもつてゐるのかわからないけれども、とにかく宇垣の話が出るといふことは不愉快[106]」という状況であった。したがって組閣工作中の一九三七年一月二六日、宇垣側近の川崎克が町田に対して、宇垣擁護のための議会再開を要請した時、町田は積極的協力を拒否している[107]。

では宇垣が閣員候補としてリストアップした既成政党「革新派」はなぜ宇垣内閣を擁護しなかったのだろうか。まず第一に、宇垣内閣がいかに「革新政策」の遂行を重要視していたのだとしても、そもそも既成政党中で宇垣擁立を推進してきた「政党派」の活動主体が、富田や鳩山のような「現状維持的」な勢力であったことは否定できない事実であった。「革新派」のなかでも前田は以前から西原の宇垣擁立工作と一定の関わりがあったようだが[108]、それだけに「政党派」の思想傾向は良く把握していたであろうし、それに担がれた（より正確には、ある時期まで担がれていた）宇垣内閣の「革新性」には疑義もあったであろう。第二に、陸軍の反対である。「革新派」は「政党派」の「現状維持的」分子に比して陸軍の意向により敏感であったであろう。軍部との協調を政策実現の大前提とする「革新派」にとって、陸軍から受け入れられないと判明した人物を担ぐことなど不可能だった。

第三に、「革新派」にとって担ぐべき「神輿」は宇垣一人に限定されるものではなかった。ここで重要になってくるのが近衛文麿の存在である。一九三六年末から翌年初めにかけて、有馬頼寧、林銑十郎、結城豊太郎、山崎達之輔、小原直、後藤文夫、永井柳太郎、中島知久平は新党問題を議するために数次にわたって会合した。「荻窪会談[109]」である。この「新党運動の主張は、現実の政治勢力である軍と提携し、軍と政党の衝突から来るファッショ化の危険を防いで憲法政治を護り、併せて政治の建直しをしてやらうといふ、革新的基調に立つもの[110]」であった。一月一七日の会談では、「新興勢力組織の必要と近衛公の出馬を希望する事を倶に公に申述べること」が決定した[111]。「革新派」の新党運動は近衛擁立運動につながっていた。そしてこの運動には宇垣内閣の閣員候補者から三名（中島、永井、結城）が参画していた。三名とは言ってもそれは政党出身候補者のすべてを含み、しかも有馬の言うところ、「結城、中島、永井と自分とを入れねば新党問題は出来ぬ[112]」という重要メンバーである。近衛自身は組閣に消極的だったが、しかし宇垣への大命降下前日には有馬に対して、「大命降下を拝辞し得ぬ事、已成勢力を無視出来ぬこと。（中略）板垣陸相と末次海相を考へて居る」旨を開陳した[113]。つまり大命降下の場合は組閣すること、組閣後は既成政党の存在は無視しないこと（その場合に荻窪会談に参集した中島と永井がその中心となることは当然だろう）、陸軍の意向に沿った軍部大臣[114]を構想していたことがわかる。

宇垣への大命降下を知った有馬は落胆の声を漏らした。「西園寺さんは、何を考へてゐるのか。これではほんとうの革新は出来ぬ[115]」。宇垣内閣の自己認識としての「革新性」を考慮すれば、当の「革新派」から、宇垣内閣では「ほんとうの革新は出来ぬ」と見なされていたことは皮肉ではある。宇垣の「現状維持的」イメージは払拭されていなかった。

この点で、近衛は宇垣より遥かにわかり易い存在であった。近衛は「革新勢力の上層部に於ける代表的存在」と見なされていた。「近衛公の強味は、（中略）宇垣大将ほど、あちらからもこちらからも擔がれて、どこに本体があるのか判らない――といふやうなことがなく、近衛公自身の特異な存在が比較的ハツキリしてゐるところにあらう[116]」〔傍点ママ〕。「革新派」と「現状維持派」の両勢力に立脚して、自身の政治的立ち位置に疑義を抱かれるようなことは近衛にはなかった。宇垣の組閣が行き詰まるなかで有馬は、「或は近衛氏に行くのではないか」との期待を抱いていた[117]。実際、「流産」直後の新聞報道でも近衛は最有力の候補者の一人であった[118]。「革新派」にとってより望ましい候補者である近衛への大命降下の可能性が有意に存在するなかで、宇垣の組閣に協力する動機は薄くならざるをえなかっただろう。

このように「革新派」に宇垣より近衛を擁立すべき合理的根拠が存在した以上、宇垣の組閣ブレーンたる「主流派」の態度も再検討する必要がある。「主流派」も一種の「革新派」であることに変わりはないからだ。宇垣の組閣が行き詰まっていた一月二八日、滝は大蔵を往訪し、「我国に真に挙国一致の強力内閣を出すこと最肝要にて、それには宇垣氏失敗の今日近衛公以外に絶対に人無しと思う。（中略）恐らく公自身も大命降下すれば引受ける事と確信」すると言い、近衛擁立の必要を述べた。大蔵は「余も全然同感なる故直ちに同意」して、滝とともに近衛を往訪して説得を試みた。大蔵らの説得に近衛は気乗り薄であったが、翌二九日にも大蔵は滝を往訪して、「此際是非近衛公の出馬に努力さる様勧告す。滝君も全力を尽すべし」と回答した[119]。「主流派」にとっても近衛は宇垣に代替しうる首相候補者であった。

また近衛の存在はともかくとしても、「革新的」政策志向を持ち、軍部の意向には敏感とならざるをえない「主流派」としては、陸軍と正面衝突してまで組閣を強行しようとは考えなかった。二七日、大蔵と矢次は、陸軍が宇垣排撃を正式決定した以上は、「もう宇垣さんもやめ時で今が退き時だと思うに付き、早く決心されたし」との勧告を今井田に通知し、今井田も「全然同意」している[120]。次田大三郎によれば、陸軍の強硬な反対姿勢が明確となると、「宇垣氏の幕僚の多くは、斯くては組閣を断念する外なしとの意見を抱くに至り」、「此際速ニ意ヲ翻シテ大命ヲ拝辞スベキデアル」という意見が主流になった。だが宇垣は諦めなかった。「然シナガラ、宇垣氏自身ハ容易ニ其意ヲ翻シマセンデシタ。二十七日氏ハ参内シテ湯浅内大臣ト会見」した[121]。宇垣の政権への執念は特筆すべきものだったが、高名な宇垣と湯浅の問答が展開されていた時、すでに宇垣は組閣本部内でも支持（陸軍と正面衝突しても組閣を強行するという意味で）を失っていたのである。

かくして、「現状維持的」な「政党派」を元来の支持基盤としながら、「革新的」な「主流派」の組閣構想に乗って政界再編と「革新政策」の遂行を目指した宇垣内閣は、結果として「現状維持派」と「革新派」の双方から見限られ、側近中からも離反者が出るに及び、ほとんど孤立無援となって二九日、ついに大命拝辞に追い込まれる。これまで既成政党と宇垣との橋渡しに奔走し続けた西原は、「宇垣内閣が流産に終わっては、もはやわたしには打つ手はない[122]」として、宇垣内閣工作から手を引くことになる。しかしその前に西原には宇垣に伝えるべきことがあった。四月一九日、宇垣を往訪した西原は、「結局政党を基礎とするに非されは目的達成の不可を痛論[123]」したのである。

おわりに

宇垣内閣「流産」の政治過程を、先行研究はもっぱら、既成政党の「現状維持的」勢力に支持された宇垣と、「革新派」たる陸軍の権力闘争、政策闘争の観点で理解してきた。こうした見方それ自体は決して間違いではない。宰相の座を目指す宇垣の政治活動の前半部は、こうした図式に適合的である。しかし既成政党との提携による政権獲得工作の度重なる失敗により、宇垣は最終的に既成政党に見切りをつけてしまう。宇垣は「国策研究会」に参集していた「革新勢力」を新たな提携相手に選び、宇垣の政策ブレーンは行政、経済の改革案を作成して組閣に備えた。その意味では、宇垣内閣「流産」のクライマックスは、「革新派」（宇垣陣営）対「革新派」（陸軍）と、その対決を今や傍観視する「現状維持派」（既成政党現状維持派）という図式で展開されたとも評価できよう。

もっとも、同じ「革新派」の範疇にあったとしても、宇垣と陸軍の間には政党政治、議会政治に対する評価の点で差異が存在した。宇垣の目標は、一方では、行政改革や統制経済の確立といった「革新政策」の導入にあった。しかし同時に、「革新的」新党（宇垣新党）による政党政治、議会政治の立て直しを重要視していた。議会や政党に対する態度に関しては、宇垣には確かに「現状維持的」側面があった。宇垣には、政党政治や議会政治を冷淡視する陸軍とも、行政改革や統制経済に消極的な既成政党の「現状維持派」とも異なる、ある種の二面性があった。宇垣自身も「憲法擁護、議会政治支持の如きは現状維持であり、政治機構の改正や経済統制の強化の如きは革新実行である[124]」と自己評価している。宇垣「流産」内閣は、「現状維持派」対「革新派」という単純な二項対立図式に与していなかった。したがって宇垣「流産」内閣には、行政改革や統制経済の実行により陸軍を満足させつつも、政党政治、議会政治の原則は固守しうる一定の可能性があったと言えよう。

もっとも「議会政治支持」とは言っても、宇垣「流産」内閣の想定していた既成政党中の提携相手が前田、中島、永井といった「革新派」であったことからもわかるように、宇垣内閣あるいは「宇垣新党」が既成政党「現状維持派」の満足するものになったとは言い難い。またその既成政党「革新派」からの入閣自体も政民一名ずつに止まったことからわかるように、陸軍に多大な配慮を払わざるをえなかった宇垣が、「議会政治」、「政党政治」の原則をどれほど貫きえたのかも疑問が残る。その意味では、宇垣内閣の成立に政党政治、議会政治の復権の可能性を単純に投影する既存研究はやはり見直しの余地がある。

しかしここで今一つの疑問が生じる。宇垣「流産」内閣の政策的「革新性」や既成政党「現状維持派」との間隙を考慮する時、陸軍が宇垣を「現状維持派ノ代表」と見なして排撃したのはなぜだろうか。まず第一に、宇垣擁立派の勢力転換は前年秋から本格化したものであり、宇垣内閣の「革新性」が新聞や雑誌で報じられるようになったのも、大命降下の精々二カ月前くらいからであった。陸軍側でも宇垣陣営の「変化」はある程度掴んでいたであろうが、しかし宇垣に染みついた「現状維持的」印象、既成政党との因縁関係を払拭するにはあまりに時間不足だったろう。実際、陸軍には今回の政変を既成政党の「計画的陰謀」と見る情報が集められており[125]、宇垣陣営の「変化」をにわかには受け入れ難かったであろう。[126] 第二に、陸軍が宇垣排撃を正式に決定したのは大命降下の直前であり、宇垣内閣の政策を吟味した結果ではなかった。[127] 大命降下後、宇垣が陸軍に提示した「政策」は、その「革新性」において陸軍の想像以上のものであったらしい。大命降下翌日、宇垣は陸軍大臣寺内寿一を往訪し、「その会見席上、宇垣はいはゆる『政局収拾の要諦』を陸相に先立ちて具体的に述べた。然る後ち陸相の推薦方を依頼した」。宇垣の表明した「政綱政策」は「陸軍が反対するには、余りに完璧なものだつたらしい。そこで、寺内は専ら部内情勢を述べて、時日の猶予を願つた」。[128] 政策的に宇垣排撃の理由はなくなったが、しかし宇垣排撃を正式決定してしまった行きがかりは残った。一旦、宇垣排撃を世間に公言してしまった以上、大命拝辞までのわずかな時日で態度を転換することは現実的に困難だったろう。[129] 第三に、先にも見たように、陸軍にとってより好ましい候補者である近衛や林に大命降下する期待がある以上、今さら宇垣容認に方針転換するほどの動機に乏しかったろう。宇垣に大命降下後も、「軍では近衛や新党は何をしてゐるか」との声が高かったという。[130]

いずれにせよ、政策的に宇垣排撃の動機が消滅したことは、「流産」後に陸軍の態度が急速に軟化したことでも傍証される。「流産」同年の三月には早くも、宇垣排撃の中心だった石原莞爾をして、「あの政変の時に宇垣さんをあれまで責めなくてもよかつた。いきほひあすこまで行つたけれども、あすこまでやらなくつてもよかつたのだ」[131] との反省の弁を言わしめている。さらに同年六月、国策研究会の講演に招かれた軍務局軍務課長柴山兼四郎は、大臣や次官とも相談のうえだとして、「陸軍の粛軍政策は、最近に至って漸く一段落したので、陸軍としては、もはや宇垣大将に対して何等反対すべき理由は、なくなったのである。ゆえに、今後宇垣大将が、組閣される場合であろうと、またその他の政治活動をされる場合といえども、陸軍としては、一切反対はしないということを、この機会にお約束申し上ぐる」と宣言した。[132] 軍務課長が、大臣と次官の同意を得たうえで、各界の重要人物が参集する国策研究会の席上で「約束」したことは大きな意味を持つ。実際、この後に宇垣が近衛内閣の外務大臣に就任した時、陸軍省部の課長クラス（つまり実質的な権力の中心）のほとんどは宇垣容認派であり、宇垣の意向を尊重していた(133)。

もちろん、「流産」によって刻まれた政治的「瑕疵」が完全に癒えたわけではなかった。柴山の声明にもかかわらず、宇垣側近中には「反宇垣の感情は、一朝一夕では取れまい(134)」との認識があった。流産から一年後の一九三八年初春、首相の座を目指して再び活動を始めた宇垣と側近は、陸軍の反応を気に掛けていた(135)。この点で、宇垣の外務大臣就任は、「首相試験」の意味も持っていた。泥沼化する日中戦争を解決に導くことができれば、もはや宇垣内閣に異議をつけうる者はないだろう。次期首相の座は限りなく宇垣に近づくだろう。しかし、もし外務大臣として失策し再び政治的「瑕疵」を負うことになれば、政権は決定的に遠のくことになるだろう。外相就任は危険な賭けでもあった(136)。

［付記］

本書初稿の執筆後、菅谷幸浩が宇垣内閣「流産」の事情を考察する論文を発表した（菅谷幸浩「広田内閣と宇垣一成」学習院大学大学院政治学研究科『政治学論集』二七号、二〇一四年三月）。筆者が同論文を入手した時にはすでに初稿入稿後であったため本文中で言及できなかったが、菅谷論文は、宇垣の組閣構想が政党よりも軍部との関係を重視していたと考える点では筆者と立場を同じくする。ただし菅谷論文がその根拠とするところは宇垣陣営の組閣構想名簿の顔触れのみであり、当該期の政民両党の政治関係や、各党内の派閥関係、宇垣擁立派内の対立構図などの存在に踏み込んで立体的に議論を構築しているわけではない。したがって菅谷論文では、既成政党が宇垣擁護に動かなかった原因として、政党の陸軍統制力の制度的弱体化（軍部大臣現役武官制の復活）や「粛軍」を標榜する陸軍への気兼ねといった通説を踏襲するに止まっている。

注

（1）「軍務課政変日誌」（秦郁彦『軍ファシズム運動史』河出書房新社、一九七二年）三七二頁。ただしこの発言自体は正確には「某貴族院長老議員」の言。この時、陸軍側では宇垣排撃の表向きの理由を「粛軍」（すなわち宇垣と三月事件の関係）に置いていた。しかし陸軍省にいた牧達夫によれば、三月事件は宇垣排撃の「表面の理由」であり、実際は「旧体制である民政党」と親密な関係にある宇垣には「革新の熱意」があるか疑わしく、革新政策遂行の「なべのふた」になることを恐れたからだという（日本近代史料研究会編『牧達夫氏談話速記録』日本近代史料研究会、一九七九年、五〇～五一頁）。佐藤賢了（軍務局課員）も、自身の宇垣排斥理由は「粛軍」にあったが、石原莞爾の反対理由は、民政党や財界に近い宇垣が産業五カ年計画の障碍になると判断したからだろうと推測している（佐藤賢了「石原将軍と産業五ヵ年計画」『経済往来』一五巻四号、一九六三年四月、一三一頁）。

（2）加藤陽子『模索する一九三〇年代　新装版』（山川出版社、二〇一二年）第二部第五章第七節。

（3）酒井哲哉『大正デモクラシー体制の崩壊』（東京大学出版会、一九九二年）九三～九四頁、一四一頁。

（4）坂野潤治『昭和史の決定的瞬間』（筑摩書房、二〇〇四年）六二頁、九〇～九二頁、九四頁、一一六～一一七頁。

（5）井上敬介『立憲民政党と政党改良』（北海道大学出版会、二〇一三年）第二章、第三章。宇垣内閣をめぐる民政党内の動向については井上の研究が詳細なのであわせて参照されたい。

（6）西原亀三『西原亀三日記』（京都女子大学、一九八三年）四三七頁、四四三頁。

（7）西原亀三『夢の七十余年』（平凡社、一九六五年）二七〇頁。

（8）前掲『西原亀三日記』四三九頁、四四一～四四三頁。

（9）内政史研究会編『松本学氏談話速記録』下巻（内政史研究会、一九六七年）一四八頁。

（10）川田秀穂『内閣改造の動向・新党運動を探る』（森田書房、一九三八年）三四頁。

（11）宇垣一成『宇垣一成日記』二巻（みすず書房、一九七〇年）八一七～八一八頁。

（12）前掲『西原亀三日記』四四九頁。

（13）原田熊雄『西園寺公と政局』二巻（岩波書店、一九五〇年）一八二頁。

（14）前掲『西原亀三日記』四五二～四五三頁。

（15）『宇垣日記』二巻、八三一頁。

（16）前掲『西原亀三日記』四五四～四五五頁。宇垣一成文書研究会編『宇垣一成関係文書』（芙蓉書房出版、一九九五年）五三七頁。

(17) 前掲『西原亀三日記』四五七～四五九頁、四六三頁、四六九～四七五頁。

(18) 「南次郎日記」（佐々木隆「陸軍『革新派』の展開」近代日本研究会編『昭和期の軍部』山川出版社、一九七九年、一一八頁所収）。

(19) 小川平吉文書研究会編『小川平吉関係文書』一巻（みすず書房、一九七三年）二七四頁、二七七～二七八頁。この時の総裁派の政民提携論への傾斜の裏には斎藤内閣および党内反対派を牽制して自派の主導権を確保する意図があったという（佐々木隆「挙国一致内閣期の政党」『史学雑誌』八六編九号、一九七七年九月）。もっとも鳩山は斎藤内閣崩壊後も近衛新体制による政党消滅に至るまで政民提携を考慮し続けているから、政党政治復活と軍部牽制という、より大局的な目的があったことも確かだろう。

(20) 前掲『西原亀三日記』四六五頁。

(21) 前掲『西原亀三日記』四七四頁。

(22) 前掲『宇垣一成関係文書』三〇一頁。

(23) 前掲『西原亀三日記』四九八頁。

(24) 原田熊雄『西園寺公と政局』三巻（岩波書店、一九五一年）三四七～三五〇頁。

(25) 『宇垣日記』二巻、八六六～八六七頁、八七〇頁、八九七頁、九一七～九一八頁。

(26) 前掲『宇垣一成関係文書』五四〇～五四一頁。

(27) 前掲『宇垣一成関係文書』五五七頁。

(28) 前掲『西原亀三日記』四九九頁。

(29) 前掲『宇垣一成関係文書』五五七～五五八頁。

(30) 前掲『西原亀三日記』五〇六頁。

(31) 小山完吾『小山完吾日記』（慶応通信、一九五五年）一〇六～一〇七頁。

(32) 前掲『宇垣一成関係文書』五六二頁。

(33) 前掲『西原亀三日記』五〇六～五〇八頁。前掲『宇垣一成関係文書』五六二頁。

(34) 前掲『宇垣一成関係文書』五六一頁。

(35) 前掲『西原亀三日記』五一〇～五一一頁。前掲『宇垣一成関係文書』五六一～五六四頁。

(36) 『宇垣日記』二巻、九九一～九九二頁。前掲『西原亀三日記』五一四頁。前掲『宇垣一成関係文書』四〇四頁、五六五頁。『東京朝日新聞』一九三五年一月七日。

(37)『宇垣日記』二巻、九九二頁。
(38)『宇垣日記』二巻、九九二頁。前掲『宇垣一成関係文書』五六五頁。
(39)前掲『西原亀三日記』五二一〜五二三頁。
(40)『宇垣日記』二巻、一〇一六〜一〇一七頁。
(41)『宇垣日記』二巻、一〇二二頁。
(42)前掲『西原亀三日記』五二四〜五二六頁。
(43)前掲『宇垣一成関係文書』三〇二頁。宇垣は西原との面会を避けていたようである。
(44)前掲『西原亀三日記』五三四〜五三五頁。この頃には政民大同団結が宇垣の政党方面進出の絶対条件になっていた（『宇垣日記』二巻、一〇三五頁）。
(45)前掲『西原亀三日記』五三六〜五三七頁、五四〇〜五四一頁。
(46)前掲『西原亀三日記』五四四頁。
(47)原田熊雄『西園寺公と政局』五巻（岩波書店、一九五一年）二四二〜二四三頁。牧野伸顕『牧野伸顕日記』（中央公論社、一九九〇年）六七二頁。松下芳男『宇垣一成と南次郎』（今日の問題社、一九三六年）二〇頁。来間恭『今日を創る人々』（信正社、一九三六年）五四頁。
(48)国策研究会に関しては、矢次一夫『昭和動乱私史』上巻、中巻、下巻（経済往来社、一九七一年、一九七三年、一九七四年）、伊藤隆「『挙国一致』内閣期の政界再編問題」(二)（『社会科学研究』二五巻四号、一九七四年二月）、大蔵公望『大蔵公望日記』二巻、四巻（内政史研究会、一九七四年、一九七五年）を参照。
(49)前掲『昭和動乱私史』上巻、二五一頁。
(50)中村隆英編『現代史を創る人びと』四巻（毎日新聞社、一九七二年）九四〜九五頁。
(51)前掲『大蔵公望日記』二巻、一三〇頁、一三二頁。
(52)前掲『昭和動乱私史』上巻、二五一頁。
(53)『宇垣日記』二巻、一〇二四頁。前掲『西原亀三日記』四八五頁。前掲『宇垣一成関係文書』五五〇〜五五一頁、五五三頁。
(54)前掲『大蔵公望日記』二巻、二〇八頁、二一七頁。
(55)前掲『大蔵公望日記』二巻、二五〇〜二五三頁、二六四頁、二六七〜二六九頁。

(56)『宇垣日記』二巻、一〇五一頁。
(57)『宇垣日記』二巻、一〇六一頁。
(58)来間恭『宇垣一成と近衛文麿』（第百書房、一九三六年）二三頁。
(59)前掲『松本学氏談話速記録』一四一～一四二頁。額田坦『陸軍に裏切られた陸軍大将』（芙蓉書房、一九八六年）三〇頁。宇垣一成「組閣工作の一〇九時間」（『文芸春秋臨時増刊昭和メモ』三二巻一一号、一九五四年七月）一〇八頁。太田健一他編著『次田大三郎日記』（山陽新聞社、一九九一年）一六六～一六八頁。その他『東京朝日新聞』組閣期間の記事を参照。もっともすべてのメンバーが毎日参集していたわけではなく、一、二度しか来ていない者もいるようだし、組閣本部「構成員」ではなく、単に激励に訪れただけの人物が交じっている可能性も高い（鶴見と溝口に関しては新聞記事に組閣本部訪問の記録があるのみ）。松本の回想によれば、組閣本部のメンバーは、今井田、松本、池田、安井、県の他は二～三人だという。
(60)川崎は宇垣の前妻（死別）を通じて、砂田は後妻を通じて姻戚関係にあった（ちなみに宇垣は愛妻家として知られていた）。また川崎は宇垣軍縮時に陸軍参与官であったことから宇垣と関係を深めた（川崎克伝刊行会編『川崎克伝』川崎克伝刊行会、一九五六年、一二四～一二八頁）。砂田は浜口内閣の頃から妻同伴でしばしば宇垣を訪問していたので、政友会では白眼視する向きもあったようである（『文芸春秋』一六巻七号、一九三八年五月、二八六頁。中外商業新報編輯局編『政治家群像』千倉書房、一九三二年、五二～五三頁）。鶴見は民政党入党前（鶴見の党歴はまだ一年に満たない）から宇垣と親密な関係があり、一九二八年頃にはすでに宇垣の「近衛兵」を自任していた。また民政党入りに関しても宇垣に相談していた。鶴見は政策的にも、党の「現状維持的」態度に批判的だった。とくに既成政党が「粛軍を高調し官僚の人権蹂躙を痛撃し乍ら毫も自省の態度を示さざりしこと」を非難している（宇垣内閣の政策的問題は後述）。組閣に際しては主に重臣、宮中方面の工作を行っていたようである（「宇垣一成氏との会見」、「宇垣一成氏に献策」、「鶴見祐輔日記」一九三三年六月五日、一五～一七日、一九三六年一二月一七日、一九三七年一月二三日、二七～二八日、以上いずれも国会図書館憲政資料室所蔵、『鶴見祐輔関係文書』四九七、一九四、三七七四、三七七七、三七七八。前掲『宇垣一成関係文書』二九三～二九四頁）。
(61)湘南隠士「政界秘帖録」（『政界往来』七巻一一号、一九三六年一一月）三九～四〇頁。湘南隠士は木舎幾三郎の筆名。木舎は川崎と砂田も「政党派」としているから、彼らは今井田らと対抗関係にあった可能性がある。注(59)の松本の回想が政党人を一人も挙げていないことも示唆を与える。両派の関係については伊藤隆編『高木惣吉　日記と情報』上巻（みすず書房、二〇〇〇年）一九〇頁も参照。

(62) 「今井田清徳の意見」(憲政記念館所蔵、『宇垣一成文書』A4-21)。
(63) 前掲『大蔵公望日記』二巻、二六八〜二六九頁。
(64) 前掲『大蔵公望日記』二巻、二六八頁。
(65) こうした閣員候補者のある種の傾向に関しては渡辺行男と、渡辺の研究に依拠した古川隆久の研究も指摘している。渡辺によれば、閣員候補者に「斬新さがない」のは「現実政治のむずかしさ」ゆえであり、古川によれば「宇垣新党派代議士の片思い」だという。しかし両氏ともそれ以上の踏み込んだ言及は行っていない。また古川は閣員候補者の顔触れから推測して、宇垣の「宇垣新党」結成→政党内閣復活の意思に懐疑的だが、後述のように宇垣の狙いはまさに「宇垣新党」結成→政党内閣復活にあった(渡辺行男『宇垣一成』中央公論社、一九九三年、一一〇頁、一二三頁。古川隆久『戦時議会』吉川弘文館、二〇〇一年、四八頁)。
(66) 前掲『松本学氏談話速記録』下巻、一四九頁。
(67) 前掲「今井田清徳の意見」。
(68) 前掲『西原亀三日記』五五〇〜五五三頁、五五六〜五五九頁。
(69) 内政史研究会編『萱場軍蔵氏談話速記録』(内政史研究会、一九六七年)六五頁。前掲『模索する一九三〇年代　新装版』第二部第五章第七節。もっとも宇垣は「腹切り問答」の経過には批判的だった。鶴見も「腹切り問答」事件の惹起を遺憾視している。「腹切り問答」を宇垣擁立のための計画的行動と見なすことは再検討が必要だろう。鳩山らの一連の政府攻撃がその発端においては宇垣擁立工作と連動するものであったことは確かだろうが、この時にはすでに両者の間隙は広がっていた。宇垣周辺も「腹切り問答」を自身の擁立工作の一環だとは認識していなかったようである(『宇垣日記』二巻、一一二五〜一一二六頁。前掲「鶴見祐輔日記」一九三七年一月二二日)。
(70) 『宇垣日記』二巻、一一二三頁。
(71) 前掲「政界秘帖録」(『政界往来』七巻一一号、一九三六年一一月)三九〜四〇頁。同上(七巻九号、一九三六年九月)三三〜三四頁。同上(七巻一二号、一九三六年一二月)二八頁。
(72) 今井田清徳伝記編纂会編『今井田清徳』(非売品、一九四三年)七〇〇〜七〇一頁、七九二〜七九五頁、八〇〇〜八〇三頁、八七六〜八七七頁。
(73) 前掲「今井田清徳の意見」。
(74) 前掲『大蔵公望日記』二巻、二七〇頁。もっとも大蔵は宇垣内閣「流産」の後は陸軍に対する評価を一変させた。曰く「今度の軍の行動を見ると、力の前には何物も反対出来ず、万一軍に於て政治を司るに於ては何をするか分らず実に危険千万にて、斯るものと協力することは立憲政治の恥辱なるを痛感し憤りにたへず。まだまだ民意を恐れる政党と協力した方が国家の為めに安全なりとの感を深くしたり」。ただ「已成政党も絶対に排撃す」との意見は変わらなかったようである（前掲『大蔵公望日記』二巻、二七〇頁、二七二頁）。

(75) 大蔵公望『大蔵公望日記』一巻（内政史研究会、一九七三年）二四頁、二六～二七頁。

(76) 吉田茂伝記刊行編輯委員会編『吉田茂伝』（吉田茂伝記刊行編輯委員会、一九六九年）一八四頁、一八九頁、一九四頁。もっとも松本に言わせれば国維会が意図していた本来の「新官僚運動」とは精神的なものであり、「軍部と通牒し政党除外の立前から政権把握の野望を遂げんとする」がごとき「新官僚運動」は「ほんとうの意味」での「新官僚運動」ではないという（前掲『松本学氏談話速記録』下巻、二二二～二二四頁）。しかし松本自身はこうした考えの影響か「国維会的グループからオミットせられた」という（伊藤金次郎『「官僚」わしが国さ』宝雲社、一九四〇年、二一七～二一八頁）。ちなみに国維会に代表されるいわゆる「新官僚」は後に軍と密着して活動する狭義の「革新官僚」とは区別される。しかし両者は既成政党への反発や革新政策への志向という点で共鳴関係にあり、しばしば一括して広義の「新官僚」、「革新官僚」と称される。

(77) 三宅一郎他『陸軍と内閣調査局革新政策早わかり』（今日の問題社、一九三六年）二一九頁。

(78) 松井春生『経済参謀本部論』（日本評論社、一九三四年）。

(79) 「日本行政の回顧」（『行政と経営』昭和三七年三号、一九六二年）二一頁。国策研究会での「行政機構改革案」特別研究会に関しては、前掲『昭和動乱私史』上巻、二四七頁。

(80) 前掲『「官僚」わしが国さ』二二四頁。

(81) 一九四〇年、新体制運動の高まりのなか、国策研究会が組織として策定した国策案が「新体制試案要綱」である。同要綱によれば、「新体制の基本的性格は従来の分立・均衡・多数制の自由主義的国家体制を止揚し、集中・統一・指導者原理による国防国家体制を確立するにある」。そのために「自由主義的原則に立脚せる議会の多党制的代議士党の性格を止揚し国民的綜合組織を基礎としたる統一的政治指導力を有する政治新党を確立する」必要がある。そして具体的政治機構改革として、①企画院の改組拡充、法制局の統合により内閣総務庁制を確立し、「事実上の所謂統制省的機能を発揮せしめ」る、②首相権限（とくに数省に亘る事項に対する専決権と総動員法の統轄権）の強化を図る、③官吏制度を改革する、④内閣人事局を設置する、⑤行政機構（中央、地方）の再編成を行う、⑥「政治新党」としての国民的政治指導部を組織する。また、⑦「民間に於ける唯一の法的統制機関」として帝国経済会議所を設け、「指導者原理」に基づき「法的拘束力」を有する「上意下達」の経済体制を確立することを求めている。

しかし他方では、「観念的革新論や所謂既成政党撲滅論は過去の政治的対立を発展させたる一種の報復論」と一蹴し、「制度論形式論としての所謂一国一党制（すなわちナチス的一党独裁体制）」や「代議士団を婦人青年等の諸組織と併列せしめんとする非政治的官製新党組織（すなわち後の大政翼賛会的なもの）」を否定している。そして「既成政党廃すべし議会は廃すべからず、政党攻撃に急の余り国民をして非議会主義者とし議会を無用視し厭圧せしむるの結果に陥ることは内外に難局重畳する我国今後の政治的発展に健全性を確保する所以に非ず」と主張している。つまり同要綱の眼目は、挙国的強力新党（反対党の存在を必ずしも否定せず）による議会政治の再建にあったと言えるだろう。宇垣内閣の政策案の参考とするには、同要綱の作成時期が新体制運動が最高潮を迎えていた時期であることを考慮する必要があるだろう（国民的綜合組織構想等は除外すべきだろうか）。なお、同要綱の立案には宇垣の政策および組閣ブレーンから矢次、滝、県忍が参加している。（「新体制試案要綱」『新国策』四巻二四号、一九四〇年八月。『戦時政治経済資料』第一巻、原書房、一九八二年に所収）。

ちなみに、同要綱策定とほぼ同時期に、武藤章軍務局長の委嘱を受けた矢次が、大蔵、滝とも相談の上で、軍人、官僚、政治家、学者などの協力を得て作成した国策案が「綜合国策十年計画」である（ただし、大蔵は実際の策定過程からは事実上オミットされていた。策定の中心となったのは、元企画院総裁の青木一男、元企画院次長の武部六蔵、企画院の秋永月三、陸軍の河村参郎、岩畔豪雄であった）。内容は広範だが、内政関係事項として、「強固なる政治指導力の確立を期する為内閣制度及議会制度の根本的改正を行ふ」とし、そのために、①政治と統帥の制度的、人的調和を図る、②国務大臣と行政大臣の区別を検討する、重要閣議は御前会議とする、③首相及び企画院の権限を強化する、④議会は政府と対立せず、協力を旨とし、「政府を監督し批判するの機能を採らしめざること」、⑤議員を行政の調査立案に参加させ、行政システムに組織化する、⑥「衆議院議員は政府と国民との間における下意上達、上意下達の機関たらしむること」とする。また、⑦「政府と表裡の関係をもって政策の実施に協力すべき全国的国民総動員組織を構成」し、「漸次既成政党の発展的解消を図ること」とする。すなわち、議会の内閣への従属化がその眼目であり、「議会政治」の事実上の形骸化を狙ったものであると言えるだろう。同計画はその立案経緯からも明らかなように、陸軍軍務局の政策的意向を強く反映したものであろう（策定メンバーからも陸軍と企画院の合作と言えよう。周知のように軍務局の目標は一国一党体制の確立にあった）。宇垣内閣の政策案はここまで急進的ではなかったはずだ。ちなみに、この頃、大蔵は陸軍との関係を深めた矢次の政治策動に警戒的になっている（防衛庁防衛研修所戦史室『戦史叢書大本営陸軍部大東亜戦争開戦経緯』一巻、朝雲新聞社、一九七三年、三三四～三三九頁、五〇五～五一六頁。前掲『昭和動乱私史』中巻、一五四～一六〇頁、大蔵公望『大蔵公

望日記』三巻、内政史研究会、一九七四年、二三八頁、二四二頁、二六二〜二六三頁、二六九頁。田浦雅徳他編『武部六蔵日記』芙蓉書房出版、一九九九年、四〇五〜四〇八頁）。

(82)『読売新聞』（一九三七年一月二五日）は、「〔宇垣〕氏の政治観念も現在においては従来のそれとは全く内容を異にし政党の根本的改革、庶政一新、資本主義の修正等相当飛躍的改革意見を持してゐるので閣僚の詮衡は人材主義により政党人を拒否して純然たる超然内閣の形態を採るであらう」と観測している。また前掲「政界秘帖録」（『政界往来』七巻一一号、一九三六年一一月）三九〜四〇頁。同上（七巻九号、一九三六年九月）三三〜三四頁。同上（七巻一二号、一九三六年一二月）二八頁も参照。

(83)安藤信夫『新党樹立運動の新展開』（有恒社、一九三七年）一六〜一八頁。

(84)中島とその政策に関しては、手島仁『中島知久平と国政研究会』上巻、下巻（みやま文庫、二〇〇五年、二〇〇七年）を参照。

(85)前掲『昭和動乱私史』上巻、二八七頁。ちなみに大蔵大臣候補の結城豊太郎、商工大臣候補の津田信吾は、石原の組閣構想でも、財界中の同志として選抜されていた。

(86)鳩山一郎「官僚集権の悪傾向」（『政友』四三五号、一九三六年一一月）四〜五頁。大林幸雄『鳩山一郎と中島知久平』（トップ・ニュース社、一九三八年）一三頁。「富田衆議院議長を囲んで」（『政界往来』七巻一一号、一九三六年一一月）二頁、一六頁。三府楼主人「日曜日の富田議長」（『民政』一一巻二号、一九三七年二月）七八〜七九頁。

(87)『宇垣日記』二巻、一一一〇頁。

(88)『宇垣日記』二巻、一一一二頁。

(89)『宇垣日記』二巻、一〇六二頁。

(90)前掲『大蔵公望日記』二巻、二五二頁。

(91)『東京朝日新聞』一九三七年一月二五日。

(92)前掲「政界秘帖録」（『政界往来』七巻一一号）三九〜四〇頁。

(93)前掲「政界秘帖録」（『政界往来』八巻三号、一九三七年三月）四一頁。

(94)前掲『松本学氏談話速記録』下巻、一四二頁。

(95)前掲「富田衆議院議長を囲んで」一六〜一七頁。

(96)『東京朝日新聞』一九三七年一月二八日。尾崎は大命降下者を排撃することは「国乱の基」だと考えていた（矢次一夫他『天皇・嵐の中の五十年』原書房、一九八一年、一四〜一五頁）。

(97) 前掲『西原亀三日記』五六二頁。前掲『宇垣一成関係文書』一七三頁。
(98) 『宇垣日記』二巻、一一二三頁。前掲『西原亀三日記』五五七～五五九頁。
(99) 『東京朝日新聞』一九三七年一月二八日。
(100) 宇垣一成「老兵の述懐」(八)(『読売評論』昭和二六年五月号) 五二～五三頁。宇垣は既成政党が休会中の議会を再開して「大権擁護の運動」を起すことを期待していた。また実際に西原が鳩山、富田、安藤正純、さらに永井などに尽力を求めるが、「行違あり、遂に徒労に畈せる」(前掲『西原亀三日記』五六二頁) という。既成政党はすでに宇垣を見限っていたのである。
(101) 『東京朝日新聞』一九三七年一月二六日、同夕刊、一月二九日、同夕刊。
(102) 『東京朝日新聞』一九三七年二月六日。党側では慰留に努めたらしいから、砂田が党の態度に憤慨していたことがわかる。
(103) 二五日、川崎克が「政党派」の桜内を往訪した際には、桜内は宇垣内閣支持を明言したものの、宇垣内閣と陸軍の妥協について警告的意見を発している(前掲『宇垣一成関係文書』一七二頁)。
(104) 前掲「政界秘帖録」(『政界往来』七巻七号、一九三六年七月) 六三頁。同上 (七巻一〇号、一九三六年一〇月) 三八頁。
(105) 前掲「政界秘帖録」(『政界往来』七巻八号、一九三六年八月) 四九頁。
(106) 「広田内閣は何時辞職する?」(『政界往来』八巻二号、一九三七年二月) 八一頁。
(107) 前掲『宇垣一成関係文書』一七三頁。
(108) 前掲『西原亀三日記』四九八頁、五〇六～五〇七頁、五二一～五二二頁、五三六頁、五五〇頁。
(109) ただし一般には「荻窪会談」といった場合、一九四〇年のそれを指すことが多い。
(110) 上村文三『新党樹立運動の真相』(教材社、一九三七年) 一七～一九頁。
(111) 前掲『有馬頼寧日記』三巻、三〇六頁、三〇八～三一〇頁、三一八頁、三一四～三一六頁、三一八頁。有馬頼寧『政界道中記』(日本出版共同株式会社、一九五一年) 一一七～一一九頁。
(112) 前掲『有馬頼寧日記』三巻、三三五頁。
(113) 前掲『有馬頼寧日記』三巻、三二七頁、三三一頁。
(114) 前掲「軍務課政変日誌」三六九～三七〇頁。
(115) 前掲『有馬頼寧日記』三巻、三三一頁。
(116) 山内一郎「一九三七年の人物展望」(『政界往来』八巻一号、一九三七年一月) 二八四頁。

(117) 前掲『有馬頼寧日記』三巻、三三三頁。
(118) 『東京朝日新聞』一九三七年一月三〇日夕刊。
(119) 前掲『大蔵公望日記』二巻、二七二～二七四頁。
(120) 前掲『大蔵公望日記』二巻、二七二頁。
(121) 前掲『次田大三郎日記』一六七～一七〇頁。
(122) 前掲『夢の七十余年』二七八～二七九頁。
(123) 前掲『西原亀三日記』五六七頁。
(124) 『宇垣日記』二巻、一〇九三頁。
(125) 前掲「軍務課政変日誌」三七二～三七三頁。
(126) 大命拝辞間近、陸軍は宇垣の「革新断行者としての要素」を認めつつも、「余りにも旧勢力との間に錯綜せる因縁を有し、その桎梏を断つべく余りにも纏綿たるものがある」と認識していたらしい（前掲「軍務課政変日誌」三七六頁）。ただしこれは新聞の観測として記録しているもの。
(127) 前掲「軍務課政変日誌」三六九～三七二頁。上法快男編『梅津美治郎』（芙蓉書房、一九七六年）二六八～二六九頁。
(128) 菅原節雄『宇垣より林へ』（第百書房、一九三七年）二二一～二二三頁。
(129) 御厨貴は、両者の「政策的距離が極小化した」結果、逆に「政治指導者のパーソナリティや人的結合関係の相違といったものが反射的に極大化」されたと指摘している（御厨貴「国策統合機関設置問題の史的展開」近代日本研究会編『昭和期の軍部』山川出版社、一九七九年、一五一頁）。
(130) 前掲『有馬頼寧日記』三巻、三三三頁。
(131) 前掲『西園寺公と政局』五巻、二八二頁。
(132) 前掲『昭和動乱私史』上巻、二七五～二七六頁。
(133) 日本近代史料研究会編『稲田正純氏談話速記録』（日本近代史料研究会、一九六九年）一九一～一九二頁、二八九頁、三一〇頁。佐藤賢了『大東亜戦争回顧録』（徳間書店、一九六六年）八二頁。
(134) 前掲『昭和動乱私史』上巻、二七六頁。
(135) 前掲『大蔵公望日記』三巻、四頁、九頁、一七頁、二〇頁、二五頁、二七頁、三九頁。この時は病気の今井田に代わって次田が組閣参謀長を務めた。その閣員候補者の顔触れが興味深い。二月二五日、次田は大蔵に閣員候補を披露した。［大蔵］池田成彬、［司法］松本烝治、［文部］三土忠造、［商工］町田忠治、［農林］石黒忠篤、［内務］堀切善次郎、［書記官長］砂田重政、［企画院総裁］池田宏、また富田幸次郎が入閣するならば政友からも一人（前田米蔵が候補）を入れる予定であった。その後、五月六日に宇垣自身が大蔵に示した案では、［大蔵、商工］池田成彬か結城豊太郎、［外務］首相兼任、［内務］堀切善次郎、［文部］三土忠造、［厚生］町田忠治、［農林］石黒忠篤、［逓信］池田宏、［拓務］竹越与三郎、［司法］松本烝治、［鉄道］井上匡四郎、［書記官長］大村清一、［法制局長官］次田大三郎、［無任所］若槻礼次郎だった。まず目につくのは政党からの入閣者の増大である。第一案では三～五名、第二案では三名（元政友会で当時も貴族院の政友系会派交友倶楽部に所属する竹越を入れれば四名）になる。また政党系候補者の性格にも変化が見られる。「流産」時に中心だった「革新派」が減少し（第一案の前田のみ、しかも前田は最下位の候補）、「現状維持派」の候補（「政党派」、民政党主流派）が増加している。この変化を有意のものと見るか否かは微妙な問題だろうし、現在の史料状況では断定的なことは言い難い。しかし宇垣が「現状維持的」勢力との関係改善を目指していた可能性もあるのではないか。もしそうならば、宇垣は前回の反省から組閣戦術を変更していたことになる。ちなみに次田は「流産」時の組閣本部にも関係していたが、他のスタッフが腰砕けとなるなかで、陸軍との対決も辞さない姿勢を示していたらしい（前掲『次田大三郎日記』一六九頁）。これに対して「病気」を理由に今回の組閣計画に加えられなかった今井田は、「流産」時には陸軍との対決に消極的だったようである（前掲「政界秘帖録」『政界往来』八巻三号、四五頁）。組閣計画から外された今井田は気分を害している（松本学『松本学日記』山川出版社、一九九五年、二六八～二六九頁）。なお、一九四〇年一月の宇垣の組閣構想でも政党からの入閣者は五名（［農林］桜内幸雄、［商工］三土忠造、［逓信］町田忠治、［鉄道］中島知久平、［内閣書記官長］一宮房次郎）に上る（前掲『大蔵公望日記』三巻、二二七～二二八頁）。

（136）西園寺公望は宇垣の外務大臣就任に際して、「もし萬一内閣が辞めた時に、なんといつても相当に押しも利けば骨もあり、実力もあるといふ政治家としては、やはり宇垣が第一人者のやうに思はれる。その取つときの人物に疵をつけられるといふことも困る」と懸念していた（原田熊雄『西園寺公と政局』六巻、岩波書店、一九五一年、三三〇頁）。結果的に西園寺の懸念は的中する。

第Ⅲ部

戦争の時代

宇垣人事　用意は慎重、たうとう おみこしが上りかけた……　岸丈夫

『文藝春秋』16巻18号，1938年10月

漢口攻略戦発動！　瓦礫だらけの興亜院建設現場をローラーで均すのは２人の外務省顧問（有田・佐藤)。宇垣のもとからは４羽の新大使（重光・東郷・大島・白鳥）が飛び立つ。後ろには２つ目の鳥籠（第２次人事）も控えている。

第1章　宇垣一成と日中戦争の全面化

はじめに

第一次世界大戦は日本に三つの新局面をもたらした。第一に、航空機、戦車、化学兵器などの「新兵器」の登場と、それにともなう用兵思想の根本的変革である。大戦を画して、日露戦争型の帝国陸軍の装備、用兵思想は完全に陳腐化し、その抜本的近代化が急務となっていた。第二に、辛酸な大量殺戮戦争の経験が生み出した国際的平和思想潮流と戦後不況が相まってもたらされた軍縮要求である。帝国陸海軍は国内外の軍縮要求に対応することが求められた。

第三の新局面は、極東の列強勢力図の流動化である。日本はドイツから山東権益を継承し、列強が欧州戦線に傾注している間に、袁世凱中華民国政府に「対華二一カ条要求」を突きつけて広範な政治的経済的新権益を確保した。日本の大陸進出は加速するが、他方で「友邦」帝政ロシアの崩壊により、両国の勢力範囲を定めた日露協約は破棄され、背後の安定は毀損された。また米国大統領ウィルソン（Thomas Woodrow Wilson）の「一四カ条の平和原則」に表された民族自決原則や、植民地兵の大戦参加などによって、「被征服民族」の民族運動が興隆した。極東でも運動は高まりを見せ、朝鮮においては三・一運動、中国においては五・四運動として先鋭化する。さらに「共産主義国家」ソ連の出現によって、共産主義インターナショナル（コミンテルン）の指導下に各国の共産主義運動は興隆し、一九二一年、上海で中国共産党が結党された。日本は激変した極東の国際情勢に対応することが求められた。

一九二四年、陸軍大臣となった宇垣は、こうした新潮流に対処するべく施策を開始した。まず宇垣は第一、第二の新局面に対しては、「宇垣軍縮」（第一次軍制改革）を断行し、装備近代化と「軍縮」を曲がりなりにも両立して見せた。これによって宇垣の政府、陸軍内での声望は飛躍的に高まり、政党政治にも理解のある軍人政治家として宰相候補にも擬せられる存在となる。続いて宇垣は第三の新局面に視線を転ずる。極東情勢の変転は軍人宇垣にとって無視しえない重大な軍事問題でもあった。また宰相候補となりつつあった宇垣にとって、より一般的な外交問題に関心が広がることは必然的なことでもあった。宇垣は外交問題、とくに極東問題の解決こそ「余の仕事の本筋」と意識するようになる[1]。宇垣には「外政家」としての一面があった。

そして、かかる「外政家」宇垣の集大成が第一次近衛文麿内閣での外務大臣就任である。日中戦争の早期和平を目指した宇垣は、外相就任に当たって近衛から「対手トセス」声明（第一次近衛声明）撤回の「言質」を得た。しかし蔣介石国民党政府との和平を推進しようとした宇垣は陸軍の反対に直面し、近衛は窮地に陥った宇垣を見捨てる。「宇垣外交」はわずか四カ月で終焉した。しかし結果として、陸軍の「横暴」、近衛の「無責任」に「翻弄」された宇垣の外交的「穏健性」は際立てられることになる。

しかし第Ⅰ部第2章でも触れたように、元来穏健な対中政策を志していたはずの宇垣は、満州事変の勃発に際してはむしろ急進化し、事変拡大の推進力となってしまっていた。なぜ宇垣は対中政策を一変させたのだろうか。そしてなぜ日中戦争においては再び以前の穏健政策に復帰するのであろうか。また宇垣の対中政策が必ずしも一貫したものではなかった以上、日中戦争に際して「穏健派」宇垣の果たした役割も再検討の必要があろう。宇垣は外相就任以前に、「支那事変ニ関スル重要国務ニ付内閣ノ籌画ニ参セシムル為」[2]に設置された内閣参議に任命されていた。同時期には「支那事変処理根本方針」の策定や「対手トセス」声明の発表といった日中戦争の進路を左右する重大決断が行われている。しかし対中外交に関して、宇垣の外相時代の施策が注目される一方で、参議時代に果した役割は従来等閑視されてきた。宇垣は日中戦争の全面化にいかに対応したのだろうか。

また日中戦争の早期解決を目標として宇垣を参議、外務大臣に抜擢したはずの近衛は、一体なぜ対蔣和平を目指した宇垣を切り捨てることになるのだろうか。近衛が宇垣の和平政策に不満を持っていたのだとするならば、そもそも近衛が日中戦争解決に関して宇垣に期待していた役割とはいかなるものであったのであろうか。以上の諸問題に論理的回答を得ることが本章の目的である。

一　陸軍大臣時代

では宇垣はその陸軍大臣時代、いかなる対中政策を志向していたのだろうか。中国国民党による北伐が進行中の一九二七年四月、宇垣は内閣総理大臣若槻礼次郎に対して、対中外交に関する自説を開陳している。それによれば、宇垣は近来の中国における排外運動や共産勢力の興隆に強い警戒心を示している。そして「満蒙に於ける帝国の地歩」擁護のため、従来の「幣原外交」による「隠忍自重」、「消極雌伏」の不干渉政策から脱却し、「積極雄飛」の対中政策に転換すべきだと主張する。「外政家」宇垣は「幣原外交」の批判者として登場した。しかし他方で、宇垣がその具体的手段として提案した方策はむしろ自制的なものであった。宇垣によれば、対中外交に関しては何よりもまず「列強間の対支協調を緊密ならしむる」ことが重要である。共産勢力への対応も、列強との協調裏に、反共宣伝や中国穏健分子との協力によって間接的に行うべきだとする。以上の方策だけでは不十分な場合のみ、

「実力を以て山東、江蘇、浙江、福建、広東の要点を押へて」ソ連からの軍需品移入を抑え、日本の貿易、企業の修復を図るとされたが、その場合でも「勉めて海軍をして当らしむる」とする。宇垣は幣原の不干渉政策を批判し、「実力」の行使も否定しなかったが、それはあくまで二義的三義的手段であった。またその場合にも陸軍の出動を避けたのは、中国および列強に侵略的印象を与えることを極力避けようとしたからであろう。とくに列強との協調を宇垣は最重要視した。

換言すれば、北伐に際する在中権益の擁護や防共問題のような、列強との協調裏に介入可能な問題に関してまで、幣原が不干渉政策を取っていたがゆえに、宇垣は「幣原外交」を批判したのである。「積極雄飛」の対中外交はあくまで「列強諒解」が得られる範囲で行われるべきものであった。そのためにも「小なる波紋に眩惑せられ或は突発の事件に憤激し夫れを好機として覇道的野心を弄したり又は報復的の強暴なる手段に訴へて時局の前途を益々紛糾せしむるが如きことは、避くべく努めねばならぬ」のであり、「冷静且穏健なる方策を確立し其の遂行を徹底することが何より肝要[3]」だと宇垣は考えていた。一方で「幣原外交」の不干渉政策を批判しつつも、なお宇垣は「冷静且穏健」な外政家だった。

一九二七年四月、田中義一政友会内閣の成立にともなって宇垣は下野し、自らの外交経綸を実現する機会は遠のいた。周知のように、田中は東方会議や山東出兵に代表される対中「積極外交」を展開する。「田中外交」の基本路線は、中国南北両政権の現状維持による満蒙既得権益の擁護であり、また国際協調政策を基調とする点では「幣原外交」と本質的な違いはなかった。しかし田中政友会内閣は、自身が無為無策と批判してきた「幣原外交」との対抗上、大陸問題には積極介入のジェスチャーを取らざるをえず、結果としてその実態以上に帝国主義的印象を内外に与えてしまったことは事実であった[4]。

宇垣は田中内閣の成立当初、列強（英米仏ソ）が中国問題に消極的となっているとして、「支那に対する日本の世界的立場を確立する」好機と考えていた。しかし「田中外交」が「鳴物入りの外交空騒」で「列強の神経を無益に刺戟」しているのを見て、宇垣は「田中外交」への批判を強めていく[5]。一九二八年五月の第三次山東出兵に際しては、軍事参議官会議の席上、宇垣は田中の面前で公然と出兵批判を展開した。宇垣の批判は第一には、今回の出兵は内政の行き詰まりを誤魔化すために行われた不純なものではないか、第二に、出兵にもかかわらず中国が日本の要求に応じなかった場合にはどうするつもりか、国運を賭すまでの覚悟があっての出兵なのか、第三には、列強との「協調諒解」は取れているのか、事態が重大化する懸念がある以上、列強の了解は不可欠ではないか、というものであった。宇垣の痛烈な批判に対して、「田中首相は不快の表情を示した[6]」。

宇垣が若槻に進言した外交意見で明らかなように、宇垣は「幣原外交」の不干渉政策に満足しておらず、中国問題にはより積極的、主体的に介入することが必要だと考えていた。ことに満蒙権益は「国民の鮮血」で購われたものであり、「国民的感情」からも譲歩はありえないと認識していた[7]。しかし宇垣にとって同様に重要だったのは、中国問題で列強間の協調体制を維持することであった。対中政策はあくまで列強の了解のもとに行われなくてはならない。したがってその「積極政策」も列強の容認可能なものでなくてはならない。「帝国の対支対満蒙施策や対極東西伯利の政策に於て東亜に於ける他邦の正義的機会や合法的権利を制限するは宜しくない。之れは十分に尊重し且自由を与へねばならぬ[8]」。換言すれば、宇垣にとって対中外交は対列強（とくに対英米）外交に他ならなかった。対中外交はまず「華府英京に眼を注ぎて大局の了解を遂げ、然る後に北京に向ふ[9]」ことが順序だと認識していた。

そしてこうした列強協調の枠内に止まろうとするならば、日本が大陸に求める権益もあくまで経済的なものに限定され、しかも日本のみが排他的に享受するものではなく、広く列強に開かれたものでなければならない。「吾人の仕事は領土的にあらずして経済的にある。而かも（中略）日支其他の列国と共存共栄にして一般人類の幸福増進に発足して居る[10]」と宇垣は主張する。逆に言えば、対中外交の目標が経済的なものに止まる限り、列強との協調裏に平和的方法で確保できるはずで、武力発動は避けうるはずである。したがって宇垣は山東出兵を全く無用の過剰反応だと見なし、派兵には国内不満の転換という隠された目的があるのではないかと疑った。そしてそのような不純な動機で列強の了解も得ずに武力に訴えた結果、抜き差しならぬ事態にまで状況が悪化してしまった場合に、田中に国運を賭すまでの覚悟があるのか、その覚悟がないならば派兵はすべきではないと批判したのである。

ところで、宇垣の田中批判は対中「穏健派」の立場からのものであるが、しかし視点を変えれば、現役軍人である宇垣が、対中外交の刷新を「余の仕事の本筋」と言い切り、「文官」である総理大臣兼外務大臣田中義一の外交政策を公然批判して憚らない事態は、「政論に惑はす政治に拘らす」という軍人勅諭の建前からは微妙な問題であろう。軍人の外交容喙という問題に関して宇垣はどのように考えていたのだろうか。

そもそも宇垣と大陸問題との直接的関わり合いは、一九一八年に陸軍と段祺瑞との間に調印された「日華陸軍共同防敵軍事協定」を嚆矢とする。当時参謀本部第一部長たる宇垣は、陸軍代表団の一員として対中交渉に参加していた。ロシア革命の進行を背景に、ドイツ軍の極東進出を防ぐという名目で締結された協定は、満蒙での日本軍の行動の自由、中国軍の日本陸軍隷下での行動を規定するなど、重大な政治的意義を有するものであった。しかし同協定はその発意から締結まで参謀次長田中義一を中心として陸軍によって主導された。そのため世上、陸軍による外交への不当介入、二重外交との非難も招いた。こうした非難に対して宇垣は、外交は外務省が担当することが本来ではあるが、「帝国の自衛生存に切り離すことの出来ぬ支那」に関する外交に関しては、「国防の必要上当然参謀本部は益々支那に関する智識を啓蒙し人を派して各方面に接触を勉めて異日の飛躍を準備し置くこと肝要なり」と反論している。[11] こうした宇垣の考えは陸軍大臣として国政の一角を担う立場になってからも変わっていない。宇垣は、「支那或は西伯利亜に対する問題」は「外交問題であると同時に国防問題」であり、陸軍は今後も「世間で二重外交三重外交と叫ぶともどしどし遣る積りである」と公言する。[12]

確かに宇垣の言うとおり、外交と国防は本質的に分離し難い。しかし両者が全く一体ではないことも言うまでもない。軍人の外交容喙を積極的に肯定して憚らない宇垣の姿勢は、その意味ではいささか乱暴である。こうした宇垣の思想を下支えしていたのが、陸軍では対中外交を「国家の浮沈、国運の消長問題」と見なして、「頗る真剣味を帯び、生死を賭して努力」しているから、「支那に対する陸軍側の研究は頗る権威あるものなり」との自己評価だった[13]。この考えは同時に外務省プロパーに対する低評価とも表裏一体であった。宇垣によれば、外務省の外交官は語学能力が低く、任地外国人との交際範囲も「特別階級のもの」に限られ、その「手腕力量」には疑問符をつけざるをえない。したがって「帝国の自衛生存に切り離すことの出来ぬ支那に対して今日の外交家の手腕にのみ放任し置くは危殆失敗の基である」とする[14]。陸軍の外交問題への容喙は、陸軍の「外交能力」への高評価と、外務省のそれへの低評価によって、「帝国の自衛生存」という大義名分の前にはやむをえぬこととして正当化されていたのである。

二　満州事変

一九二九年七月、浜口雄幸内閣で再び陸軍大臣に返り咲いた宇垣は、この「再度の御奉公の機会に於て（中略）対支政策に微力を尽[15]」すことを誓い、その外交経綸の実現に強い意欲を示した。しかし同内閣で宇垣は、第二次軍制改革という最重要の課題に取り組まねばならず、また一九三〇年三月に重度の中耳炎に倒れると、事後半年にわたって療養を余儀なくされる。宇垣の当初の熱意にもかかわらず、対中外交の刷新は思うように進まなかった[16]。そして浜口内閣の総辞職にともない、後継首相若槻礼次郎の手腕に疑問を抱く宇垣は、若槻のもとでは対中外交の刷新は「達成不可能[17]」となったと考え、朝鮮へ去る。他方、陸軍部内では加熱する排日運動に刺激されて、満蒙問題武力解決構想が急激に台頭していた。一夕会会員を中心として、陸軍省、参謀本部、関東軍には満蒙問題武力解決を志向する中堅将校の横断的連携が形成されつつあった。しかし第Ⅰ部第2章でも見たように、宇垣はこうした部内の急進化した空気に容易には感化されず、満蒙問題には自制的態度を維持し続けた。だが満州事変の勃発はこうした宇垣の態度を一変させることになる。

柳条湖事件の翌日、一九三一年九月一九日には、宇垣は早くも、「保護独立国建設等の大芝居が打てぬなら、所謂画竜点睛を欠くものである。先づ之に向つて働き少くも重要懸案の解決に導かざる限りは仕事は徒爾に終はれりと謂はねばならぬ[18]」と言い、満蒙問題の武力による「領土的」解決を否定していた従来の立場を転換してしまう。さらには「満州事変に関して連盟が文句を述べようとも米国が横槍を入れようとも夫れははね付け置けば宜しい」、「列国の思惑などに心配せず邁進するの必要がある[19]」とし、列国間の協調を訴えていた立場からも一八〇度転換してしまう。事変勃発の一カ月後には、宇垣は北満への進出と、中国中央政府から全く分離した独立国家の樹立を訴え、問題解決前の撤兵を否定するなど、併合論を掲げる関東軍に次ぐ強硬派となっていた[20]。一体なぜ、宇垣はその態度を急変させたのであろうか。

これは武力的、領土的解決策を否定して経済発展を図るという従来の宇垣の対中政策が、四囲の情勢を考慮して選択されたある意味では便宜的なものであり、宇垣の絶対的プリンシパルに由来するものではなかったことにある。宇垣は穏健的満蒙政策を主張していた一九二八年当時、「対支那問題に関する管見の綱要」という文書を記している。それによれば、満蒙において日本の目指すべき政策目標には四つの選択肢がある。①領有、②独立国家（保護領化含む）、③経済的権益の増進、④現有権益の擁護、である。このうち、いずれを目指すべきかは日本の置かれた時々の条件次第であり、その条件は、Ⓐ国内世論の統一、Ⓑ日本の実力（軍事、経済、工業）、Ⓒ英米の理解、によって決定される。そして宇垣の見るところ、田中外交によりⒸ英米の理解が毀損されている現下の情勢では、差し当たっては③経済的権益の増進、あるいは④現有権益の擁護で満足しなくてはならない。しかしこれは最終的なものではなく、その間にⒶ～Ⓒの要機の充足に努め、「夫れが好転の時期が世界の変局の好機も□せば之を捉へて上下関係にまで持ち行くべきである」という。すなわち①領有、②独立国家という選択肢も絶対的に排除されたわけではなく、状況次第では目指すべき目標となると認識されていた。当然のことながら、領有、独立国家建設となれば、それは武力発動を前提としている。もっとも宇垣はこの文書でも軽挙に武力を用いることを戒めている。しかし理想論としては、満蒙問題の領土的解決ができるならばそれに優ることはないと考えていたことは間違いなく、その意味では現下の穏健政策の主張は「今日の芝居」であった[21]。もちろん、柳条湖事件の勃発当時、Ⓐ～Ⓒの要件が充足されていたとは到底言えない。しかし現実局面が武力発動という一線を越えてしまった時、宇垣は武力発動に見合った成果、すなわち満蒙問題の領土的解決という究極的目標に、列国との協調をかなぐり捨てて突き進んだ。

また満州事変勃発まで穏健的主張を維持していたとはいえ、他方で、排日運動が興隆するなか、宇垣は満蒙権益に対する危機感を次第に増加させていた[22]。宇垣の心情に揺らぎが生じていたことは確かである。宇垣は満蒙権益で譲歩する気はなかったが、平和的手段による権益確保は次第に困難になっていた。宇垣もそのことは薄々自覚していたであろう。こうしたなか、「鉄道破壊の彼の暴挙」が宇垣の感情を一気に悪化させ、その政策を転換させた（宇垣は柳条湖事件の実相について当初全く無知であった[23]。あえて「無知」であろうとした側面もあったのかもしれない）。

さらに第Ⅰ部第2章でも見たように、この頃の宇垣は極東ソ連軍の増強に一応の注意を払いつつも、差し迫った脅威になるとは考えていなかった。この認識は満州事変勃発までは、対満蒙穏健策につながっていた。しかし満州事変勃発後は、宇垣のソ連「非脅威論」はむしろソ連の反応を軽視し、軍事行動拡大に拍車をかける役割を果たした。したがってソ連の出方を警戒して北満進出に二の足を踏む軍中央を尻目に、宇垣は全満州の軍事的掌握を高唱できた。

一九三一年九月二三日、折から朝鮮を訪れていた在郷軍人会会長鈴木荘六と面会した宇垣は、「保護国の建設少くとも学良の駆逐までは持ち行かねばならぬ。乍併個様な事を耳にしたならば霞ヶ関辺では腰を抜かすものがあるかも知れぬから、出先に於て膳立てをなし最後の承認丈けを持ち込む位になさね（ば）ならぬ」との意見を陸軍大臣南次郎、参謀総長金谷範三に伝言するように依頼した[24]。宇垣は出先部隊の「独断専行」によって既成事実を作り上げ、政府、外務省を引きずることを積極的に肯定していた。「政府と与党の腹の出来ざると幣原の理屈狂の迷想は当面事件前途の患害である。之を引摺り行くことが焦眉の急務[25]」であると考えたのである。すでに見たように、宇垣は対中外交に関する限り、陸軍は外務省を凌駕する能力を持っていると確信していた。したがって、陸軍が逡巡する政府、外務省を「独断専行」によって「引摺り行く」ことは、宇垣にとっては全く正当なものであった。

かくして穏健な対中政策を主張していたはずの宇垣は、満州事変勃発後の実際局面では、むしろ事変拡大の推進力となってしまった。宇垣は「新政権を樹立せしめ支那本土と切離し之を相手として善後所置すべき意味のことを首相、陸相、本庄氏等へ進言注告し」、「本庄氏や南氏が五月蝿がるかも知れぬ程今次の事件に関し殊に前後の処置に関しては電報や書信を往復」した[26]。すでに現役を退いていたとはいえ、この頃の宇垣は南、金谷を通じて陸軍中央に未だ相当の影響力を行使しえた。南は宇垣への帰属意識が濃厚であった[27]。また当の関東軍自身が、軍中央説得のために宇垣の力添えを望んだ事実（第Ⅰ部第2章）が、中央に対する宇垣の影響力の大きさを証明している。満州事変の拡大に宇垣の急進化が与えた影響は小さくはないだろう。

この年、宇垣は年末の『日記』に、「今年に於ける世態の成行を静観すれば、愉快禁ずる能はざるもの少しとせず。（中略）近時の国軍活動の状態を見れば大体に余の希図に叶ひつつありて愉快に堪へぬ[28]」とまで書き込んでいる。しかし宇垣の「変節」は、その満蒙政策に関する元来の主張であった《列国協調、平和的手段、経済的発展》の鼎の一脚である《平和的手段》が柳条湖事件で破られ、《軍事的手段》が既成事実となったため、必然的に《経済的発展》はそれに見合った成果である《領土的発展》に格上げされ、《列国協調》も一時的に不可能、ないしは毀損やむなしと判断されたためであった[29]。やがて満州の騒乱が落ち着きを取り戻すにつれ、宇垣の立場は再び従来の穏健策に立ち返ることになる。

三　対中政策の回帰

強硬論で満州事変の拡大を支持した宇垣であるが、その強硬意見には徐々に変化が現れる。事変勃発当初、宇垣は列国の反発を度外視しても独立国建設まで邁進することを主張していた。しかし、やがて列国の反発を憂慮する記述が『日記』に散見されるようになる。宇垣によれば、「満蒙を経済的に吾人の自由活動の天地たらしむること は帝国民が生きるが為」の要求であった。そして今や満州事変によってそれは達成された。しかしながら日本がより以上の発展を目指すならば、今後は「支那四億の民衆」を離反させてはならないし、「米英露をも常に考慮に入れて置くの必要がある[30]」。宇垣は「国民の鮮血」によって築かれた満州権益を確保した以上、「国際間に於ける帝国の孤立的地位を脱して協和親善の関係に復帰」し、外交を「正道復帰」させなければならないと考えるようになる[31]。

リットン報告書の採決が近づくと宇垣は焦燥を強めた。宇垣によれば、連盟各国のなかには日本の同情者となる国もあったはずであり、報告書の内容緩和や、採決引き延ばしの余地もあったはずなのに、外交当局は「無能振り」を発揮し、なんら有効な対策をとれなかった。松岡洋右（国際連盟総会日本代表首席全権）は列国ではなく「自国に向かつて盛に放送」し、「押の一手一天張り無策外交の極致を発揮」して、「列国の感触を害して極度に事態を悪化せしめた」。そして「単純に徒に即時連盟脱退などを呼号して国民を興奮せしめて居る」。宇垣は脱退という選択肢を絶対的に排除したわけではなかったが、「帝国が連盟に参加したるは平和と協調を念とする崇高なる精神を基調とするもの」であり、満州国問題で対立したからといってそれだけで脱退に及ぶのは「軽挙」だと認識していた。宇垣にとって「一時の感情に昂奮」した連盟脱退論は「狂気地味たる」ものであった(32)。

一九三五年、陸軍による華北分離工作が活発化すると、宇垣は陸軍の外交容喙への不満を抱き始める。この頃もまだ宇垣は陸軍の中国研究の優位を信じ、西園寺公望に面談した際は陸軍の外交容喙を擁護していた(33)。しかし陸軍の工作により殷汝耕が冀東防共自治委員会を組織すると、「少壮軍人及浪人」などが「北支に於て無統制に単に愛国的感情にて盲動する」ことを憂慮するようになる。宇垣は華北に親日独立政権が樹立されること自体は望ましいと考えていたが、陸軍の工作はあまりに杜撰、強引であり、それが原因で英米との関係がますます悪化することを恐れた(34)。「吾人は出来る丈け各国の疑惑を蒙るが如き政策は棄てて率先して国際親善に勉めねばならぬ」。宇垣は華北分離工作は一先ず打ち切り、列国感情に配慮して外交の立て直しが必要だと考えた(35)。宇垣はこれまで絶対の信頼を寄せていた陸軍の対中外交能力に不審を抱き、その統制の必要を意識するようになっていた。陸軍の対中政策への不信は、陸軍の外交介入を積極的に肯定していたかつての宇垣の認識に根本的見直しを迫ることになる。宇垣は今や「平和国交の第一線より軍部は引下るべきである」とする。そして、かつてはその能力に疑問符をつけた外務省の「門戸を開放して第一流の人材を総動員して」、対中外交の「第一線」に返り咲けねばならないと考えるようになる(36)。

一九三七年七月七日、北京郊外の盧溝橋で発生した日中両軍の武力衝突（盧溝橋事件）を契機として日中は戦闘状態に入った。満州事変の興奮が静まるにつれ穏健な対中政策に回帰していた宇垣は、日中戦争の勃発をいかなる思いで迎えたのだろうか。

事変勃発当初、宇垣は武力衝突の「曲直」がいずれにあるかはともかく、少なくとも中国には事変拡大の意思はないと判断していた。したがって事変が重大化しつつあることの責任は一に過剰反応した陸軍にあると考えた。

「陸軍の動向は誠に寒心に堪へざるものある」。そして「出先の子供の喧嘩に親が飛出し夫れが叩き合を始めるなどは、余りにも大国の動きとしては大人気なく余りにも大義名分に欠けて居る」と考えた[37]。陸軍の対中政策とその外交容喙に根本的不信感を抱くようになっていた宇垣の反応は、柳条湖事件の時とは対照的だった。

両事変に対する宇垣の反応の違いには別の理由もあった。宇垣は「今日の戦争は一国の存亡の為か、国際正義の為か、国家の利害の為にあらざる以外は起すべきものではない[38]」と考えていた。すでに見たように、宇垣は満蒙権益は「国民の鮮血[39]」によって購われたものであり、その擁護は国際正義のうえからも当然のことと信じていた。また同時に、それは「帝国民が生きるが為には最小限度の要求[40]」でもあった。満蒙権益は究極的には武力によってでも擁護せねばならない日本の核心的利益だと見なしていた。これに対して「中国本土」の権益、すなわち「長江流域に於ける帝国の地歩」は主に「企業家」の「利害の打算」によって築かれたものであり、状況いかんによっては再び「利害の打算」によって撤退することも「極端論」とはいえありうることだと考えていた[41]。宇垣にとっては、「日支事変は存亡の為でも、正義でもなく、将（た）利害として利と云ふよりも害が強く伴ふ傾きのある、無経綸の企であるとしか思へぬ[42]」のである。したがって柳条湖事件の時とは対照的に、戦闘の速やかな終結を主張することになるのである。

四　内閣参議時代の「迷走」

一九三七年一〇月、宇垣は第一次近衛文麿内閣の参議に就任する。内閣参議は首相の相談役であり、具体的な権限を有していたわけではない。首相を交えて週に一、二度集まって座談的に時局問題を論じるのみで、参議会としての意見を集約統一するようなこともなかった[43]。しかし宇垣にとっては一九三一年に陸軍大臣の座を退いて以来、実に六年半振りの国政復帰であった。内閣参議制度は内務大臣馬場鍈一の進言に基づくもので、馬場は「これを最も熱心に推進した[44]」。馬場によれば、日中戦争解決のためには「内閣に重みをつけて強化する」ことが必要だが、現状では「改造も出来ねば無任所相新設も不可能であり委員制の如きもので補強せねばならぬ」。そして宇垣に参議就任を求めるのは、日中戦争解決のため宇垣の声望を必要とするからである。事変が長期化すればするほど国民の和平条件への期待は高まるが、現実にはそれほどの成果は期待しえないかもしれない。その場合、「軍人」である宇垣が「平和交渉の先頭」に立つことで、乏しい和平条件でも国民を納得させることができると考えたのだという。馬場は逡巡する宇垣に対して、「どうしても入つて貰はねばならぬ。君と池田成彬氏だけが、実は目標なのだ。ここだけの話だが、その二人だけで宜いやうに近衛公も考へてゐるのだけれど、いろ〳〵の事情があつて七、八名になるのだ。池田さんに話したら、宇垣さんが入るならば、と言はれた」と言って口説き落した。自身の起用意図を説明された宇垣は、事変解決のため「火中の栗を拾」う覚悟で参議を引き受けた[45]。馬場の発言からは、近衛が宇垣の任命をもって、和平条件の緩和も視野に入れた対中和平の促進を目指していたように理解できる。つまり参議に対中政策転換の梃子としての役割を強く期待していたように読める。

しかし当の近衛の発言はややニュアンスを異にする。近衛によれば、内閣参議制度は「国策審議会でも作つて、宇垣、荒木、末次といつたやうな連中を入れ、それに対しては日本の陸軍も一致して、派閥なんかの関係もだん〳〵なくなつて来たといふことが判るやうに、所謂ヂェスチュアにさういふものをつくりたい[46]」との意図に発するものであった。「内閣に重みをつけて強化する」という意味では馬場の発言とも共通するが、馬場が言うような和平条件緩和も視野に入れた政策的意図というよりも、内閣、国内の結束を可視的に示すことにより力点が置かれていたようだ。近衛が組閣以来、「国内の相剋を解消する為」としてこだわってきた二・二六事件などの政治犯に対する「大赦の恩典[47]」と同一の発想に連なるものである。

もちろん、参議制度の創設が日中戦争解決に向けた内閣強化の一環であったことは間違いない。国外においては中国に対して日本の挙国的結束を誇示し、国内においては陸軍に対する内閣の権威を高めることにつながる。しかしでは、その人選に関して何か政策的目的があったのかという問題になると、極めて疑わしいと言わざるをえない。まずはその極めて雑駁な人選である。陸軍では「統制派」から宇垣と（近衛は宇垣を「統制派」と認識していた）[48]、その宇垣および「統制派」と激しい派閥抗争を繰り広げた「皇道派」から荒木貞夫が任命された。海軍では「条約派」から安保清種が、「艦隊派」からは末次信正が任命された。政界方面では政友会から前田米蔵が、民政党からは町田忠治が、小会派からは近衛側近でもある秋田清が任命された。また財界方面では池田成彬と郷誠之助（郷は貴族院議員でもある）が任命された。外交畑からは松岡洋右（松岡は満鉄総裁として国策会社系の代表でもあろうか）が任命された。この人選に何か政策的一貫性を見出すことは困難である。「国内の相剋を解消する為」に意図的に雑駁な人選が行われたと理解する他ない。宇垣自身の感想によれば、「戦後の始末を穏かに、との近公の苦心は参議人選の上に歴然として居る。併し聊か苦心の度が過ぎて妙な存在をも確認[49]」するという。当の宇垣自身も、参議の人選が国内融和を主眼に実行され、政策的一貫性とは無縁のものであることに自覚的だった[50]。

前述のように、馬場は参議の人選は宇垣と池田だけが「目標」だと言って宇垣を口説いた。馬場の意図はまさにそのとおりだったのかもしれない。しかし現実には、当の近衛の「最初の案には池田はなかつた」。近衛は当初は、「三井の池田とかなんとか言はれるので、池田は入れない」つもりであった[51]。また宇垣についても、近衛は大赦問題に関して、三月事件の責任者である宇垣がなんの咎めも受けずに政界に留まっているのに、真崎甚三郎などの二・二六事件の関係者のみが法的、社会的制裁を受けていることに不満を抱いていた[52]。元来「皇道派」と近く、宇垣とはさしたる接点のなかった近衛が、宇垣に特段の好意的認識を持っていなかったことはむしろ自然なことである。近衛は、「皇道派」は「満州事変にも支那事変にも勿論反対」であり、「偶々二・二六事件に皇道派が連座、一斉に葬られたといふことは支那事変、今次大戦に対外政策が持つて行かれる途が開かれた契機となつた[53]」と認識していたくらいだから、自身が「統制派」と見なす宇垣に対中和平に関して特別の政策的期待を掛けていたとは思えない。宇垣の参議就任は、「皇道派」の首領荒木の参議就任とセットとし、仇敵融和と挙国一致の「ヂェスチュア」とすること、ひいては中国、陸軍現体制への牽制策とすることに主要な目標があったのだろう。だから近衛は参議に政策ブレーンとしての意味ではほとんど期待していなかった。「結局これは会合させると後でいろんな議論だのなんかをしたりして、かへつて危険だから、各個に意見をきいて廻らせるやうにしようと思ふ。まあヂェスチュアに過ぎない。大したことでもない[54]」のである。

近衛が宇垣の和平構想に特段の期待を掛けていなかったことは、参議就任前後の宇垣の和平構想の迷走振りからも間接的に補完される。すでに見たように、戦争勃発直後の宇垣は、その対中政策の原則（列国協調、平和的手段、経済進出）に基づき、戦争の意義に極めて否定的であり、速やかな終結を求めていた。しかし日本側の自制によって初期の小競り合いの段階で停戦に持ち込もうという宇垣の希望は裏切られ、戦闘は泥沼化の様相を呈し始めた。そして戦闘の長期化にともなって、宇垣の構想にも変化が現れることになる。

盧溝橋事件から一カ月後の八月中旬、宇垣は従来の局地解決方針を放棄した。すなわち、「今次事件が甚しく拡大せしは遺憾なれども今更悔みても詮なき事」であり、この際は「今次の事件を支那国民の過去の迷夢を醒さしむる絶好の機会として好用すべきである」。そして「短時日間に徹底的の打撃強圧を加ふること」で、「失地回復抗日など」は不可能であることを自覚させようと考えた。宇垣は日中戦争を「無経綸の企」と見なしていたが、今となってはこれを「日本の利益になる様、正義に根拠を有する様に導かねばならぬ」と考え、この際は一時的に戦線を拡大しても積極攻勢で中国の抗日意欲を一掃しようと目論んだ。そして然る後に寛大な和平条件を提示することで早期終戦を実現しようと考えた。これは「余り好ましき手段ではないが今日としては之れをしも最好手段として認めねばならぬ」[55]。したがって宇垣は陸軍強硬派の積極攻勢による対中一撃論を支持する。むしろ「断乎対支膺懲の意気」の不徹底を非難するほどである[56]。

しかしながら宇垣自身も認めざるをえなかったように、「叩き付けて然る後に握手をするとは随分虫の好い、将（た）無理の注文」に思える。しかし宇垣は可能性はあると考えていた[57]。宇垣の楽観の裏には、国民国家の構成員としての中国人に対する極めて辛辣な評価があった。宇垣によれば、「支那人に国家観念だの敵愾心だのと気の利いたものの持合せは殆んどない。左様に見へるのは大部は盲目的雷同や我慾一天張りの支那魂性の発露である」。したがって「一朝形勢が変れば忽ち豹変する支那人だから、此の呼吸を飲込みて此度の機会に皇道の難有味と恐ろし味を徹底的に支那人に認識せしめ」れば「存外甘く運ぶ[58]」と考えた。かくして、盧溝橋事件当初は陸軍と政府の過剰反応を批判していた宇垣だが、一転して戦線の拡大と徹底的「対支膺懲」を支持することになった。

中国人の「国家観念」への低評価は、対中外交を対列強外交と見なす宇垣の認識と表裏一体の関係でもあった。宇垣の楽観を裏切って中国の頑強な抵抗が続いた時、宇垣はその第一の要因は第三国、なかんずく、英国による対中援助にあると見た。「対抗の力なきものに第三第四者が力を添へて戦争を起さしめ又夫れを永引かしむる[59]」と考えた。したがって早期和平の要訣はこの列強の対中援助を停止させることにある。ただし宇垣は列強に対する敵対的政策を意図していたわけではない。むしろ欧米列強に対する国民や出先官憲の「感情的に発作する刺戟的行為」を慎ましめ、「対英米関係を改善」することが必要だとする。そして日本が北支に勢力圏を築く代わりに、英国には南支を勢力圏として認め、また中支は各国の平等な自由競争圏にしようと考えた[60]。宇垣は英国を「打算」で動く国家だと見なし、相応の代償を与えることで対中援助から手を引かせることが可能だと考えた。さらに英国が「打算」的国家ならば、日本が中国を徹底的に打ち破れば、英国は「急角度に態度を換へ」、対中援助から手を引くだろう。なぜなら国民党政府が壊滅すれば、英国の対中援助は「不渡不払」となるからである。したがって宇垣は英国をはじめ対列強対策としても、中国を徹底懲戒して日本の圧倒的優位を列強に誇示することが必要だと考えた[61]。そして列強が対中援助から手を引けば、「他力依存思想」の中国は抗戦意欲を失うだろう。かくして早期和平のためには、対中対策、対列強対策の両方の意味で、対中徹底懲戒が必要だという結論になる。

宇垣の日中戦争早期終結策は、それ自体としては論理的に一応筋の通ったものであった。しかし日本軍の進撃にも中国軍の抗戦意欲が衰えず、列強の対中援助も継続される時、戦争終結の見込みのつかぬまま、戦線だけが際限なく広がり続けることになる。そして形のうえでは拡大し続ける「戦果」によって、政府、軍、国民の期待する講和条件は引き上げられる。これにともない宇垣の対中要求も加算される傾向にあった。戦争勃発当初、宇垣は日本、満州国、中国が相互に排他政策を中止して各方面での協力関係を深めること、互いに相手領土を脅威する政策をとらないこと、北支、山東地方の治安維持、産業開発で協力すること、といった程度の条件で和平交渉に入る考えであった[62]。もともと宇垣の関心は満州に集中しており、「中国本土」の権益には満州権益ほどの関心はなかったからである。しかし参議就任後間もない一九三七年の末には、宇垣は日中戦争の目的は、「東洋の盟主」にふさわしい国力を涵養するために、「全支那に資源と市場を求むる、最小限度に於て北支即ち白河及黄河の流域に於て求むる」[63]ためであると積極化していた。したがって、その対中和平条件も必然的に以前より強硬なものとならざるをえない。この頃の宇垣は和平条件として、①全中国、とくに北支における資源開発、②鉄道、空路の新設、③排日意識の是正、取締り、④顧問、教師、技術者の雇用、⑤一定地域に一定期間の日本軍駐兵と非武装地帯の設定、⑥駐兵期間における同地の交通確保、⑦互市場確保、⑧各界の提携、⑨不法行為に対する賠償、⑩防共協定参加、⑪満州国承認、などを想定していた[64]。戦争勃発当初よりも宇垣の和平条件は明らかに積極化していた。当時は首都南京の陥落（一二月一〇日）前後の時期であり、首都陥落による国民党政権の屈服ないしは崩壊に宇垣も当然期待をかけていたのだろう。

同時期、宇垣は「反省」を示さぬ国民党政権に見切りをつけ、「蔣政権否認の主義」に傾きつつあった。そして「北支に独立政権を樹立」し、「漸を追ひ全支の統一に進める」ことを考慮し始める[65]。宇垣の目論見を裏切って対日抗戦を継続する国民党政府に対する宇垣の期待は急速に低下していた。一二月、北京に中華民国臨時政府が樹立されると、宇垣は政権の顔触れにやや不満を抱きつつも、新政権の樹立自体には「結構なり」と一定の評価を下している[66]。また同時期には、宇垣は自らが日本側全権兼新政権最高顧問として新政権に乗り込んで、政権の育成を図る構想を練っていた（次章）。この時期の宇垣は国民党政権否認と新政権育成に傾いていた[67]。

一九三八年一月九日、参議の会合が開催され、連絡会議、閣議で検討されてきた「支那事変処理根本方針[68]」の参議に対する説明が行われた。同方針はトラウトマン工作に際して検討されてきた対中方針、和平条件を一一日の御前会議で改めて議決するため策定されたものである。それによれば、「支那現中央政府ニシテ此際反省翻意シ、誠意ヲ以テ和ヲ求ムル」場合には次の条件で講和に応ずるとした。すなわち、①満州国承認、②排日排満政策の放棄、③北支、内蒙に非武装地帯設定、④北支の特殊地域化、ただし主権は中央政府とする、⑤内蒙に防共自治政府設立、⑥防共政策で日満支の協力、⑦中支占領地域に非武装地帯設定、大上海市区域での治安維持、経済発展での協力、⑧資源開発、関税、交易、航空、交通、通信などでの日満支協定、⑨所要の賠償、である。さらに保障目的で、⑩北支、内蒙、中支の一定地域に一定期間駐兵する、⑪休戦協定はこの講和条件の協定が成立してから開始する、と定めていた。一見してわかるように極めて苛烈なものであり、これを示されたディルクセン（Herbert von Dirksen）駐日ドイツ大使をして到底見込みなしと言わしめ、策定に関与してきた外務省の石射猪太郎東亜局長に至っては、「こんな条件で蔣が媾和に出て来たら、彼はアホだ[69]」とまで長嘆する内容であった。そのうえ、もし同条件で「支那現中央政府ガ和ヲ求メ来ラサル場合ニ於テハ、帝国ハ爾後之ヲ相手トスル事変解決ニ期待ヲ掛ケス、新興支那政権ノ成立ヲ助長シ、コレト両国国交ノ調整ヲ協定シ、（中略）支那現中央政府ニ対シテハ、帝国ハ之カ壊滅ヲ図リ、又ハ新興中央政権ノ傘下ニ収容セラルル如ク施策ス」として、直後の第一次近衛声明「爾後国民政府ヲ対手トセス」ほどの峻厳さはないものの、国民党政権の否認を仄めかしていた。参議会合において、宇垣は言葉遣いの問題で若干の意見を述べた以外は、こうした内容に一切異議を申し立てていない。むしろ「茲に和戦に対処する方針を決定せらるるのは可然事であり結構と考へる。寧ろ此方針決定の遅かりしを惜むものである」と評価している[70]。これは後に宇垣が外務大臣としてコンビを組むことになる石射東亜局長が、政府和平案に対する怒りと諦めを書き連ねたのとは対照的である[71]。そして一月一六日、国民党政府の回答に和平の誠意なしと判断した日本政府は「対手トセス」声明（第一次近衛声明）を発表することになる。しかし「内閣や参議の会ではそれはちっとも問題にならなかった。いずれも、それでいいとして、異議をとなえたものはなかった[72]」。宇垣は「対手トセス」声明を容認してしまったのである。

　これまで宇垣が軍事的圧倒と寛大な和平条件の併用を早期和平の要訣としてきたことを考えれば、戦線の拡大と積み上げられた戦果に引きづられて、強硬な和平条件と、それを肯んじえない国民党政府の否認、新政権育成を無批判に受け入れてしまったことは論理的に整合性がつかない。しかし前述のように、宇垣は元来、日中戦争を「無経綸の企」と見なし、それゆえに起こってしまった戦争をなんとか「日本の利益になる様、正義に根拠を有する様に導かねばならぬ」と考えていた。こうした宇垣の思いは、戦争を正当化するに足る「成果」を求める思考に結びついてしまったのだろう。さらに、前述したような中国人の国家観念に対する低評価も転向の背景にあったのだろう。中国人の「国家意識は強烈ではない。吾人から見れば頗る稀薄であり、微温である。（中略）首脳者の利己的欲望に苦められて居る、多年軍閥や政治屋の虐政に悩まされて居る。支那人は今や万事に先んじて善政と統一によりて平和の維持と彼等存在の確認を渇望して居る[73]」という宇垣の中国人理解からすれば、中国主権に激しく干渉する苛烈な和平条件も和平の本質的障害となるものではなかったし、また新政権もその施政次第で中国民衆に容易に受け入れられると判断していたのだろう。また当初の観念的議論は議論として、現実政治の局面では、宇垣といえども戦争の熱狂とは無縁ではなかったし、国内的な意見の硬化からも当然に影響を受けたのだろう。

盧溝橋事件勃発以降の宇垣の対中政策は動揺し続けていた。そして参議就任前後には、宇垣の対中政策は近衛内閣、軍のそれとも変わらぬ強硬なものだった。つまり近衛が宇垣にそれまでの内閣の施策とは異なる新たな和平構想をもたらすことを期待して参議に任命したとはちょっと考えにくい。やはり近衛の意図としては、かつて「皇道派」と争った陸軍巨頭の宇垣を荒木とともに内閣に取り込むことによって、仇敵和解と挙国一致を示し、自身と内閣の声望が高まることを期待したのだろう。重要なのは宇垣の名前であった。もちろん、それは間接的に和平に資するものではあったが、しかし宇垣に特段の政策的貢献を期待していたわけではなかったのである。そして実際、参議となってからも宇垣の対中政策は基本的に政府のそれと軌を一にするものであり、その意味で内閣に一貫した政策的影響を与えることはできなかった。

五　外務大臣への抜擢

政策的には政府、陸軍と一致していた宇垣だが、他方で、政府、外務省、陸軍の外交手腕には非常に厳しい目を向けていた。前記参議会合において、宇垣は「支那事変処理根本方針」の決定を評価したものの、政府、軍部の外交折衝振りには苦言を呈した。宇垣は、「今日迄の遣り方を見れば政府も軍部も単に正道丈けを踏んで奇道、権道、変道を取り居らるる形跡を少しも認め得ぬ」として、「宣伝戦」、経済戦、「軍閥の買収等」の「権道奇道」を積極的に試みるべきであると進言した(74)。三月に入ると宇垣の批判はさらに尖鋭となる。宇垣は、「現当局」の対中施策は「只無為観望、天佑的の国運や時局の好転を待つ的のもの」であり、「誠に遺憾千万である」と酷評した。そして具体的施策として、「支那に向つ（て）は積極的に国民政府方の切崩し攪乱も遣れば新政権の覆行大成を促進すべきである。又其の他の諸国に対しては国際関係の調整に満幅の熱意と手段を用ひ、殊に対英関係に於て然りとする。（中略）断じて無為観望を許さぬ」とする。[75] 一九三八年に入ってから宇垣自身の外務大臣就任まで、『宇垣一成日記』には近衛の「公卿根性」や広田弘毅外相の「無為無気力」、「軍部の脱線」に対する批判が散見される。[76] 宇垣が「支那事変処理根本方針」や「対手トセス」声明を受け入れていた以上、その直後に政府、軍部に対する批判を唱え出すのは少々矛盾しているようにも思える。これはこの時期の宇垣の当局者批判が、根本的な対中政策の是非というよりは、手段としての政治外交戦術の是非に向けられていたためである。

そして先の参議会合での政府への意見具申にも見られるように、参議就任後の宇垣は、そうした手段としての政治外交戦術については折に触れて意見具申を行った。試みに『宇垣一成日記』などから宇垣の近衛首相、広田外相に対する意見具申を列挙してみると、一九三七年一〇月、近衛に対して北支の政治経済工作と上海占領後の列国外交に関して政府方針を確立して出先の統制に遺憾なきを期すよう、また戦争目的の明確化について意見具申している。また一一～一二月には近衛に対して内閣の改造をたびたび忠告していた。同じく一二月には和平問題に第三国が介入することを避けるよう進言したようだ。翌一九三八年初めには外交工作による英米の取り込みについて外務大臣に意見具申している。三月には対中政策を一元的に取り扱う機関（対支中央機関、後の興亜院）の設置を政府筋に反復進言した。五月には近衛に対して強力な指導力を発揮するよう要請し、また広田外相に対しては折からの徐州会戦を利用して外交上の手を打つよう意見具申した。同月には宇垣自らがかねて進言した内容（外交一元化、対支中央機関設立、軍部に対する毅然たる対応）が次第に近衛の取り上げるところとなり、その結果、内閣内に不協和音の発生したことを側聞したので、参議定例会への参加を一時見合わせたとの記述がある。宇垣が和平政策に関してたびたび意見具申を行っていたこと、その内容が和平の根本方針というよりは、和平実現のための手段としての政治外交戦術にあったこと、そして宇垣の意見具申が次第に近衛の受け入れるところになっていたことがわかる。[77]「支那事変処理根本方針」を受け入れ、それに基づき国民党政府の否認と新政権の育成を主張し、しかし他方では、それらの条件を基礎とした和平を実現できない政府、外務省、軍部の外交能力に厳しい批判を浴びせ、政治外交戦術の刷新を盛んに主張する。参議時代の宇垣の日中戦争に対する態度は以上のようなものだった。

しかし「支那事変処理根本方針」策定から約四カ月、外務大臣就任（一九三八年五月二六日）直前の四月下旬から五月に入ると、宇垣の考えは再び動揺し始めていた。この頃から、宇垣は近衛声明の見直しによる国民党政府との和平交渉の必要に言及するようになる。すなわち、今や軍事的手段では「彼等の屈服を招来するとも思へぬ。従て我邦が近き将来に於て対支の矛を収めんと欲するならば、蔣政権を相手とせずとの言明を何とか始末することが形式的であるけれども必要」であり、「現に生れつつある新政権の今後の始末や、蔣政権を相手とせざる云々の言明の如きは（中略）清算又は解消せしむべき」であるという。これは過去の政策の自己否定になるが、しかし「本年一月と半年後の今日に於ては環境の情勢が著しく変化して居る。何時まで古く振出した証文に捉はるべきでない」とする。[78]なぜ宇垣はその和平政策を再転換したのだろうか。それは宇垣の期待に反して新政権の弱体は覆うべくもなく、他方、宇垣のもとには国民党政府の衰えぬ戦闘意欲に関する情報が届けられていたからである。[79]対中外交は一向に目ぼしい進展を見せず、宇垣はその和平政策の再見直しを迫られていた。

また宇垣の方針転換は、宇垣自らの組閣構想とも関連していたと思われる。一九三八年に入ると、宇垣とその周辺では近衛内閣の後を受けて宇垣再出馬の計画が蠢動し始めていた。とくに春以降、近衛が戦争の泥沼化と政権運営に辟易して辞意を漏らすようになると、宇垣の再出馬は内閣周辺でも話題に上るようになっていた。五月六日、宇垣はかねてより宇垣組閣の下準備をしていた大蔵公望に対して、「近衛さんも遠からずやめる可く思うに付、急ぎ準備する要あり」と言い、「国策の内容」を早急に定める必要がある旨を告げ、具体的閣僚候補者名簿も示している。この時は直後に近衛が内閣を改造して留任する決意を固めたため、宇垣再出馬説は立ち消えとなった[80]。しかし一時は自ら首相として対中外交を統括する決意を固めたことで、宇垣は内閣従来の対中政策を見直す必要に迫られたものと思われる。近衛内閣が日中戦争の行き詰まりによって総辞職する以上、後継の宇垣内閣にはその解決が至上命題として求められる。宇垣は近衛内閣とは異なる新たな和平構想を提示する必要があった。国民党政権の否認と新政権育成が近衛内閣の対中政策であり、しかもその失敗が明らかとなりつつある以上、宇垣としては国民党政府相手の和平策に切り替える他はない。しかも軍事的手段で苛烈な和平条件を強いることが困難ならば、後は寛大な和平条件への回帰しかない。これは和平構想の抜本的大転換を意味していたが、しかし戦争勃発当初の宇垣本来の和平構想に近く、その点で宇垣に抵抗感は薄かったと思われる。また内閣にコミットして国民党政府否認と新政権育成に賛成していたとはいえ、宇垣の立場はさしたる責任のない内閣参議であり、政策転換にともなう政治的葛藤も少なかっただろう。宇垣の変わり身は素早かった。

同時期、戦争の完全な泥沼化に直面した近衛は、折から体調不良で病臥したこともあって、たびたび辞意を仄めかすようになっていた。内閣書記官長風見章によれば、近衛は「対手トセス」声明が「ひどい間違いであったことに思いついて、ここに、深刻なる自責の念に、ひそかに悩みもだえ、苦しみだした」。一時は辞職を思いつめた近衛であったが、「しかし、結局、政治家たる責任にかんがみて、みずからおかしたあやまちは、みずから、これをただささねばならぬと、辞職は思いとどまった」。そして「『相手にする』という方針にきりかえようと決心し、それには内閣大改造の必要を認め、それにとりかかった[81]」。近衛自身も「第一回声明の誤謬訂正の為内閣改造も行はねばならなかつた[82]」と回想している。

近衛は内閣に非協力的な陸軍大臣杉山元を辞任させ、後任に近衛が不拡大派と認識していた板垣征四郎を就任させることに成功した。また財界に評判の悪かった大蔵大臣賀屋興宣に代えて内閣参議から池田成彬を就任させた

（商工も兼任）。さらに対中外交に行きがかりのある外務大臣広田弘毅に代えて、同じく内閣参議宇垣一成を就任させた。こうして見ると宇垣の外務大臣への起用は、国民党政府との和平実現に向けて従来の対中政策を一新するため、強い目的意識を持って断行された戦略的人事だった印象を受ける。しかし実態は果たしてそのような緻密な計算に基づくものだったのだろうか。宇垣の外相抜擢は、宇垣擁立工作封じ込め策という一面もあろうが、しかしここでは別にその外交政策的見地から考えてみよう。

前述のように、そもそも近衛は宇垣の参議任命に際して宇垣に政策的期待をかけていたわけではなかった。また宇垣は参議就任後、対中外交に関して盛んに意見具申を行ってきたが、いずれも外交戦術や方法論に属する提言であって、政府の和平構想の根本的是非を問うものではなかった。宇垣は基本的に政府の対中政策にコミットしていたからである。その宇垣を外務大臣に起用しようという発想は、参議起用からわずか一カ月後の一一月中旬には近衛の思いつくところとなっていた。近衛の改造論は、「どうもやつぱり今日のやうな閣僚達では、この時局はとても乗りきれないから、一つその内に参議の連中をもつて全部閣僚を代へてやつたらどうか」というかなり乱暴な思いつきであり、原田熊雄をして「また始まつたな、困つたな」と困惑させる類のものであった。近衛の閣僚総入れ替え人事案では外務大臣に宇垣を、大蔵大臣に池田を起用することになっていたが、近衛から相談を受けた木戸幸一は総入れ替えには消極的であり、また宇垣が外務大臣候補とされていることに関して、「軍部の同意困難なるべし」と反対し、相談の結果、結局池田を大蔵大臣に起用する案のみを推進することに決した[83]（しかしこの時は池田には健康問題を理由に断られた）。内閣総入れ替えの突拍子もなさや改造の漠然たる理由、さらには参議制度制定からわずか一カ月しか経っていないことを考えれば、宇垣の外務大臣説の発端が、参議起用時と同じく近衛の思いつきに発するものであり、明確な政策的理由に基づくものではなかったことがわかる。

その後、五〜六月の内閣改造に際しては、最重要課題は杉山陸相の交代であり、次に重要視されたのは池田の入閣であった。それは賀屋蔵相に小者感が拭えず、また大蔵省と商工省の関係が輸入為替問題で悪化し、影響を被った財界からも賀屋の更迭が要求されていたからである。しかも当の賀屋自身も辞意を固めて、後継として池田を強く推していた[84]。この時も池田は最初は入閣を渋ったが、風見によれば、「そのうちに、それとなく、池田氏くどきに手をまわしていたところ、宇垣一成大将が外相として入閣するなら、同氏も入閣を承知するだろうということが、わかりだしたのであった。池田氏は、近衛氏が、『相手にせず』方針切捨ての計画を知っていたので、同氏が宇垣氏を推すとすれば、宇垣氏が同じ考えであることも明らかであった。かくてここに、外相の後任には、宇垣氏をもってこようということに腹をきめた[85]」。後藤隆之助（近衛の旧友であり、近衛の「政策ブレーン」たる昭和研究会の発起人）によれば、宇垣が「近衛内閣に入閣したのは、池田が宇垣と一緒でなければ嫌だと言ったから[86]」だった。池田が宇垣の同時入閣を欲したのは、宇垣と以前から懇意であり、「意見が判然としているし、政治家肌で面白い人だつたから、あの人なら相当の仕事ができると思つた[87]」からであったが、当の近衛側は、池田の要求という酷くあっさりした理由で宇垣を後継外相に指名してしまったのである。広田外相の交代は池田入閣に次ぐ改造人事の眼目の一つだった。近衛はかねて「何となく広田ではあきたらぬ[88]」とその手腕に漠然とした不満を抱いていたし、なおかつ広田には外交の直接的責任者として「対手トセス」声明への行きがかりもあったからである。しかし注意しなくてはならないのは、この時の近衛の目標は、広田をともかく交代させることに主眼が置かれており、後任の人選は二義的問題に過ぎなかったということである[89]。確かに一一月の近衛の内閣総入れ替え案でも宇垣が外相候補となっていたように、宇垣は外相の最有力候補ではあった。しかしだからと言って、外相の後任は必ずしも宇垣でなくてはならないというものではなかった。実際、当初の外相候補者には有田八郎や野村吉三郎の名前も挙がっていた[90]。

宇垣は参議在任中、対中外交に関して内閣への意見具申を頻繁に行っていたが、しかしこうした提言は基本的に内閣の施策にコミットしたうえでのものであって、国民党政府を「対手トセス」との内閣の対中基本政策の修正を求めるものではなかった。宇垣が国民党政府相手の和平交渉に方針転換するのは外務大臣就任の直前だったのである。したがって近衛が最終的に宇垣の外務大臣抜擢を決心したのは、大蔵大臣候補者たる池田が宇垣の入閣を欲したことと、「対手トセス」声明の転換を決心した近衛の心中を知る池田が推薦する以上、「宇垣氏が同じ考えであることも明らか」だという酷く心許ない見通しで決定されたに過ぎないことになる。近衛の閣僚起用に関しては、右翼勢力と関係の深い末次信正を内務大臣に起用して結局持て余したり、ほとんど面識のない板垣を一部の評判や近衛自身の思い込みによって和平派と速断して陸軍大臣に起用し後日後悔したり、その迂闊さはしばしば指摘されるところである。宇垣に関しても実情は大差なかったようである。

しかし宇垣起用の直接的きっかけが池田の要求によるものだとしても、前述のように宇垣は池田の要求の前から外務大臣の有力候補ではあったし、また池田からの要求に対して近衛側が直ちに宇垣入閣を受け入れたことからもわかるように、「宇垣外相」を受け入れる潜在的態勢はすでに近衛周辺にでき上がっていたとも言えよう。では宇垣が外務大臣候補に擬されていく潜在的な理由はなんだったのだろうか。

宇垣の根本的対中政策について、近衛の持つ情報が非常に薄弱だったのに対して、近衛の認識が確かだったのは、宇垣が参議としてたびたび意見具申してきた対中外交の技術的転換だった。そして内閣改造間際には、そうした宇垣の提言（外交一元化、対支中央機関設立、軍部に対する毅然たる対応といったもの）は近衛の取り上げるところとなっていた。そして当時の宇垣の観察によれば、宇垣の提言を「最近近公も勇を鼓して実現に邁往せらるる様子」であり、その結果「此等諸問題（宇垣の提言）を中心として内閣の運命が危機に瀕」し、「内閣破綻」の可能性すら現出していた[91]。すなわち、宇垣は自身の提言が近衛によって真剣に取り上げられつつあり、しかもそれは当時進行中だった内閣改造問題とも密接に関連していると認識していた。宇垣のこの観測は恐らく正しい。「対手トセス」声明転換に関して近衛が宇垣にかけた期待が曖昧で漠然としていたのに対して、手段としての対中外交政策の転換に関しては、より具体的、積極的に期待をかけていた。つまり近衛が宇垣に期待していたのは、第一義的には、参議としてかねて繰り返してきた意見具申を宇垣自らが実現することにあったのだと解釈できる。対支中央機関設立や陸軍の統制などを含む外交の技術的改善による日中戦争の収拾である。

もちろん、近衛や風見が後日回想したように、外相交代に「対手トセス」声明見直しの意図が含まれていたことは確かだろう。しかしそこには、果たして声明の「撤回」というほどの明確な決心を含んでいたのだろうか。

近衛から外務大臣を打診された宇垣は、入閣の条件として四条件（①内閣の強化統一、②外交の一元化、③中国と平和的交渉を進めること、④近衛声明は必要が生じたら取り消すこと）を提示した。近衛は「暫らく考へてゐたが」これを承諾し、「一月十六日の声明は、実は余計なことを言つたのですから――併しうまく取消すやうに」とつけ加えた。これに対して宇垣は、「あなたの恥になるやうなことはやらない。なるべくあなたの御意向を通すやうにやるつもりだ。併しこの声明問題が一つだけで、和平の話が纏まるといふ所に話合が進んで来たときには、あれを撤去させて貰はなければならぬかも知れない」と答えている。[92] 和平交渉の大きな障害となっていた近衛声明の撤回に向けて一歩が踏み出された。六月一七日、宇垣は外国人記者との会見において、「支那ノ事態ニ重大ナル変化カ起レハ、日本ハ支那政権ニ対スル方針ヲ再考スル必要カアラウ」と表明した。[93]

しかし近衛は容易に態度を変えなかった。七月六日、首相官邸で記者会見に臨んだ近衛は、「対手トセス」声明の「政府ノ方針ニ変化ハナイ」ことを明言した。他方で近衛は、「国民政府ノ組織トカ政策ガ変ツテ現在トツテヰル容共抗日政策ヲ放棄シテクレバソレハ最早本質的ニ従来ノ国民政府デハナクナツテクル」と言い、相手方の対応次第では「対手」とする可能性に含みを残した。しかしながら次のようにも発言している。「実際問題トシテ蔣ヲ相手トシテ安ンジテ和平ナド出来ルモノデハナイ、蔣ガ下野スルナラシテ真ニ日本ト手ヲ握ル誠意アル政治家ガ国府ノ中心ニ立ツタトシテモ直チニコレヲ中央政府トシテ認メルワケニハ往カナイ然シ臨時、維新両政権ガ出来テヰルノデコノ両政権ガ合流シタルノチニソノ政権ガ改組シタ国民政府ト交渉ヲ持ツコトハ何ラ差支ナイ」[94]。すなわち、蔣の下野を絶対条件として、なおかつ一地方政権としての立場を受け入れるならば、日本指導下の「中央政府」と交渉することを容認するというに過ぎない。「対手トセス」声明見直しには三重の前提条件が課せられていたのである。

近衛は自身の内閣で国民党政府を単一中央政権と認めて蔣との交渉に入ることには極めて消極的であり、「対手トセス」声明見直しに関しても自身の体面を気にしていた。近衛は改造直後には原田熊雄に対して、「どうも自分も広田も、あまりに蔣政権打倒といふことを徹底的に言ひ過ぎたから、そのうち外交の転換をするとなると、やつぱり自分が辞めて、宇垣にやつてもらひたい[95]」と言っている。宇垣の外相抜擢の目的が対蔣和平への抜本的政策転換であったのならば、改造直後にこのような発言に及ぶのは不自然である。また後（九月七日）には、厚生大臣木戸幸一に対して、「自分が組閣以来支那事変の勃発に逢ひ、種ゝ苦心を続け来りたるが、南京攻略後の見透し、一月十六日の声明の結果、新政府樹立の効果、成績等に顧るに、常に事志と違ふ処少からず、この上愈ゝ蔣を対手とすると云ふことにならば、其責任も重大なるを以て桂冠するの外なし」と発言し、驚いた木戸は、「此の際蔣を対手とすると云ふことを以て首相が退き、其新政局を宇垣外相の方針にて処理せむとするが如きは、到底思もよらざること[96]」と言って近衛の奮起を促している。結局、近衛が「対手トセス」声明見直しを容認したことは確かだが、かといって蔣介石の下野を前提としない国民党政府との和平や、国民党政府を中央政権として承認することを受け入れたわけではなかった。しかしそれでも元来、「一月ノ声明ハ単ニ蔣介石ヲ相手ニシナイトイフノデナクシテ『国民政府ヲ相手ニシナイ』トイフタノデアツテ、日本ガ一蔣介石ヲ相手ニ云々スルトイフコトデハナイ[97]」という近衛の認識に立てば、蔣介石下野を条件に一地方政権としてなら相手にする（しかも直接交渉ではなく日本指導下の新政権と交渉させる建前だったようだが）ということでも十分な譲歩であった。それ以上は自身の体面と責任上容易には受け入れられなかったのである。

おわりに

陸軍大臣就任以来、宇垣は比較的穏健で現実主義的な対中政策を主張していた。しかし現実の政治局面に現れた宇垣の外交施策を通観すると、宇垣が穏健な外交原則を一応は持ちながらも、個々の具体的局面では必ずしもその原則を現実の政策に反映できなかったことがわかる。満州事変の勃発に際して、宇垣は「穏健派」として軍中央に影響力を行使できる立場にあったのにもかかわらず、むしろ事変の推進力として活動してしまった。日中戦争に際しては、参議として「支那事変処理根本方針」や「対手トセス」声明に対して有意の発言権があったのにもかかわらず、それを容認してしまった。

こうした「ブレ」は、第一には、宇垣独特の対中認識がもたらした。宇垣は穏健な対中外交原則を持ちつつも、他方で満蒙権益問題に関して譲歩する意思はなく、満州事変に際しては後者のプライオリティーが前者を圧倒した。また対中外交に関して、外務省より陸軍の能力を信頼した宇垣は、陸軍の外交容喙を肯定した。日中戦争に際しては、中国本土の権益を経済的に達観する宇垣は、戦争拡大を批判して「陸軍外交」に対する認識も改めた。しかし他方で、中国人の国家意識や抗戦意欲を軽視した結果、「対中一撃論」に追従してしまうことになる。

第二には、現実の政治情勢に応じて巧みに身を処す宇垣のある種の政治的柔軟性、現実主義の発現であったのかもしれない。このことは、宇垣が当初の対中「穏健策」を維持することを妨げた。しかし他方では、急進化する対外世論の渦中でも、宇垣が政治的に生き残ることを可能にした。満州事変以降、「協調外交」の旗手だった幣原喜重郎や若槻礼次郎がたちまち「過去の人」となってしまったこととは対照的であった。事実、対中政策をめぐる変わり身は、宇垣が参議、外務大臣として再登場する前提条件となっていた。対中政策に関する限り、宇垣は近衛内閣の批判者ではなく、それゆえに近衛は宇垣を抜擢しえた。換言すれば、近衛が宇垣に期待していたものは、あくまで近衛内閣従来の対中原則の枠内での和平促進であった。

対中政策をめぐる宇垣と近衛の親和性は、宇垣と陸軍の間にも共通した。「流産」事件で緊張の頂点を迎えることになる宇垣と陸軍の関係は、こと外交問題に関する限り極めて平穏だった。陸軍は宇垣の参議、外相就任に際して組織立った反対行動を取らなかった[98]。前章で見たように、内政問題に関する限り両者の対立軸は（表面的には）ほとんど消滅していた。しかし仮に外交問題で両者の間隙が顕在化していたならば、陸軍が宇垣の外交面への再登場を容認することは困難だったろう。陸軍省部の大勢が宇垣の再登場を容認し、なかには「宇垣さんが外務大臣になつたからには、和平工作をやつてくれなければなんのために外相になるのかわからない[99]」、「宇垣さんのような腕の人に外相をやってもらって、外交で事変の解決ができれば一番結構なことだ。われわれは大いに歓迎する[100]」との積極意見すら複数存在していたことは、陸軍が宇垣の対中政策、延いては和平政策を、陸軍にも受け入れ可能なものと認識していたことを示している。

しかし宇垣の再登場の原動力となった政治的柔軟性、現実主義は、外務大臣となった宇垣の和平政策に再び政策転換をもたらすことになる。そして宇垣の変わり身は、今度は宇垣と近衛、陸軍との間に激しい緊張を生み出すことになるのである。

注

（1）宇垣一成『宇垣一成日記』一巻（みすず書房、一九六八年）五五八～五五九頁。
（2）「御署名原本・昭和十二年・勅令第五九三号・臨時内閣参議官制」（国立公文書館所蔵、御2112310０）。

(3)『宇垣日記』一巻、五六八〜五七〇頁。
(4)「田中外交」の実態と世間一般に与えた印象の乖離に関しては、後年に宇垣自身も認めている(宇垣一成『宇垣一成日記』三巻、みすず書房、一九七一年、一七九四頁)。
(5)『宇垣日記』一巻、六〇三頁。
(6)『宇垣日記』一巻、六五九〜六六〇頁。牧野伸顕『牧野伸顕日記』(中央公論社、一九九〇年)三一一〜三一二頁。
(7)『宇垣日記』一巻、五六九頁、七二一頁。
(8)『宇垣日記』一巻、五四三頁。
(9)『宇垣日記』一巻、六六七頁。
(10)『宇垣日記』一巻、六九五〜六九六頁。
(11)『宇垣日記』一巻、一六一頁。
(12)『宇垣日記』一巻、五三九頁。
(13)『宇垣日記』一巻、五三九頁。
(14)『宇垣日記』一巻、一六一頁。こうした認識は必ずしも宇垣の独善や偏見にのみ由来するものではなかった。後に外務次官となる太田一郎も、陸軍に比して外務省外交官の対中外交能力は低く、「軍独走の素地の一つが、ここらへんにあったのかもしれません」と回想している(読売新聞社『昭和史の天皇』一五巻、読売新聞社、一九七四年、二〇七〜二〇八頁)。
(15)『宇垣日記』一巻、七二四頁。
(16)宇垣は陸相辞任の日、「日支問題の解決を条件として浜口氏の需に応じて再任せり。余の病気――浜口の負傷によりて事志と違へり」と『日記』に記した(『宇垣日記』一巻、七九〇頁)。
(17)『宇垣日記』一巻、七九〇頁。
(18)宇垣一成『宇垣一成日記』二巻、(みすず書房、一九七〇年)八一一頁。
(19)『宇垣日記』二巻、八一二頁。
(20)『宇垣日記』二巻、八一四〜八一五頁。
(21)『宇垣日記』一巻、六九〇〜六九二頁。
(22)『宇垣日記』一巻、七八一〜七八三頁。

(23)『宇垣日記』二巻、八一二頁。
(24)「満州事変に於ける軍の統帥（案）」（稲葉正夫他編『現代史資料』一一巻、みすず書房、一九六五年）三二八～三三〇頁。『宇垣日記』二巻、八一一頁。
(25)『宇垣日記』二巻、八一三頁。
(26)『宇垣日記』二巻、八一三頁。
(27) 南はその日記中で自身に敵対的勢力を「反宇垣」と呼んでいる。この時期の南が自身を「宇垣派」と明確に認識していたことを示している（「南次郎日記」北岡伸一「陸軍派閥対立（一九三一～三五）の再検討」近代日本研究会編『昭和期の軍部』山川出版社、一九七九年、五八頁、六二～六三頁所収）。もっとも第Ⅰ部第2章で見たように軍縮問題や満蒙問題で南は宇垣の政策を受け継がなかった。政策的には両者は必ずしも一体ではない。それでも南が宇垣への個人的帰属意識を持ち続けていたことは事実であり、宇垣から不拡大の明確な「指示」がなされれば南の態度は相当に変わっただろう。
(28)『宇垣日記』二巻、八二二頁。
(29) もちろん、戦火が宇垣の軍人としてのある種の職業的「本能」を呼び覚ましたこともあろう。
(30)『宇垣日記』二巻、八四三頁。
(31)『宇垣日記』二巻、八七九頁。
(32)『宇垣日記』二巻、八八九～八九〇頁。
(33)『宇垣日記』二巻、一〇二四頁。
(34)『宇垣日記』二巻、一〇三五～一〇三六頁。
(35)『宇垣日記』二巻、一〇三八頁。
(36)『宇垣日記』二巻、一〇四一頁。
(37)『宇垣日記』二巻、一一五九～一一六〇頁。
(38)『宇垣日記』二巻、一一六九頁。
(39)『宇垣日記』一巻、五六九頁。
(40)『宇垣日記』二巻、八四三頁。
(41)『宇垣日記』一巻、五六九頁。

(42) 『宇垣日記』二巻、一一六九頁。
(43) 池田成彬「足跡」(『経済往来』二巻三号、一九五〇年三月)三一頁。
(44) 矢部貞治『近衛文麿』上巻(近衛文麿伝記編纂刊行会、一九五二年)四三三～四三四頁。
(45) 『宇垣日記』二巻、一一八六～一一八八頁、一一九〇～一一九一頁。
(46) 原田熊雄『西園寺公と政局』六巻(岩波書店、一九五一年)八三頁。
(47) 木戸幸一『木戸幸一日記』上巻(東京大学出版会、一九六六年)五八三頁。
(48) 近衛文麿『失はれし政治』(朝日新聞社、一九四六年)五～六頁。
(49) 『宇垣日記』二巻、一一九三頁。
(50) 参議制度制定の目的として他にも、将来の内閣改造に備えて大臣候補者のプールを狙ったものとの解釈がある(たとえば加藤陽子『模索する一九三〇年代　新装版』山川出版社、二〇一二年、第六章)。この後の近衛改造内閣の顔触れ(宇垣、池田、荒木)を見てもこれは極めて妥当な解釈である。ただこの内閣改造自体が各政治勢力の均衡に努めて配慮したものであった。「近衛内閣はバランス内閣である。内閣参議制を作つた時にも、バランスを取つた。改造をする場合にもバランスを主眼としてゐる」(山浦貫一『近衛時代の人物』高山書院、一九四〇年、四二頁)のである。つまり勢力均衡に配慮して内閣改造を行うためのプールであったとも言える。
(51) 前掲『西園寺公と政局』六巻、一〇九頁、一一五頁。
(52) 前掲『木戸幸一日記』上巻、五七五頁。前掲『西園寺公と政局』六巻、八二～八三頁。
(53) 前掲『失はれし政治』七～八頁。
(54) 前掲『西園寺公と政局』六巻、一〇九頁。ただし実際には定期的に参議会合が開かれることになる。なお、近衛は後日、池田に対して、「どうも政治をやつておると、半年に一ぺんは何かしら新しい手を打たなければいかぬようだ。自分が十二年の七月に内閣を組織して、ちょうど半年経つてあなたに内閣参議になつてもらつたのは、あれで局面をかえて見ようと思つて手を打つたんだ」と回顧談している(前掲「足跡」三一頁)。これを見ても近衛が参議制度を制定したのは和平に向けて何か具体的な政策的意図があったというよりは、新制度の設立による状況打開に漠然とした期待があったらしいことがわかる。参議制度は制度の制定そのものに意義があったのである。なお、近衛は池田を口説くにあたって、「ただ名前さえ貸してもらえればよい」とも発言している。

(55)『宇垣日記』二巻、一一六九頁。
(56)『宇垣日記』二巻、一一七一～一一七二頁。
(57)『宇垣日記』二巻、一一七六頁、一一七八頁。
(58)『宇垣日記』二巻、一一七八～一一七九頁。宇垣は中国人の「国家観念」に一貫して疑念を持っていた（たとえば『宇垣日記』一巻、五四二～五四三頁）。
(59)『宇垣日記』二巻、一二〇〇頁。
(60)「対時局対策私議」（国会図書館憲政資料室所蔵、『宇垣一成文書』一五四）。もっとも、この史料は一九三八年四月下旬の作成である。ただ宇垣の欧米列強に対する態度はほぼ一貫したものであった。
(61)『宇垣日記』二巻、一一九二頁、一一九七頁。
(62)『宇垣日記』二巻、一一六三頁。
(63)『宇垣日記』二巻、一二〇〇～一二〇一頁。
(64)『宇垣日記』二巻、一二〇四頁。
(65)『宇垣日記』二巻、一二〇一～一二〇二頁。
(66)『宇垣日記』二巻、一二〇五～一二〇六頁。
(67)もっとも国民党政権否認が現実の政治情勢から見て適当かどうか、宇垣にも不安の念がつきまとったようではある（『宇垣日記』二巻、一二〇九頁）。
(68)外務省編『日本外交年表竝主要文書』下巻（原書房、一九六六年）三八五～三八六頁。
(69)石射猪太郎『石射猪太郎日記』（中央公論社、一九九三年）二三四頁。
(70)『宇垣日記』二巻、一二一一～一二一二頁。ちなみに宇垣の反応と断定できないが、前年一二月一六日に和平案の連絡会議決定を示された「軍部出身ノ参議」は、連絡会議決定は「大体弱過ギルトイフ（中略）其ノ時ノ空気デハ参議ハ尚ホ強硬ノ意見ナリシガ如シ」という。ただし「国外ニハ弱ク、国内ニハ強ク曰ツテ貫ヒタシ」という趣旨ではあったようだ（大本営陸軍部参謀本部第二課「機密作戦日誌」一九三七年一二月一七日、防衛省防衛研究所所蔵、中央‐戦争指導重要国策文書‐1335）。
(71)前掲『石射猪太郎日記』、二三〇頁、二三四頁。石射猪太郎『外交官の一生』（中央公論社、一九八一年）三二六～三二八頁。
(72)風見章『近衛内閣』（中央公論社、一九八二年）一〇二～一〇三頁。なお、「対手トセス」声明発表時の『宇垣一成日記』にはとくに感想が記されていない。後日、宇垣が同声明の見直しを要求し出してからの回想では、「声明の出でんとする時多くの参議は余計の言分として削除を望みたり」と記している（『宇垣日記』二巻、一二三八頁）。ただこれも宇垣自身が反対したとは言っていない。もし当初から声明に反対であったのなら、その当時の『日記』に記述しそうなものだし、後日の回想でも自分は反対したと明言しそうなものである。少なくとも宇垣が「対手トセス」声明に明確な反対態度を示さなかったことは間違いないだろう。

(73)『宇垣日記』二巻、一一九八頁。
(74)『宇垣日記』二巻、一二一〇〜一二一二頁。
(75)『宇垣日記』二巻、一二二二頁。
(76)『宇垣日記』二巻、一二二三〜一二二四頁、一二二六〜一二二八頁、一二三七頁。
(77)『宇垣日記』二巻、一一九四頁、一二二五頁、一二三六〜一二三七頁。前掲『西園寺公と政局』六巻、三一一〜三一二頁。
(78)前掲『対時局対策私議』。『宇垣日記』二巻、一二三五〜一二三六頁、一二三八頁。
(79)『宇垣日記』二巻、一二三四〜一二三五頁。
(80)大蔵公望『大蔵公望日記』三巻（内政史研究会、一九七四年）九頁、一七頁、二〇頁、二五頁、二七頁、三九頁。前掲『西園寺公と政局』六巻、二五三頁〜第七章。
(81)前掲『近衛内閣』一〇四〜一〇六頁。
(82)前掲『失はれし政治』二〇〜二一頁。
(83)前掲『木戸幸一日記』上巻、六〇四頁。前掲『西園寺公と政局』六巻、一五二〜一五三頁、一七一頁。
(84)前掲『近衛文麿』上巻、五一七〜五一八頁。前掲「足跡」三二頁。
(85)前掲『近衛内閣』一一五頁。
(86)前掲『近衛文麿』上巻、五五〇頁。
(87)前掲『近衛文麿』上巻、五一九頁。
(88)前掲「足跡」三二頁。
(89)前掲『近衛内閣』一一四〜一一五頁。
(90)前掲『西園寺公と政局』六巻、二九五頁。

(91)『宇垣日記』二巻、一二三七頁。
(92)『宇垣日記』二巻、一二四〇～一二四一頁。
(93) 外務省編『日本外交文書　日中戦争　第一冊』(外務省、二〇一一年) 二九六頁。もっとも宇垣は「但シ目下斯ノ如キ変化ハ予想サレヌ」と付言している。しかしこの付言はむしろ国民党政府に「変化」を呼びかけるとともに、日本側の政策転換をぼかすためのものだろう。
(94) 前掲『日本外交文書　日中戦争　第一冊』三三〇頁。
(95) 原田熊雄『西園寺公と政局』七巻（岩波書店、一九五二年）五頁。
(96) 木戸幸一『木戸幸一日記』下巻（東京大学出版会、一九六六年）六七〇頁。
(97) 前掲『日本外交文書　日中戦争　第一冊』三三〇頁。
(98) 杉山陸相や畑俊六は宇垣、荒木の参議就任に反対だった。しかし彼らの反対理由は、両者を「握手せしめん」との企画は「到底不可能」で、「忘れたる剣を再び想ひ出すこと、なり不適当」ということにあったようだ。つまり宇垣個人に反対したというよりも、宇垣、荒木の抗争の再勃発を恐れていたらしい（伊藤隆他編『続・現代史資料』四巻、みすず書房、一九八三年、一〇九頁、一一一～一一二頁）。また杉山が近衛に申し入れた以外で、陸軍が有意の反対行動を取っていた証拠は未見である。
(99) 日本近代史料研究会編『稲田正純氏談話速記録』(日本近代史料研究会、一九六九年) 一九一～一九二頁、二八九頁、三一〇頁。
(100) 佐藤賢了『大東亜戦争回顧録』(徳間書店、一九六六年) 八二頁。

第2章 「宇垣外交」の構想と蹉跌

はじめに

一九三八年五月二六日、宇垣一成は広田弘毅の後を受け、第一次近衛文麿内閣の外務大臣に就任した。日中戦争の早期和平に熱意を燃やした宇垣は、しかしそのわずか四カ月後（九月三〇日）、失意のうちに内閣を去る。そして戦後、最晩年のほぼ実体のない参議院議員時代を除けば、二度と政治の表舞台に登場することはなかった。

宇垣の外務大臣在任期間はあまりに短い。しかし宇垣は陸軍大臣時代から対中外交の刷新を掲げ、外交問題に並々ならぬ関心を寄せてきた。宇垣は外務省プロパーの職に就くことはなかったものの、「外政家」としての一面を持っていた。わずか四カ月の外務大臣在任期間は、その積年の経験、研究が一気に発露する機会だったとも言える。宇垣の外政家としての総決算がこの四カ月に凝縮しているのである。そして客観的にもその四カ月間は、結果的に太平洋戦争へと続くこととなる日中戦争の早期和平をめぐって、多くの政治アクターが模索を繰り返した期間だった。その各アクターのさまざまな思惑のせめぎ合いのなかで、蔣介石国民党政府との和平を目指した宇垣は敗れ、日本は汪兆銘の担ぎ出しを選択することになる。国民党政府との和平を目指すうえで、日本は「観念的」障碍である「対手トセス」声明（第一次近衛声明）に加え、汪兆銘政権という「実質的」障碍をも背負い込むことになってしまった。「宇垣外交」の敗北は、宇垣の政治的人生のみならず、日本外交にとっても重大なターニングポイントとなったのである。

「宇垣外交」を扱った研究は少なくない。多くの研究者が、宇垣は何を目指し、なぜ突然外相の椅子を投げ出さざるをえなかったのか、という問題の解明を試みてきた。しかしにもかかわらず、「宇垣外交」に対する学問上の評価は確定しているとは言い難い。

「宇垣外交」を扱い、かつある程度まとまりのある先行研究を列挙すれば、発表年順に臼井勝美、戸部良一、劉傑、松浦正孝、伊藤智巳、金井隆典の研究[1]がある。

臼井は初期の研究と後期の研究で主張を変えている。初期の研究によれば、宇垣は蔣の下野を条件に、その他の問題では比較的寛容な条件で国民党政府との和平を目指した。しかし英米仏の和平斡旋の可能性は、駐日英国大使クレーギー（Robert Craigie）との「宇垣・クレーギー会談」が行き詰まったこともあり頓挫した。また日中の直接交渉「宇垣・孔祥熙工作」も、交渉が進むにつれ、国民党政府が蔣下野を容認し難いことが判明し、他方で日本側でも五相会議で宇垣の構想に反するような強硬な対中政策が次々に決議されるに及んだ。かくして日中両国の要求の隔絶は和平成立の見込みがほとんどないものと宇垣に観念させた。そして宇垣から対中外交の実質を奪い取る興亜院（対支中央機関）設置問題が決定的原因となって宇垣は辞任を決意したとする[2]。しかし後期の研究において、臼井は後述の戸部の研究を受け、和平への絶望という辞任理由を撤回している[3]。後期の研究では、宇垣辞任の理由として陸軍大臣板垣征四郎との確執、その確執を決定的にした興亜院問題、さらに対中政策の全く異なる宇垣と板垣を同時入閣させた近衛の不見識を指摘している。

戸部は、「宇垣・孔祥熙工作」は当初の宇垣の期待ほどではないにしても、和平工作としての有望性は一定程度あり、「絶望」するほどではなかったとした。そして宇垣の辞任は主に国内的な孤立、とくに近衛の支持を期待できなくなったことに大きな原因があったと結論づけた。興亜院問題は、反宇垣のある種の表徴と理解され、辞任の一つの契機になったのだろうが、それ自体は辞任の主たる原因ではないとした。

劉は、宇垣が日中和平に熱意を燃やしたのは自身の政治権力を確立するためであり、だからこそ、宇垣は進捗が見えだした「宇垣・孔祥熙工作」に自分自身の手で結論をつけることにこだわったのだとする。したがって、宇垣は和平の功績を自身から取り上げる興亜院設立を絶対に容認できなかったのであり、辞任の直接的原因となったと主張した。

松浦の研究によれば、当初、宇垣、池田成彬蔵相、近衛首相は独自の和平構想「池田路線」を構想していた。「池田路線」は英米に対しては戦争への協力と和平斡旋を期待して協調的であったが、反面で、中国に対しては「和平」ではなく敗戦国としての「講和」を強要しようとし、強硬姿勢を示した。しかし、宇垣は功名心もあって英国の和平仲介に見切りをつけ、日中直接交渉主義に傾くようになり、クレーギーとの関係は悪化、他方で、中国に対しては比較的寛大な条件での和平を容認する姿勢に転じる。このため宇垣は「池田路線」陣営から孤立、加えて「葉山事件」（宇垣の舌禍事件）に見られるような近衛との軋轢もあり、最終的に興亜院問題が駄目押しとなって辞任に追い込まれたのだとした。

伊藤は宇垣の一般的外交政策の分析を試みた。すなわち、宇垣は日本外交を英米との協調路線から「枢軸強化路線」へと転換させようとした。その一環として外交陣営の刷新を断行して親英派の駐英大使吉田茂を罷免し、枢軸同盟に反対する駐独大使東郷茂徳を駐独大使館付陸軍武官大島浩と交代させ、駐伊大使に外務省「革新派」、「枢軸派」の首領白鳥敏夫を就任させた。[4] しかしこうした宇垣の行動は親英米路線を信奉する「外務省主流派」の反発を招き、省内で孤立した宇垣は興亜院問題でも外務省の協力を得られず、辞任に追い込まれることになったとする。

金井の研究は興亜院設立問題を対象とする。金井によれば、興亜院をめぐる争いは、単なる対中外交権をめぐる縄張り争いではなく、中国＝客体観と中国＝主体観の争いである。すなわち、興亜院設立推進派は国民党政府を否認または軽視し、第三国関係を軽視し、日本の権益伸張を最優先した。そこでは中国は外交交渉の主体を持たない日本権益伸張の客体として評価された。他方、興亜院設立反対派は、国民党政府を外交交渉の主体を持つ存在と認め、第三国関係とその関係調整の重要性を認識していた。しかし同じ興亜院設立反対派でも、外務省と宇垣には一元化の意味に関して認識の差があった。外務省が対中外交を他の外交から分離しないという意味で外交一元化を主張したのに対し、宇垣が重視したのは対中外交に限定された一元化であって、対中外交とその他の外交が区別される意味での外交多元化には頓着しなかった。したがって宇垣は、参議時代には、軍部から対中外交の主導権を奪回するために興亜院設立を唱え、外務大臣となってからは、軍部の唱える対中外交一元化要求に、軍部による対中外交容喙の意思を見て、興亜院設立に反対したとする。金井の研究は「宇垣の外相辞任理由の追求を第一義的課題とはしない」と前言しているが、しかし興亜院問題での争いが、中国を主体視する宇垣と客体視する陸軍の「対華政策の根本的な相違」に根差すものであったことを強調することで、興亜院問題が宇垣の辞任に極めて大きな影響を与えたことを示唆している。

ではここで本論に入る前に以上の先行研究に対する筆者の見解を述べておく。まず臼井がその初期の研究において、宇垣辞任の大きな原因として和平可能性への絶望を挙げたことに対して筆者は賛同する。しかし臼井は後に自説を撤回した。これは宇垣が和平可能性に絶望していたとする臼井の主張が「推察」[5]の範囲に止まり、戸部の説に対する有効な反証を持たなかったためだろう。また臼井が初期の研究でも後期の研究でも興亜院問題を宇垣辞任の最大の原因としていることに関して、筆者は意見を異にする。興亜院問題がなくとも宇垣の辞任は早晩避けられなかったのではないかと筆者は考える。

戸部の研究に関しては、「宇垣・孔祥熙工作」の事実解明という点では、現時点で氏の業績を大きく超える研究を行うのは困難であろう。しかし戸部が「宇垣・孔祥熙工作」には一定の有望性があり、辞任の直接的理由が和平可能性への絶望ではないとした点には疑問が残る。筆者は、宇垣辞任の時点では和平の可能性は（少なくとも宇垣の認識では）ほとんど消滅しており、それが宇垣辞任の直接的原因であったのではないかと考える。

したがって劉の研究の、進捗の見えだした「宇垣・孔祥熙工作」を宇垣から取り上げようとした興亜院設立問題が辞任の主因だとする見解にも疑問がある。辞任直前の宇垣は「宇垣・孔祥熙工作」の成功をほぼ絶望視していたと筆者は考えるからである。また宇垣が対中和平に熱意を燃やしたのは自身の政治権力確立のためだったという劉の解釈も多少穿ち過ぎた見解ではなかろうか。宇垣が陸相時代から対中外交刷新に関心を持ち続けた事実を説明できなくなるからである。

また松浦の研究の、初めは英国を仲介とした和平（松浦の言うところの「池田路線」）に期待していた宇垣が、「宇垣・孔祥熙工作」の進捗にともなって直接交渉主義に転じ、英国との関係も悪化したという解釈にも疑問を感ずる。宇垣は元々英国の仲介にあまり期待していないし、むしろそれを警戒する姿勢は終始一貫していたと考えるからである（ちなみに松浦が「池田路線」派に加えた近衛も英国の和平仲裁には否定的だった）[6]。また日英関係が宇垣の外相時代に悪化したという事実もないし、クレーギーとの関係も時に緊張することはあっても基本的には（とくに個人的関係において）友好的だったと考えるからである。また松浦は「池田路線」における漢口作戦の意味に一応着目しながら、宇垣の和平構想と漢口、広東作戦（秋季作戦）の関連づけにはなお不十分な点があるように思う。また松浦は「池田路線」派からの孤立を宇垣辞任の主因として強調しているが、これに関しても、近衛との軋轢や興亜院問題での池田との意見の相違を除けば、具体的根拠に乏しいのではないか。しかも近衛は果たして松浦の言うところの「池田路線」の担い手なのだろうか。また興亜院問題で宇垣と池田が意見を異にしたことは事実だが、このことが宇垣の辞任に結びつくような深刻な「『池田路線』の分裂」とまで言い切れるだろうか。

伊藤の研究は、これまで等閑視されてきた宇垣による外交陣営刷新に着目したことに一つの功績がある。しかしその着目の結論、すなわち、宇垣は日本外交の基調だった親英米外交を枢軸外交へ転換したという結論は、むしろ事実を正反対に誤解してはいないだろうか。

金井の研究に関しては、金井が外交の「一元化」に対する宇垣と外務省の認識差（外務省は対中外交を一般外交から切り離さないという意味で一元化を唱え、宇垣は対中外交を一元的に監督、運営するという意味で一元化を唱えた）を主張したことには全く賛同する。しかし他方で、金井は興亜院をめぐる争いを、中国＝主体観、客体観の観念で説明しようとしたが、これはやや論理に走り過ぎた印象を受ける。この論理に則れば、宇垣は参議時代は中国を客体視していたが、外務大臣になった途端、主体視するようになったということになってしまわないだろうか。また宇垣以外の五相会議メンバーや内閣閣僚は、近衛も池田も米内も、興亜院に賛成していた以上、ことごとく国民党政府を否定ないしは軽視し、第三国関係を等閑視し、中国をもっぱら権益伸張の対象と見ていたことになってしまわないだろうか。筆者は興亜院をめぐる問題はむしろ純粋に「技術的」な問題、組織権益上の問題であり、したがって宇垣辞任に与えた影響という点でも（すでに和平工作の失敗は明白であったこともあり）、あまり過大評価すべきではないと考える。

本章は以上のような先行研究の成果と問題点を踏まえ、「宇垣外交」の実相を解明する。宇垣は外務大臣としていかなる和平構想を抱き、活動し、そしてなぜ内閣を去らねばならなかったのか。「政界の惑星」の最後の政治舞台であり、日本外交の分水嶺となった「宇垣外交」の四カ月間を通観し、宇垣の和平構想の実像とその蹉跌の原因を解明することが本章の目的である。

一　対中外交刷新

一九三八年五月末から六月初めにかけて、泥沼化した日中戦争を打開するため、近衛首相は内閣改造に打って出た。近衛は内閣に非協力的な陸軍大臣杉山元を辞任させ、後任に近衛が不拡大派と認識していた板垣征四郎を就任させることに成功した。また財界に評判の悪かった大蔵大臣賀屋興宣に代えて内閣参議から池田成彬を就任させ、外務大臣広田弘毅に代えては同じく内閣参議宇垣一成を就任させた。近衛から外務大臣を打診された宇垣は、入閣に際して四条件（①内閣の強化統一、②外交の一元化、③中国と平和的交渉を進めること、④近衛声明は必要が生じたら取り消すこと）を提示し、近衛から承諾を得た。(7) 和平交渉の大きな障碍となっていた近衛声明の撤回に向けて一歩が踏み出されたように思われた。しかし前章で確認したように、実際に近衛が宇垣にかけていた期待は、従来の対中政策の基本的方針を維持したうえでの対中外交の技術的転換であって、「対手トセス」声明の無条件撤回を容認していたわけではなかった。

この近衛の方針は、七月八日の五相会議によって正式な政府方針「支那現中央政府屈服ノ場合ノ対策」として確認された。すなわち、「帝国ハ事変解決ニ関スル既定方針ヲ堅持シ支那現中央政府（国民党政府）ヲ相手トシテ日支全面的関係ノ調整ヲ行フコトナシ」。ただし、国民党政府が四条件（①新政権に合流参加すること、②国民党政府の改称および改組、③抗日容共政策の放棄と親日満防共政策の採用、④蔣介石の下野）をすべて受け入れるならば、「之ヲ友好一政権トシテ認メ既成新興支那中央政権ノ傘下ニ合流セシムルカ又ハ既存ノ親日諸政権ト協力シテ新ニ中央政権ヲ樹立セシム(8)」とした。内閣改造後、国民党政府を「対手」とする方針に軌道修正が図られたのは事実である。しかし、それはあくまで一地方政権として親日中央政権に従属する立場を認めるというのに過ぎなかったのであり、しかもそれには改組や蔣介石の下野という厳しい条件が付されていた。

さて、近衛が蔣介石との和平に逡巡していたのに対して、宇垣は蔣介石の下野問題に関していかなる認識であったのだろうか。この後、宇垣は国民党政府行政院長孔祥熙との間の非公式チャンネルを使った交渉を行うことになる。いわゆる「宇垣・孔祥熙工作」である。これまで内閣、軍部の「正道」一辺倒外交を批判してきた宇垣にとっては、待望の「奇道、権道、変道」[9]外交の開始であった。前章で見たように、宇垣は「支那事変処理根本方針」とそこで示された和平条件を当初は基本的に容認しており、その条件のもとで、外交交渉による事態打開を目指していた。したがって「宇垣・孔祥熙工作」においても、宇垣はトラウトマン工作で提示した和平条件を日本側の基本的立場とし、また近衛と同じく蔣介石の下野を強く求めた。ただし宇垣は近衛とは異なり、声明に関して体面や責任にとらわれる必要はなく、宇垣個人の認識では蔣の下野を絶対的和平条件だとは考えていなかったし、最終的には蔣の下野を条件にせずとも和平を結ぶべきだと考えていた[10]。したがってその排蔣論は多分に国内的事情を考慮してのものであった。宇垣によれば、「蔣が相手となり媾和すると蔣が引責媾和との場合により国民的感情の相違等より談判のやりよきと、やりにくきとの相違、及び条件等に厳粛と寛容との差あるべし」[11]という。すなわち、「蔣介石又は其一味の者を相手とする和平は、交戦相手とし又勝者と敗者との立場に於て交渉せらるべきであるから、相当に厳粛なる意味の含まれたるものでなければ勝者たる日本国民は承知しない」。しかし蔣介石が下野して生まれ変わった「排共親日の新政権を相手とする取極めは友好者又は同志者間の話合になるから、自然に寛大であり協和であり殆んど対等でも日本国民は納得する」という。そして国民党政府に対して、「償金を軽くしてくれとか、満州の問題を暗黙の中に解決してくれといふ御要求も、蔣介石が引退ったといふことになれば国民の感情も緩和して、それぢや大目に見ようではないかといふ気持になると思ふ」として、蔣の下野を強く求めた[12]。宇垣は蔣の下野によって国内の強硬論を慰撫できると考えていた。そして他の講和条件緩和の引き換え条件としてなら、蔣下野を国民党政府に承認させることは十分可能性があると考えていた。そこで一応は蔣下野を強く主張してみて、要求の緩和は国内外の情勢を勘案して行う考えだった[13]。

だがこうした宇垣の国内情勢への配慮が、結果として蔣介石下野要求を政府の公式立場と定めた前記「支那現中央政府屈服ノ場合ノ対策」の策定に結びついてしまったとも言える。宇垣にすれば、国民党政府を曲がりなりにも交渉相手とする方針に切り替えたことでも一つの成果であったのであり、そもそも近衛や陸軍に対して蔣介石との和平説を押し通すことなど、この段階では事実上不可能であった。したがって国民党政府を相手とする和平交渉に道を開いたことをもってひとまず満足し、その代償として蔣介石の下野を求めることについては、宇垣自身が蔣下野は必ずしも不可能ではなく、また国内的配慮からもより望ましいと考えていたこともあって、容認したのであろう。しかし蔣下野要求が五相会議で確定した正式な政府方針となってしまったことは大きな意味を持つ。この五相会議の結果を知った石射猪太郎東亜局長は驚くことになる。この五相会議の前に、石射は蔣の下野を条件としない寛大な内容での和平を主張する意見書「今後ノ事変対策ニ付テノ考案[14]」（後述）を宇垣に提出して賛同を得ていたからである。石射から詰問された宇垣は「アヤフヤ」な説明をすることしかできず、「醜体」と断じられてしまう[15]。恐らく宇垣としても、自身の当初の思惑と、その結果としてでき上がった政府方針の持つ政治的意味の隔たりに気づき、少なからず当惑したものと思われる。結果として蔣下野問題は講和の最大の障碍となっていくのである[16]。

また同「対策」策定から七月の中旬にかけての時期には、五相会議で次々に強硬な対中政策が策定されていく[17]。すでに石射の意見書に賛意を表明している宇垣が、こうした五相会議決議の内容に全面的に賛成していたとは考え難い。宇垣は和平問題に関しては、「早きに及び議論しては面倒なり、其時機に至りぴしやりとやるべきなり[18]」と考えていた。つまりこの時期の五相会議においては、国民党政府との交渉に向け一定の方向づけが達成されたことで一応満足し、和平条件に関して自説を開陳して会議をいたずらに紛糾させることを避け、閣内の協調を保っていたのだろう。内閣書記官長風見章によれば、宇垣の外務大臣末期、「外務省内に於ても宇垣氏の外相就任に最初は多大の期待をかけたりしも、すでに四個月余を経て毫も外政に新味を求め難しとして、ようやく宇垣外相に不満の声高[19]」まったという。宇垣は政策面で「新味」をほとんど示さず、表向きには従来の対中方針を踏襲していた。これによって五相会議は、宇垣と板垣という対中外交に関して異質の政策的志向を持つ人間が並存しながらも、一定の安定を保っていた。しかし問題を先送りする結果になったことは否めず、また強硬な対中政策を五相会議決定にしてしまうなどの新たな行きがかりを作ってしまった。そのため、宇垣は後に時間的余裕のない状態で五相会議決定の大転換を行わなければならなくなる。

かくして政府に新たな行きがかりを課してしまったとはいえ、宇垣は蔣下野によって国内の強硬論を慰撫して国民党政府との和平へ道筋をつけようとした。他方、未だ頑強な抵抗を続ける国民党政府に対しても、対日和平に向け政策の転換を促さなければならなかった。前章で見たように、宇垣は国民党政府の抗日意欲を挫き、また列強を国民党政府から引き離すためにも、徹底的な対中懲戒が必要だと考えていた。外務大臣就任前後、宇垣がとくに重要視していたのが要所漢口の攻略作戦である。[20] 漢口攻略作戦は、広東攻略作戦とともに秋季作戦の一つとして参謀本部によって練られた作戦であり、参謀本部はこの秋季作戦の遂行によって対中和平のチャンスを創出しようとしていた。参謀本部第一部第二課（作戦）によれば、「漢口作戦の目的は蔣政権の最後的統一中枢」の破砕にあり、「漢口攻略直前に在りては国民政府方面より（中略）和議の提唱発生することあるを予期」していた。またもう一つの作戦である「広東作戦の目的は蔣政権の主要補給路を遮断すると共に第三国就中英国の援蔣意思を挫折せしむる」ことにあり、「広東攻略直後に在りては国民政府及第三国を伴ふ方面より和議の提唱発生することあるを予期」していた。[21] 宇垣周辺でも、とくに漢口作戦にともなう和平チャンスの到来に期待をかけていた。小川平吉（元司法大臣、鉄道大臣、「宇垣・孔祥熙工作」の一チャンネルとして「大陸浪人」萱野長知を介した和平工作を主導していた）

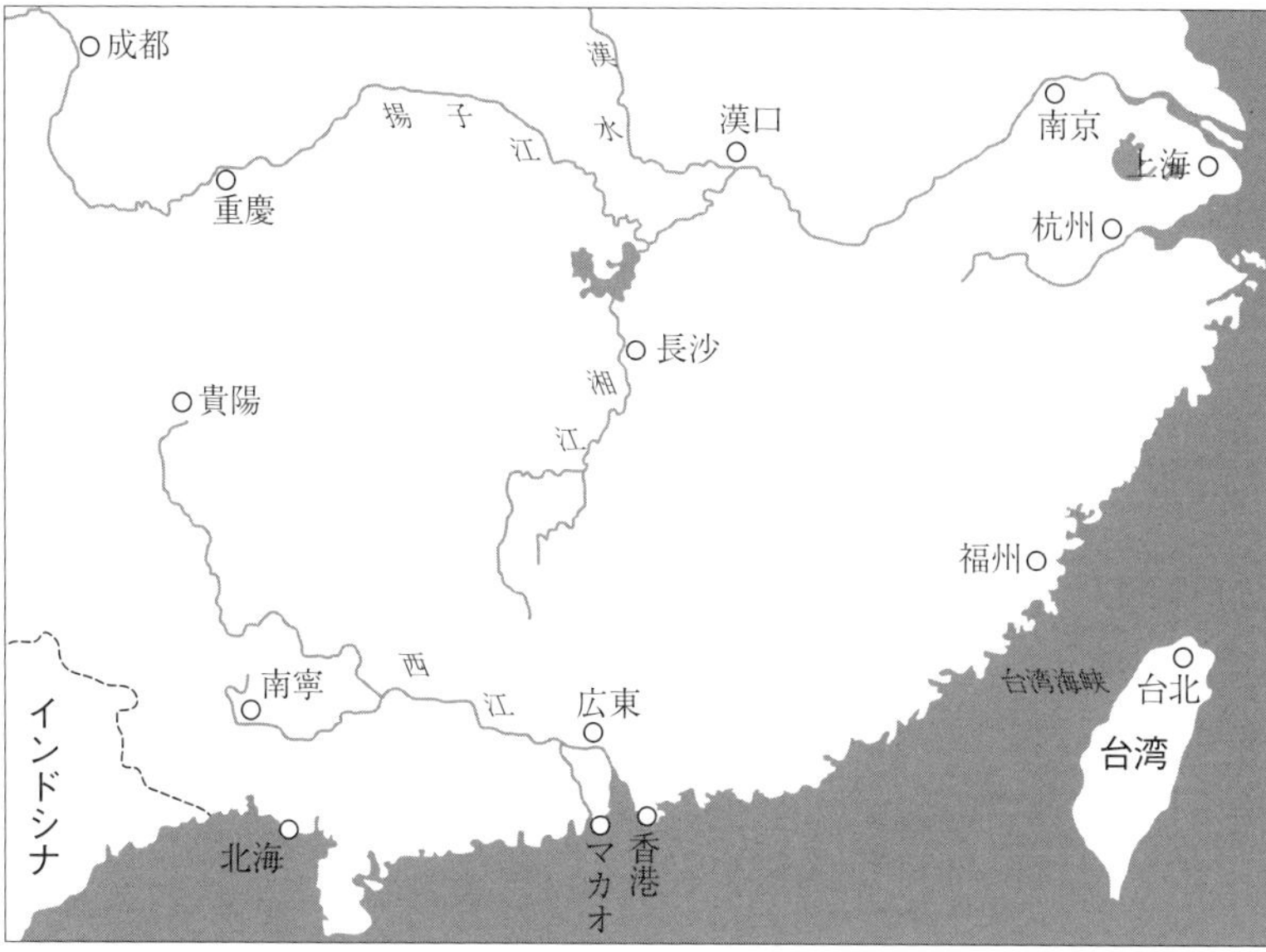

出典）上村伸一『日本外交史』20巻，鹿島研究所出版会，1971年，７頁をもとに筆者作成

によれば、小川と宇垣は「戦局に対して互に漢口攻略の必要を談」じていた[22]。漢口を失うことを恐れた国民党政府が講和を申し出ることを期待していたからである。それゆえ、宇垣や小川は「我が軍進撃の猛烈なるを望」んでいた[23]。漢口作戦は、国民党政府との和平の一大好機として、宇垣からも陸軍からも強い期待をかけられていたのである[24]。

しかし漢口作戦は大きな危険性も孕んでいた。それは小川によれば、漢口作戦が和平の一大好機である反面、一旦「漢口陥落せば蔣は遠く遁逃して益々媾和の機なかるべく、其後彼の殲滅は容易ならず[25]」という見通しであった。宇垣も漢口攻略後の国民党政府との和平の困難性について小川に賛同し[26]、両者は「媾和不成漢口陥落の場合における占領地統治の困難、共産党の跋扈等を談じ、戦争の目的と正反対の結果を来すべきを反覆し、徒らに国力を疲弊せしめてロ国をして漁夫の利を得せしむべきを慨嘆[27]」していた。石射東亜局長も同様の判断から、和平の「手ヲ打ツヘキ時期ハ漢口攻略ニ先立ツヲ要ス、何トナレバ漢口攻略後ハ情勢ニ引摺ラレテ再ビ長期抗戦ノ新ナル段階ニ踏込ム恐大ナレバナリ」と意見具申を行っていた[28]。小川とは別のラインで和平工作を試みていた香港総領事中村豊一からも、「和平ヲ談スヘキ時期ハ漢口陥落以前ナラサルヘカラス本官ノ接触又ハ査報セル範囲ノ要人ハ何レモ漢口陥落セハ蔣ハ此レ以上失フヘキ何物モナク又日本モ之以上追撃スルコトハ益々困難トナリ長期ニラミ合ヒノ形勢トナリテ遂ニ和平ニ依ル時局解決ノ機会ヲ失フヘシ」との意見書が呈せられていた[29]。そして宇垣もこの中村の意見に「共鳴していた[30]」。

秋季作戦には、この漢口攻略後の和平チャンスの衰退とともに、もう一つの危険性もともなっていた。それは漢口作戦と相次いで計画されていた広東作戦に予想される負の影響である。香港、マカオと近接する広東は華南の一大経済中心地であり、参謀本部によれば、広東作戦によって国民党政府の補給路を断ち、あわせて英国権益の集中する同地を攻略することで、英国による国民党政府見限りや和平提唱が期待されていた。それは確かに一つの合理的判断であり、当然宇垣もその効果を期待していただろう。しかし同時に、英国の対日感情を悪化させ、対日制裁の発動や対中援助の強化により、日中戦争を今以上に泥沼化させてしまう危険性もあわせ持っていた。外務省の見解（宇垣自身も作成に関わっている）によれば、広東作戦の実施に当たっては、「南支ニ深キ利害ヲ有スル列国ニモ余リ深刻ナル刺戟衝動ヲ与フルコトハ、出来ル丈ケ避ケル様努ムルコト賢明ナリ、之カ為ニハ事前及事中ヲ通シテ、相当ノ工作ヲ行フコト肝要」であった。しかし現実には、「事前ノ準備工作トモ見做シ得ヘキ対列国関係ノ懸案ノ如キハ、其ノ解決遅々トシテ進捗セス」、現状のままで広東作戦に突き進んでしまうことには列国、ことに英国との関係上極めて高いリスクがともなうと判断されていた[31]。

また仮にこの広東作戦でも国民党政府が和平に応じない場合、「積極的ノ軍事行動ハ一段落」となり、その後は軍事的に日本の取りうる選択肢は少なかった[32]。つまりそれは軍事的攻勢に乗じた外交交渉による和平の可能性が著しく減退することを意味していた。事実、七月一五日の五相会議では、「漢口陥落シ蔣政権カ一地方政権ニ転落」

した後も国民党政府が和平に応じない場合、国民党政府を排除した新中央政権を樹立することを決定していた[33]。これはつまり、秋季作戦終了後は、それ以上国民党政府に和平を迫る軍事的手段がなく、したがって外交的交渉に必要な取引材料もなくなり、もはや「対手トセス」の旧方針に立ち戻るより致し方がないということを示唆している。したがって宇垣としては、できうる限り漢口攻略前に和平チャンスを掴むべく、またたとえ、広東攻略まで突き進んでしまったとしても、その弊害を極小化し、逆に日本側の思惑どおりに第二の和平チャンスへとつなげる努力が必要となる。それを逃せばもはや国民党政府との和平は事実上不可能となる。宇垣は、「武漢広東の攻略戦の前より其直後に渉り、詳言すれば九月より十一月に亘りては、蔣政権に対して色々と大に手を打たねばならぬし、又主として英米に対しても深刻に働きかけて此等の勢力を蔣政権より引離し蔣一味をして速に屈服するの余儀なきに至らしめねばなら[34]」ないと考えた。「漢口攻略に際し大外交を行はねばならぬ[35]」のである。

大本営ではすでに六月一八日に漢口作戦の準備を命じていたが、ついに八月二二日、漢口攻略に関する大陸命が発動され、漢口作戦が開始された。発動から数日後、中支那派遣軍司令官畑俊六は、「宇垣外相も漢口攻略前に諸準備をなさんとするより漸く焦慮功を急ぐの状見ゆ[36]」との情報を得ていた。果たして九月四日、宇垣は石射に対して、「事変ノ収局ニ付テハ君ノ提案ノ如ク蔣介石相手ノ和平ヨリ外ナカルヘシト思フ。自分モ大臣就任ノトキ近衛首相ニ対シ一月十六日ノ声明ハ場合ニヨリ乗リ切ルコトトノ了解ヲ得テ居ルノタ、只急ニ蔣相手ノ和平ヲ提案シテハ騒カレルハカリタカラ潮時ヲ見テ居タノタカ最近ノ状勢カラ見テ最早其工作ニ取掛ツテ然ルヘキ時ト思フ、出来ルナラハ漢口攻略前ニ蔣ト話ヲ付ケ度シト考フ[37]」と述べた。宇垣は漢口作戦の発動とともに、蔣介石相手の和平交渉を公然化しようとした。かねてより宇垣が見るところの対蔣和平最大の好機が到来したのである。

漢口攻略作戦の発動とともに、国内でも対蔣和平に好都合な状況が醸成されていた。和平の最大の障碍となっていた陸軍では参謀本部が軟論に傾いており、九月三日、参謀次長多田駿は、「一日も早く時局を片付けて貰ひたし、蔣相手にても差支なし」[38]と宇垣に申し入れた。陸軍省では板垣陸相が「マタ煮エ切ラヌ点カアル」が、「此頃ハ大分蔣介石ヲ相手トセスト云フコトノ解釈ノ間口ヲ広クシテ来タ」[39]。近衛の見るところ、こうした変化は、「大体軍は最初より見透しを誤りたること漸次明瞭となれる」ためであった。「第一蔣は少しも弱らず、第二新政権は無力なり、第三反蔣運動は煽動しても起らず、第四蔣の方に味方割れなし、是れみな彼人々の予想と反対なり」[40]。また前述のように陸軍でも漢口作戦をもって和平の最大の好機と見ていたから、時期を失することへの焦りも対中態度の軟化をもたらしたのだろう。また何より大きな影響を与えたと思われるのが、参謀総長閑院宮載仁親王を介して明らかとなった天皇の和平への意向であった[41]。こうした国内情勢の好転にも後押しされて、宇垣は和平工作を進めようとしたのである。

宇垣は漢口攻略は一〇月以降に、広東作戦の発動はその後、大体一〇月一〇日〜二〇日の間になると見ていた[42]。仮に広東攻略に一カ月程度を要するとすれば、秋季作戦完了までの期間は、最短では三カ月ほどしかないことになる。もともと宇垣は和平の目途は今秋か遅くとも年内にはつけなくてはならないと考えていたが[43]、これは国力の問題の他に、秋季作戦の存在も念頭にあったのだろう。ともかく時間は少なかった。宇垣は最終的に、「蔣介石の下野は媾和条約後にて可なり。条約に明記するは如何ゆえ仲介者にてもあらば其者に明言する丈けにても可ならん」との決意を固めた[44]。そして蔣が和平成立後に自発的に下野する条件で国民党政府の意向を探るよう、中村香港総領事宛て訓令案の起案を石射に命じた（九月四日）。これに対して石射は、「蔣ノ下野カ一時的、自発的テアリ復職ニ日本側カ文句ヲ云ハス先方ノ自由ト云フコトニスレハ（中略）下野ノ話ハツクナラン」と応じた。石射の意見に宇垣はとくに反論していないから、最終的には蔣の復位も容認する考えだったのだろう[45]。

またこの宇垣の決意を受けて、九月九日、小川平吉も和平交渉に当たっている萱野長知に対して、「蔣介石が反共の誠意を披瀝するに於ては、予め下野の意思表示を為すに止めて和平の後自発的の形にて決行するも差支なし。

（中略）反共と和平ご下野の二件を内約して、彼等〔が直接交渉に〕出張し当方よりも外相が出張して直ちに協議に取り掛」かる旨の条件を提案した。他方、国民党政府側の意向を打診していた萱野からも同日、「兼ねて協議せし如く、孔祥熙ら出て来る」旨の電報がもたらされた(46)。事態は宇垣と孔の直接会談実現に向けて急速に動いていた。小川の見るところ、この時の宇垣は「意気軒昂決意頗る固き(47)」様子であった。

さて、かかる対中外交の急転と相呼応して、対中外交を対列強外交と同義と認識していた宇垣は、対列強外交強化のために外交陣営に一大刷新を加えようとしていた。しかしこの問題に立ち入る前に、宇垣の対列強認識と外務大臣就任以来の対列強政策について、次節、次々節で詳しく確認しておきたい。

二　宇垣の欧米列強認識

前章で見たように、対中外交における列国協調をたびたび主張してきた宇垣であるが、その欧米観は人種間闘争をもって基調とした。宇垣によれば「白人」とは、「増長、自尊の態度に慣れ、優越感に陶酔し」、「永遠に有色人種を自己の喰物にして、栄華の夢を貪らんとする」者である。これに対して日本は、「一天四海皆帰皇道」の精神により、彼らの誤れる優越感を是正して、国際正義と人種平等主義の確立、土地、資源、市場の開放、先進国による後進民族の善導を実現しなくてはならないという。そしてこのことは素より平和的手段によって達成されることが望ましいが、しかし「頑迷不霊」の国家に対しては「破邪顕正の武力を以てする闘争をも避けてはならぬ」という(48)。宇垣が対中外交の要訣として列国協調を主張していたことを思えば、日本と欧米列強の関係を人種間闘争の概念で律し、列強との対決を日本が負わされた道義的宿命と見なすその認識は、一見矛盾するようにも思える。

ただ、宇垣はこうした人種間闘争を日本外交の負わされた所与の宿命として受け入れる一方で、その解決過程は現実的、段階的に考えていた。宇垣によれば、この「極めて至難事」の「大業」を達成するためには、日本は「現在以上尚数段偉大にして垂範的なる物心両方面の実力を養成」することが不可欠であり、それ以前に列国に日本の企画を察知されることは絶対に避けなければならなかった。「勉めて悠容、平静迫らさるの態度を以て国際間に善処し、毫末たも其の鋒鋩を現はして機微を事前に察知せられさる様」にしなくてはならない。日本の企画を看破されないため、当面の政策としては列国と協調関係を保つことが要請されていた。また「白人」に対抗する「物心両方面の実力」を涵養するためには、中国と「経済的及政治的に特殊密接不離の関係」を築かなくてはならないが、そのためにも、「対支那の政策より生する恐ある列国との摩擦軋轢を緩和」するため、「現に緊張の極にある列国殊に対英米露との国際関係を調整緩和」しなくてはならない。そして列国協調下で日中の緊密提携を成し遂げ、「皇国の自給自足の基礎確立せは（中略）要すれは実力を用ひても露国を亜細亜より（中略）引退せしめて」、続いて場合によっては、「不本意なからも実力なる最後の切札を使用して」、「アングロサクソン」の反省を求めるとした。[49]宇垣にとって、列国との人種間闘争を宿命視する観念と、その過程での手段としての列国協調は矛盾なく両立していたのである。

さて、欧米列強との人種間対立を宿命視した宇垣であるが、その列強中でも日本の「天業」に「対抗妨碍の立場を執る公算の最も多きはアングロサクソン系」、すなわち英米両国だと考えていた。なぜなら英米こそ列強中で最も「現状維持を欲する諸邦」であると見なしていたからである。[50]なかでも宇垣がとくに警戒したのは英国である。宇垣は、日本と米中ソの関係がとかく険悪化する根本的原因として「老獪英国が大手搦手より施為する術策」があると考えていた。英国が各国を「使嗾」し、「日本勢力の牽制」を図っていると認識していたのである。[51]これに対して「ジャーマン系やラテン系」は「帝国の伴侶たるべき多くの可能性を有す」と考えていた。なぜなら英米は列強中で最も「現状維持を欲する諸邦」であり、日本が打破すべき旧来の世界秩序を体現する存在であったのに対し、独伊は列強中ではむしろ「現状打破を望む所の諸国」だと見なしていたからである。[52] したがって宇垣は、「独逸、伊太利其他の領土的に後進であり、而かも新進の鋭気を有する諸邦と暗黙裡に連携して、未開発の土地、資源、市場の開放利用を認容すへき空気を世界的に作成すること」[53]が必要だと考えていた。

だがここで注意しなければならないのは、宇垣にとって、こうした英国への特別の警戒感は、そのまま現実政治での敵対政策にはつながらないということである。むしろ宇垣は、英国の「偉大」さ「老獪」さを自覚し、英国を各国の反日政策の元凶と認識していたがゆえに[54]、「日本外交の中核をなすものは対アングロサクソン関係[55]」でなくてはならず、「就中日英国交の刷新は東亜の現状建直し帝国の浮沈に関する最緊要焦眉のもの」と認識していた。そして「日英関係が改善せば我より挑発せざる限りは他の列国との国交も好転すべく延ひて日支間の平和も恢復するの望みあり」と考えていた。[56] 宇垣にとって英国は最も恐るべき相手であったが、だからこそ英国との親善友好は最重要かつすべての外交政策の前提条件であった。

したがって宇垣の独伊との提携策もまた、後の日独伊三国同盟によって完成する枢軸同盟路線と同一視すべきではない。確かに宇垣は、ドイツの存在は英米ソの極東政策を牽制するうえで重要だと見なしており[57]、その点で独伊との一定の「提携」は必要だと考えていた。しかし、それは利害をともにする個々の政治局面での極めて便宜的、限定的な提携であり、独伊との包括的な接近政策や、それによる英米陣営とのイデオロギー的対立を意図するものではなかった。[58] 宇垣が独伊との提携に期待したのは、国際的な資源、市場の開放などの問題で同じ「持たざる国」として「暗黙裡」に協力することに過ぎなかった。[59] したがって、宇垣は包括的な反英米政治提携という意味での日独伊提携は全く望んでいなかった。宇垣は「英の勢力を支那より駆逐するに独の力を借りる必要はない」と考えており、むしろ独伊との過度の政治接近によって英米との関係が毀損されることを警戒していた。[60] しかも宇垣の人種間闘争の観念からすれば、「ヒットラー氏が白人優越論を高調[61]」する「黄禍主張の本場」ドイツは「決して油断はならぬ[62]」国家であった。むしろ宇垣はその人種間闘争の観点から、独伊は日本よりも英米ソに接近する恐れが大であると考え、英米仏ソ独伊の「白人の連衡に依る日本包囲の策謀」すら警戒していた。そして宇垣によれば、その「白人の連衡」を未然に防止するためにも、「現に緊張の極にある列国殊に対英米露との国際関係を調整緩和」することが必要なのであった[63]。

宇垣の対列強認識は複雑で戦略的なものであり、単純な親英米論者でも枢軸論者でもなかった。宇垣は英国を国際的対日包囲網の元凶と認識して最大の警戒を払う反面、まさにそれゆえに、手段としての対英親善を最重要視した。ドイツはその英国を牽制する勢力であるがゆえに、宇垣は日独のある種の提携は有用と考えた。しかし提携が過度に及べば英国の感情を害する恐れがある。それは日英親善を最重要視する宇垣には容認できないものだった。宇垣の対列強外交構想は微妙なバランスの上に成り立っていたのである。

三　対列強外交の開始

さて外務大臣に就任した宇垣は、新任時の慣例に則って各国大公使を接見、「英、米の両大使は他よりは聊か出色の人物たるの感を得た」。そして「対支時局の収拾には取り分け英米露との国交の調整が必要である。而かも対英の調整は時局収拾の先決条件とも考へて可然である」との信念を再確認している[64]。宇垣は好感触を持って対英交渉を開始した。

対英交渉に際する宇垣の目標は、第一には、英国による国民党政府への有形無形の援助を停止させ、可能ならば親日的態度に転換させることで、国民党政府の抗戦意欲を減退させることにあった。またもしそれが難しければ、第二には、少なくとも日本の占領地域にあっては日本に「協調的態度」を取らせ、日本の対中措置を「快ク承認スル」こと、つまりは最低限日本の諸政策の邪魔をさせないことを目指した[65]。他方、英国側でも、日中戦争勃発以来、日本軍および出先官憲によって侵害された自国権益の擁護回復を求めて日本との交渉を欲していた。七月二六日以降、宇垣と駐日英国大使クレーギーとの交渉「宇垣・クレーギー会談」が開始されることになる。英国権益への配慮の代償として日本に対する英国の「協力」(co-operation) を要求する宇垣と、本国の指示に従って、日本への協力と見なされる行動や言質を極力排除しつつも、英国権益への保証は確保しようとするクレーギーの交渉は表面的には相当緊張する場面を現出し、お互いに苛立ちをあらわにすることもあった。しかし両者の関係は本質的には友好的だった。クレーギーは軍部や右翼、世論の反英感情のなかで対英交渉を行わなければならない宇垣の立場に同情的であり、また本国政府が中国における日本との「協力」を頭ごなしに否定する態度に批判的な面すらあった[66]。クレーギーの回想によれば、宇垣が日英関係を改善し、中国における両国の係争原因を解決することを自身の重要な使命だと認識していたことは「明らか」であり、「私は将軍〔宇垣〕に最初から好意を感じた」という。具体的交渉が始まると、「将軍は冷徹な交渉人であり、交渉態度は単刀直入だった。しかし、とても公正だった」。そして両者の間で「非常に腹蔵ない議論」が交わされるなかでも、「我々の関係は常に友好的だった」という。クレーギーは戦後に至っても宇垣への高い評価を崩しておらず、「グレイト・ジェントルマン」だった宇垣が、周辺の状況に恵まれなかったことを惜しんでいる[67]。

前述のように、対英交渉における宇垣の第一の目標は、対中援助の停止と親日政策への転換であった。しかし交渉が開始されると、同問題での英国の態度は相当強硬であり、その転換は容易ではなかった。そこで宇垣は当面の交渉の目的を第二目標に切り替え、日本の対中措置を妨害するような行為は最低限度阻止しようとした。宇垣は英国に対して、「成るべくなだめて、当面の支那の問題に邪魔を入れさせないやうにと思って努力した。従ってクレーギー英大使との会談も、向ふは主として権益問題を言って来てゐるのだから、その間にうまく話をつないで、打明け話をしながら、いざ対支問題解決という際に、邪魔の入らぬやう、『好意をもつて見て貰ふ』風に話をもって行った」[68]。宇垣は権益問題で英国に一定の配慮をする代わりに、日中間の問題では少なくとも好意的中立態度を取るよう求めたのである（会談が一見停滞したかのような印象を受ける背景にはこうした宇垣の交渉目標の切り下げがあったとも言えよう）。宇垣は日中間の問題はあくまでも日中間で解決し、他国の政治的介入を排除しようとした。

したがって宇垣は、国民党政府との和平交渉に第三国が調停者として介入してくることも忌避していた。宇垣は、「和平交渉を開始する橋渡し程度の第三国の介入は敢て妨げなきも之れとて御互より好んで求むべきものではない、況んや夫れ以上に居中調停などと云ふことを招来するに至りては単に紛糾を増すのみに過ぎぬと考へる、仮りに公正なる双方の満足する調停が出来たりとしても将来永く第三国の容喙を蒙るの端緒を作る」ことになりかねないから、「日支間の直接交渉が一番宜しい」と考えていた[69]。「第三者の仲介は橋渡しに止めしめ、止むを得ざるも条件の抽象総括的の二三意思表示に止めて速に直接交渉に導くべき」という意見は、外務大臣就任前からの宇垣の持論であった[70]。もっとも、宇垣にとって最優先事項は国民党政府との和平実現であったから、他に適当な手段がない場合でも第三国の仲介を絶対的に拒否するというような峻厳な意味ではなかった。宇垣は純然たるきっかけ作りという意味での「橋渡し程度」の仲介ならばむしろ歓迎する意向であった[71]。

ただ第三国の「橋渡し程度」の仲介でも、宇垣は英国の介入はできれば避けたい考えであった。宇垣は極東に多大の利害関係を持つ英国の国力、外交的手腕を高く評価し、またそれゆえに恐れてもいたから、和平交渉の仲介が英国によるさらなる日中問題介入への口実となることを恐れていた。また国内の反英感情の激しさを考えれば、英国の仲介は現実的ではなく、むしろ和平交渉に負の影響を与えかねないと考えていた。「英の仲介は彼の欲する所なるも将来の為め又国民の感情上面白からず」と認識していたのである。むしろ宇垣は、極東での影響力の小ささや国民感情のことを考えれば、ドイツの仲介が適当であると考え、漢口攻略が近づくにつれ具体的に考慮し出していた。[72]

なお、こうした考えは宇垣独自のものではない。石射東亜局長も宇垣に提出した意見書「今後ノ事変対策ニ付テノ考案」において、『対手ニセズ』ノ声明ヲ乗切ル」ためにも、「日独伊三国防共枢軸ヲ利用シ密ニ独伊ニ工作ノ上両国ノ発案トシテ日支双方ニ和平勧告ノ労ヲ取ラセ我方ハ他ナラヌ独伊ノ勧告ナルヲ以テ之ヲ無礙ニ拒絶シ難シトノ態度ヲ執ルナラハ我国民ノ独伊ニ対スル傾倒振ヨリ見テ先々大ナル冒険トハナラサルヘシ」と提言する。他方、「英米ヲ仲裁者トシテ働カシムルコト殊ニ英ハ日支間ニ話ヲ纏ムルニハ持ツテ来イノ役目ナルモ我国内ノ反英感情ニ鑑ミ国内ヨリ打壊ハサルル恐アリ米ヲ利用スルトキハ門戸開放機会均等、九国条約等ノ蒸シ反シヲ前提条件トシテ持出サルルヤモ知レサルヲ以テ両国ニハ頼マサルカ安全ナリ」とも提言している。[73]周知のごとく、同意見書に関して宇垣は、「其諸説概ネ本大臣ノ所見ニ合致ス」[74]として賛同している。七月一二日には五相会議で、「英独大使ノ和平斡旋申込ニ対スル態度」が策定され、英国からの申出に対しては「一応婉曲ニ断ハル然シ手ハ切ラヌ」、ドイツからの申出には「一応話ヲ聞キ取ル」とされた。[75]閣内では和平そのものに対する抵抗感も根強かったが、ドイツを仲介とする和平に含みを残す決定であったと言えよう。

ところで、ここで注意を要するのは、こうした和平仲介問題での宇垣の英独に対する対応差が、政治的イデオロギーとしての反英、親独には決して結びつかないことである。宇垣は対英牽制上、ドイツとは一定の範囲で関係強化を望んでいたが、それが英国との親交を傷つけるレベルにまで発展することは絶対に容認できなかった。宇垣は英国との友好関係をドイツとのそれより遥かに重要視していたからである。こうした宇垣の考えは、たとえば、折から議論になっていた日独伊防共協定強化問題への対応にも表れている。英ソ牽制のために独伊との関係を強化する必要はつとに議論され、七月一九日の五相会議で、独伊と各個になんらかの政治協定を締結する方針が決定していた。これを受けて外務省でも独自の研究を遂げ、外務省案を一応完成させた。八月一二日の五相会議において、陸軍がドイツの希望に沿って日独伊間を同一の条約で結ぶ三国協定案を主張したのに対して、宇垣はこの外務省の研究に則って、ソ連を対象とした日独「相互援助協定」と、英国を対象とした日伊「中立及協議ニ関スル協定」を別個に結ぶことを主張している。なぜなら三国を同一の条約で結んだ場合、「欧洲大陸の複雑なる問題に捲き込まるる虞多分に存するのみならず」、英国を対象とした日伊間の「中立及協議ニ関スル協定」を、ソ連を対象にした日独「相互援助協定」にまで強化しなくてはならないため、「対英関係上より見るも慎重考究の要あり」と考えたからである（当時英国は地中海の覇権をめぐってドイツよりイタリアと緊張状態にあった）。また外務省ルートとは別に、駐独大使館付陸軍武官大島浩とドイツ外務大臣リッベントロップ（Joachim von Ribbentrop）間で独自に進められていた日独伊三国協定案に関しても、ソ連および共産主義インターナショナルを対象として英米は含まれない旨を明確にすること、防御的協定であることを明確にするため、援助義務の発生条件を「挑発によらざる」攻撃を受けた場合に限定すること、および自動参戦義務を課さないことを陸軍側に要求して承認させた。さらに同交渉はあくまで両国軍当局者間の非公式のものであり、「外務大臣としては之を単なる情報に過ぎさるものとして聴取す」とし、外務省として正式に承認したものではない旨の釘を刺し、速やかに外務省の交渉ルートに乗せることを要求した[76]。宇垣がドイツとの関係強化を欲しながらも、それが対英関係を毀損することは忌避していたことがわかる（なお、こうした宇垣の英国に対する配慮は後の「葉山事件」での発言でも明らかとなる。後述）。

そもそも宇垣はドイツとの適切な範囲での関係強化は、対英関係を悪化させるどころか、むしろ「対支和平にも対英親交にも仲介的の価値」があるものと考えていた。なぜならドイツが日本に期待するものは対ソ牽制であって、ソ連を利しかねない日英の争いを望んではいないだろうと判断していたからである[77]。

要するに、外務大臣としての宇垣の対英、対独政策は、英国に関しては最重要国として関係改善を急務としつつも、まさにそれゆえに、日中問題、とくに国民党政府との和平交渉からは排除する、ドイツに関しては、英国を牽制し、場合によっては和平仲介者として利用するために関係強化を推し進める、ただしあくまで日英関係を毀損しない範囲とする、というものであった。

四　外交陣営刷新

さて、議論を再び秋季作戦の時期に進める。前節、前々節で確認した宇垣の対列強認識、対列強政策が如実に表れるのが、八月末から九月初めにかけて決定した一連の人事異動である。この宇垣人事は、元外務大臣の佐藤尚武、有田八郎の外務省顧問就任と在外大使および外務次官の交代からなる。外務省顧問制度は外交に不慣れな宇垣の「自分の相談相手になり、自分を援けてくれる機関がほしい」(78)というわかり易い動機から制定されたものであった。他方、大使および次官人事は宇垣の意図が掴みにくく、その真意は当時も現代の研究においてもしばしば誤解されている。

外交陣営の刷新問題自体は、すでに宇垣の外務大臣就任直後から議論になっていた。就任三日後の五月二九日に原田熊雄に会った宇垣は、次官の堀内謙介を白鳥敏夫に交代させるよう「しきりに運動に来る者」があったが、婉曲に断った旨を告げている。六月に入ると板垣陸相がやはり白鳥の次官就任や、駐独大使東郷茂徳を更迭して大島浩陸軍武官を大使に昇格させる案を宇垣に申し入れている。同時期には原田や近衛首相も駐米大使斎藤博を次官に、野村吉三郎海軍大将を駐米大使に就任させる人事案を話し合い、宇垣に提言している。しかし宇垣の反応は鈍く、板垣は、「『宇垣大臣はすべてのことがのろい』と非常に憤慨」していた(79)。

宇垣の反応が鈍かったのは、前述のごとく、そもそも宇垣が和平の目途を今秋か遅くとも年内にはつけなくてはならないと考えていたからである。宇垣は外交陣営刷新の有効性は認めていたが、しかし「新しい道具と取り換へた所で夫れが円滑に活動し得るまでには相当の時日を必要とする」と考えた。したがって多少問題があるにしても「使ひ慣れたる道具立で当面の時局を乗切らん」と決心していた[80]。

八月二二日、漢口作戦が発動されると、宇垣は国民党政府との和平に向けて急速に活動を活発化した。秋季作戦に際して宇垣が力を入れるべきと考えた活動には、対中外交や国内調整だけではなく、列強との関係調整も含まれていた。宇垣によれば、「軍事と外交とは一体たるべきもの」であり、漢口攻略に際して「今日列国と交渉を為すもかかる意図に出づるもの」であった[81]。そしてまさにこのタイミングで、宇垣は突如として外交陣営刷新を試みる。九月三日、近衛は原田に次のように語った。「宇垣外務大臣はいよ〳〵人事に手をつける。（中略）重光をロンドンに持つて行き、東郷をソヴィエトに、さうしてドイツは大島陸軍中将を予備役に編入して改めて大使に任ずる。それからイタリーには白鳥を持つて行き、現在の堀田〔正昭〕を辞めさせる。アメリカには堀内を持つて行つて斎藤を引戻し、澤田――弟の方〔廉三〕――を次官にするやうに決まつた[82]」。この一連の人事異動が漢口攻略作戦の発動にともなう対列強外交の活発化と密接に関連していたことは間違いないだろう。宇垣は秋季作戦にあわせて外交陣営を刷新し、列強への外交攻勢に打って出ることで、国民党政府との和平を側面援護し、また広東作戦で予期される列強、ことに英国との摩擦を回避しようとしたのである。

しかしここで問題となるのは、就任当初の宇垣は、秋季作戦までの期日の短さを考慮すれば、多少改善の余地があるにしても従来の外交陣営を維持したほうが得策だと判断していたことである。少なくとも宇垣は七月三〇日まではこの考えを変えていない[83]。つまり七月三〇日から九月三日までの一カ月間に、なんらかの要因によって、むしろ外交陣営の刷新に踏み切ったほうが有利であると判断を転換したことになる。

宇垣の翻意には幾つかの要因が考えられる。まず第一に、日満ソ国境で勃発した張鼓峰事件の影響である。七月一二日のソ連軍による国境未画定地区張鼓峰への侵入に端を発した同事件は、二九日から三〇日にかけてのソ連軍進攻によって本格的武力衝突に発展した。すでに泥沼の日中戦争を抱える日本政府および軍にとって、武力紛争の拡大は衝撃的出来事であった[84]。八月一日、五相会議において不拡大と局地解決、軍事行動の自制と外交的解決の方針が決定し、同日には陸軍中央から現地軍に対して、同断の方針が伝達された[85]。そしてソ連において外交交渉に従事したのが重光葵駐ソ大使であった。

重光の交渉姿勢は強硬であった。日本政府、軍が軟論に傾くなか、重光は宇垣や海軍大臣米内光政が危惧するほどの強硬な交渉姿勢を貫き、欧米メディアを使った世論工作も駆使して、結局本国の期待以上の条件で交渉をまとめることに成功する（八月一一日）[86]。事件が解決した時、「関東軍から謝電がきた。外交官が軍から謝電をもらうというのは、当時としては珍しい話」であり、駐ソ大使館員を驚かせた[87]。宇垣も「重光大使の努力善闘により此結果を収め得たり」と称賛した[88]。人を褒めることの少ない『宇垣一成日記』のなかで、これは少しく目を引く記述である。宇垣は戦後になっての回想でも、「直接談判の衝に当つた重光駐ソ大使の働きぶりは、際立つて目覚ましいものであつた[89]」、「重光君が露都に居つて能くやつてくれました。危機一髪といふ所があつたが、押太くやつてくれということで重光君が頑張つてやつてくれました[90]」と手放しの褒めようである。宇垣は重光の外交折衝能力に強い印象を持ったのである。

しかし他方で、張鼓峰事件での重光の活躍は、重光自身に対するソ連側感情を悪化させてしまった。張鼓峰事件の後、ソ連新聞には重光に対する「だいぶひどい誹謗記事」が出るようになり、事態を憂慮した大使館付参事官西春彦は、「僭越ながら、大使としてはこの際引揚げて帰朝されることが然るべきではないかと考えたほどであった[91]」。宇垣も、「張鼓峰事件で、ソ連が重光大使にしてやられた形になつたので、彼に対するソ連の態度がよくない」との情報を承知していた。張鼓峰事件は日中戦争を戦う日本の背後の脆弱性を改めて浮き彫りにしたから、宇垣としてはなんらかの対応を取らねばならなかった。そこで宇垣が選択した解決策が、重光の駐英大使への転任と駐独大

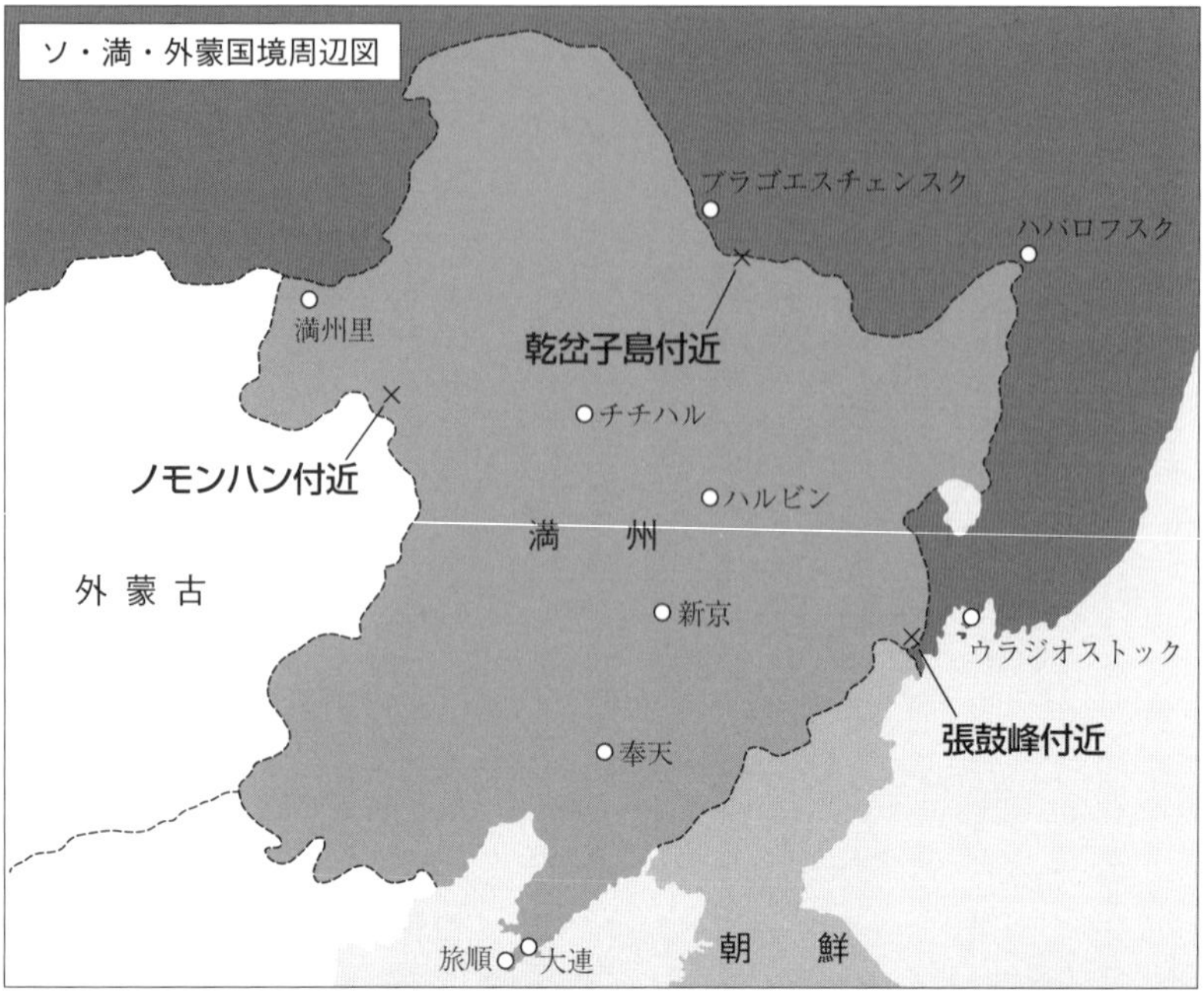

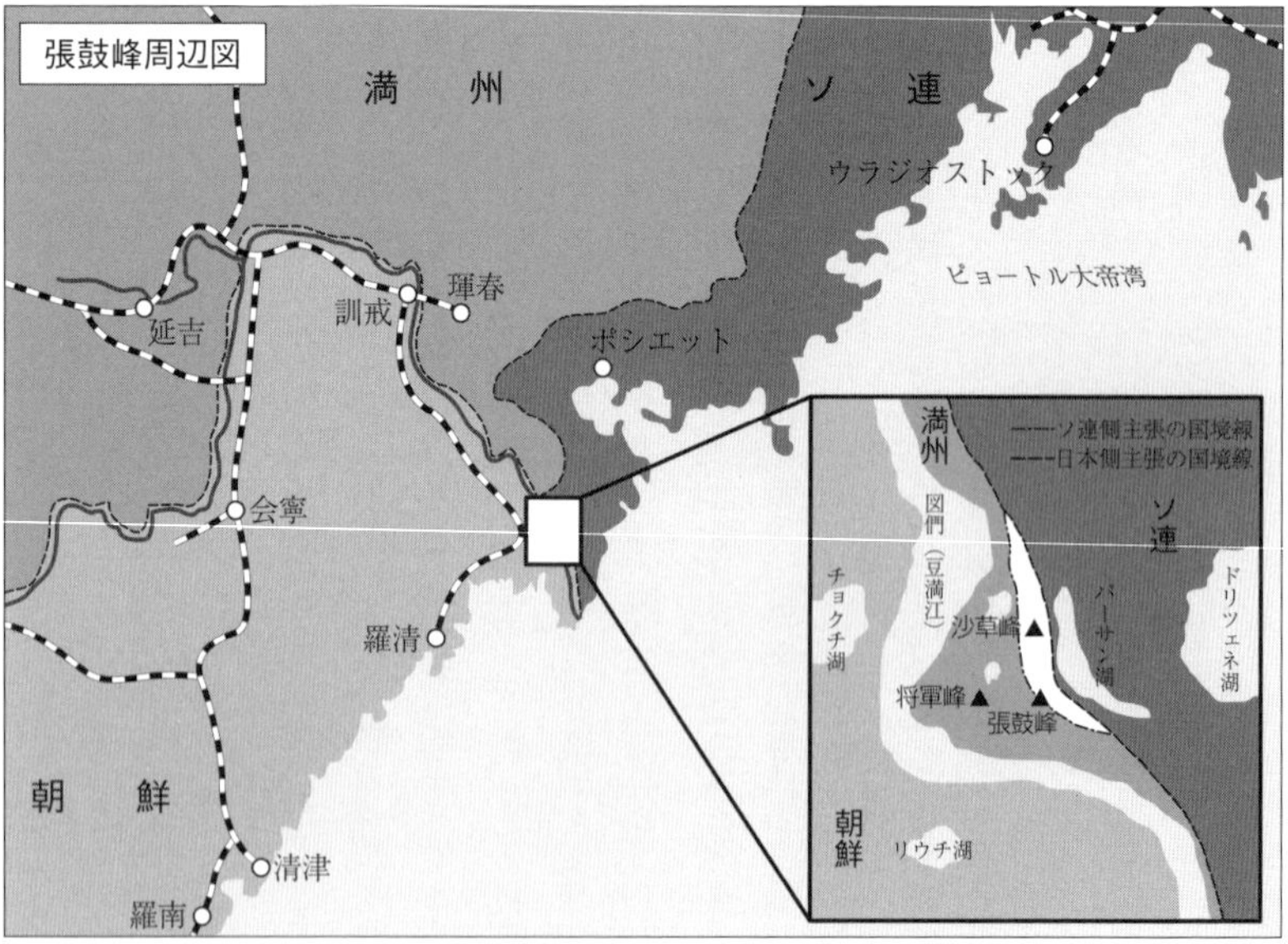

出典）鹿島平和研究所編『日本外交史』別巻４，鹿島研究所出版会，1974年，第25図をもとに筆者作成

使東郷茂徳の駐ソ大使への転任だった[92]。

八月三一日、宇垣は重光に駐英大使への就任を要請した。それはまさに漢口攻略を控え、宇垣が対蔣和平に大きく踏み出した時期である。これに対して重光は転任前の一時帰国を願い出た。しかし宇垣は九月一四日、即時赴任を求める理由として、「日中懸案調整ハ急ヲ要スルノミナラズ、漢口攻略ノ機モ迫リ、戦局ハ広東方面ニモ拡大ヲ見ル形勢ニアリ、アルイハココ一、二ヵ月ノ間ニ日英間ニ相当重大ナ問題モ起ルヤモ計リ難ク、カカル場合ハゼヒトモ貴大使ノ滞英ヲ必要トスル次第ナリ」との電文を送っている[93]。漢口攻略作戦によって生じた和平最大の好機と広東作戦で予期される対英摩擦に対応するため、宇垣は張鼓峰事件で実証された重光の外交交渉能力を、最重要視する駐英大使[94]として発揮させ、「日英衝突を回避するため、急遽、重光をモスクワから転任させた」[95]のである。

重光の駐英大使就任は、宇垣の個人的発案だけに由来するものではなかったようだ。明治立憲政体樹立以来の重鎮であり、日露戦争時には対米外交でも活躍した金子堅太郎（枢密顧問官）は、八月一五日付で次のような書簡を宇垣に送っている。「日露紛争は戦争に至らす外交談判にて解決致候義は全く閣下之御指導之宜きと存候へとも、重光大使之手腕も亦大に与りて力ある事と存候。就ては先日来屡々申上候通り日支戦争中之外交は将来媾和談判之準備と相成候事故、速に英米駐在之大使は御取替へ相成度希望仕候。先日御内話之次第も有之候得共、再三考慮之上右之結論と相成候間御再考被下度」。金子が駐英米大使の交代を宇垣に希望し、一旦は宇垣に断られたものの、再度交代を要求していたことがわかる。書簡の書き振りからして金子の意中は重光だったのだろう。金子が駐英米大使の交代を求めたのは、これまで英米が中国に多額の資本を投下してきた関係上、「戦後の平和克復会議には英米両国は必らす参加するか、又は容喙」するはずだが、「今日の駐英米の大使にて之を拒絶する技量ある乎？」との疑念からであった[96]。駐英米大使の交代は対中和平交渉と一体のものとして発案されたのである。なお、ここで金子が具体的に現駐英大使吉田茂の何を問題としたのかは明らかではない（駐米大使の斎藤博は病に倒れていた）。ただ吉田の和平構想は、「英国に仲裁の労を取らしむべし、媾和委員会を作らしむべし、英は必らず米を仲間に入れる[97]」というものであり、英米の介入を忌避する宇垣、金子とは相容れないものであった。また吉田は実際にも英国外相ハリファックス（Viscount Halifax）に日中和平の「中（仲）裁」を独断で申し入れ、「三省会議」で問題とされた過去があった。この時は石射も「独断甚し」と吉田を非難している。[98]また対中和平条件の点でも、吉田の案は「賠償金はとるべし、北支には特殊地位を得べし[99]」という強硬なもので、この点でも宇垣とは相容れないものであった（宇垣の和平条件は後述）。こうした事実も吉田更迭の伏線となったのだろう。[100]

では重光の後任として駐独大使から移動してきた東郷茂徳の転任理由はなんだったのだろうか。それにはまず、東郷が駐独大使に任命された経緯から確認する必要がある。そもそも東郷は、その欧米局長時代（一九三三〜三七年。途中、改組により欧亜局に改称）からソ連研究に注力し、東支鉄道譲渡問題や満ソ国境画定問題、北洋漁業交渉など、日ソ諸懸案の解決に当たってきた。こうした東郷のソ連エキスパートとしての経歴が評価されたのだろうが、一九三六年に広田弘毅内閣が成立すると、広田兼任外相から駐ソ大使就任を打診された。東郷は『ロシヤ』問題はかねて自分の尤も関係の深かつたものでもあるから、右申出を快諾した」。しかし間もなく専任外相として有田八郎が就任すると、有田は重光を駐ソ大使に任命し、東郷は現職に留任することになってしまった。その後、第一次近衛内閣で広田が再び外相となると、先年の埋め合わせの意味で、東郷をちょうど空席となる駐独大使に任命したのである。[101]ただ、東郷はそれ以前にも二度のドイツ勤務をし、夫人もドイツ人であったものの、「独逸関係事務の専門家ではなかつた」。東郷の本来の「興味と専門は結局露西亜問題であつた[102]」。

つまり宇垣による東郷の駐ソ大使への転任は、見方によっては単に本来の任地に復帰させただけとも言える。前述のように、重光は駐ソ大使として張鼓峰事件の解決に辣腕を振るったが、ために重光とソ連当局の関係は冷え込んでしまった。この張鼓峰事件直後の極めて難しい時期に、東郷はソ連との関係を調整して対中戦争を戦う日本の背後を固めるべく、その長年のソ連研究と対ソ交渉経験を生かすことを期待され送り込まれたのである。

他方、旧任地ドイツで東郷がいかなる状況に置かれていたのかも重要である。ナチスに対して嫌悪感を抱き、ドイツとの接近が対英米関係を毀損することを危惧する東郷は、そもそもドイツへの赴任に際しても、「独逸とは余り深入りせざる方が日本の為めに得策であるから伯林赴任の後は其方針で行動したい」と考え、広田外相の承認も得ていた。東郷のドイツ行は「始めから軍部の対独接近を阻止するの目的があつた」。任地に出発する新大使の主任務が両国の接近阻止にあったというのなら、これは少々異様である。そして赴任後、東郷の「『ナチ』主義を嫌悪する念は益々旺盛となつたので自然独逸側にも漏れた」らしく、東郷とドイツ外務大臣リッベントロップの関係は冷え切ったものになっていく[103]。これに対して、駐独大使館付陸軍武官大島浩は、リッベントロップをはじめとするドイツ上層部に太い個人的パイプを築き上げ、東郷の頭越しにドイツ当局と交際した。しかも東郷と大島は犬猿の仲だった。かかる状況に駐独大使館付海軍武官小島秀雄は、大島とも相談のうえ、「日独協力関係増進を必要とする此際、独逸外務大臣と折合の悪い東郷大使を留任せしむることは帝国の為に採らざる処なりと強調し大使を独逸より追出さんとする趣旨の電報」を本省に打電したという（一九三八年三月から四月頃[104]）。こうした駐独武官などからの情報、要望が先に見た板垣陸相による東郷罷免と大島の大使昇格要求へとつながったのだろう。しかし前述のとおり、当初は宇垣は板垣の要求にも動かなかった。

宇垣の認識の転換は、この場合も秋季作戦の発動に結びつく。前述のように、秋季作戦の少ないチャンスを掴むため、宇垣はドイツの斡旋による和平交渉開始に期待をかけた。とくに折から、孤立する東郷を蚊帳の外に、大島とリッベントロップの間で防共協定強化問題が独自交渉されていた。七月、リッベントロップは大島に、締約国が第三国から攻撃を受けた場合に他の締約国の武力援助義務を定めた日独伊三国協定案の簡単なメモ「リッベントロップ提案[105]」（リ提案）を提示し、「まず日本軍部の意向を知りたい（中略）、本案をまず東郷大使に示したら反対される恐れがあるから同大使には示さないでもらいたい」と申し添えた。大島は同案を駐独陸軍武官補佐官笠原幸雄（宇垣義弟）に託し、笠原は八月五日に帰国すると、陸軍省、参謀本部、さらに海軍省に情報をもたらした。しかし笠原は、「外務省がまったく知らんというのはどうもおかしいんで、東京に帰ってから独断で義兄の宇垣大将、すなわち外相に報告した」[106]。と同時に、「東郷大使は独逸政府首脳と折合ひが悪く独逸政府当局は同大使がナチスの政策に協力的でないとの見解を以つて居る為に今回のリツベントロツプの提案も之を同大使に示すことを欲しなかつたものである旨を話し」[107]た。宇垣自身は、日独の提携が英米を対象とする軍事同盟にまで拡大することを全く欲しなかったが、和平に向けてドイツとの関係強化を急務と考える折から、東郷大使とリッベントロップの不和は深刻な問題だと感じたに違いない。

他方、リ提案が自身の頭越しに提示されたことを側聞した東郷は、八月中旬、「外務大臣に対し電報を以て、日独伊同盟は防共協定強化の賛成者が論ずる如く日支事変の解決に貢献するものではない。（中略）対独伊関係を強化し又は同盟関係を設定せむとするが如きは帝国の前途に大きな不利を齎す危険があると認めらるるから本件同盟交渉は之を取止むること可然との趣旨を上申」した。さらに八月三一日、宇垣よりリッベントロップとの正式交渉に移るべき旨の訓令が下されると、重ねて独伊との提携強化に反対する旨の意見具申を行った[108]。東郷の態度は、ドイツとの一定範囲内での提携は進めるべきと考えていた宇垣とは相容れない頑なものであり、また独伊との提携強化方針を決定していた五相会議、外務省の方針とも相反するものであった。重光の後任問題はひとまずおいても、東郷は交代させざるをえない状況になっていたのである。

次に問題となるのは東郷の後任問題である。すでに見たように、板垣陸相からは大島の大使昇格が盛んに要求されていた。宇垣としても、東郷の更迭を決心した以上、「先方の当局者と仲の善いことは、外交を円滑にやる上に最もいいわけだから、それも宜かろうと思つた」。防共協定強化問題はともかくとしても、ドイツとの関係を強化して和平交渉斡旋にも利用しようと考えていた宇垣にとって、ドイツ政府と親密な大島は利用価値があった。ただし宇垣がこだわったのは、新大使となる大島の身分の問題だった。陸軍が大島を現役のまま大使にすることを要求したのに対して、宇垣は、「『大島を現役のままで大使にすることは断じていかん。何故なら、もし大使として不適任であれば辞めさせなければならんが、その場合、現役の身分を扱う陸軍大臣に相談しなければならん。しかし外務大臣管下の者は、辞めるのも進めるのも、外務大臣が自由な立場でやるべきで、他に相談して進退を決めるなどということは、御免蒙むる』と云つて突刎ねた」[109]。宇垣は現役軍人の大使就任による外交の多元化を認めなかった。大島をあくまで外務大臣の統制下に利用しようとしたのである。見方を変えれば、大島の大使昇格によって、大島は制度的に陸軍から切り離され外務大臣の統轄下に入った。宇垣は大島の行動を統制する制度的保障を得たのである。

では外交陣営刷新による他の人事はいかなる狙いがあったのであろうか。まず駐イタリア大使の堀田正昭を召還し、白鳥敏夫を後任とした人事である。一見すると、外務省「革新派」の首領格である白鳥の任命によって、日独伊提携を推し進め、枢軸外交の端緒を開く意図があったようにも思える。確かに、宇垣は英国牽制のための日伊間の政治協定（ただし軍事同盟には非ざるもの）を否定してはいなかったから、白鳥の任命にはそのような意図もあったのかもしれない。また白鳥は往々にしてその政治性のみが注目されがちであるが、他方でその実務能力は高く評価されていた[110]。宇垣に白鳥の能力を対伊関係強化に活用する意図があったとしても不自然ではないだろう[111]。しかし同時に留意しておかねばならないことは、日伊提携の推進に関しては、前任者の堀田もまた熱心な主唱者であったということである[112]。この点は東郷→大島の事例とは事情を異にする。つまり日伊提携の強化のみが目的ならば、漢口攻略が目前に迫ったこの時期に、わざわざ交代させる必然性に乏しい。また宇垣はイタリアとの関係強化は必要であるにしても、過度の提携は英国を刺激しかねないとして、ソ連を想定した日独提携より軽い中立条約程度のものを望んでいた。また国民党政府に対する影響力という点でも、イタリアは英米独に比して明らかに見劣りがした。宇垣は日伊提携にドイツとの提携程には熱心ではなかったのである。白鳥の駐伊大使任命の主目的が、防共協定強化ではなかったことは、宇垣、白鳥の戦後の証言からも裏書きできる。宇垣によれば、「日本政府としては当時防共協定強化の問題は独逸方面からの情報として聞いたばかりであり、それも正式に日独の大使を通じて申入れて来た訳ではなく在外武官を通じての情報的の話であり謂はゞ日独間に於ける極めて非公式な、且探索的段階にあつたに過ぎず、日本政府としても、従て交渉を一応進めて見たらどうかと決心したもの、未だ深く研究し最期の決定に到達してゐた訳ではなかつた。（中略）防共協定強化の問題は自然軽く見てゐたから、この問題に付て〔赴任前に〕白鳥氏と何等の談話を交えたやうなことはなかつた[113]」という。白鳥によれば、宇垣から駐伊大使就任を打診された時、「宇垣外相に至つては、枢軸接近のことは私に一言も語らず」、白鳥自身も「遠隔のヨーロッパ、而も私が殆んど何も知らず、且つ実際上日本と何等の関係をも有しない国に、赴任すると云ふことは、私に取り寧ろ厭はしいものでありました[114]」という。白鳥の駐伊大使任命には日伊提携推進以外の理由も考えなくてはなるまい。

そもそも白鳥の処遇をめぐってまず想起すべきは、外務省「革新派」や板垣陸相、さらには近衛首相からも、白鳥の次官就任が求められていたということである。とくに「革新派」にとって白鳥の次官就任は悲願だった[115]。となれば、宇垣による白鳥の駐伊大使任命は、むしろそうした次官任命要求にもかかわらず、それを拒絶してあえて国外に転出させたと見なすこともできるわけである。白鳥はスカンジナビア四国公使の後は閑職に甘んじており、「大国」の大使への就任は栄転には違いない。つまり栄転を隠れ蓑にした一種の敬遠策である[116]。事実、前述のように白鳥は駐伊大使に乗り気ではなかった。むしろ国内に留まって政治的影響力を行使することを望んでいたのだろう。しかし、「宇垣外相の登場と共に外務省の若手から擔がれて次官第一候補者の噂も立てられたが今度の栄転で問題は一切落着[117]」となってしまった。そして白鳥を担いでいた「革新派」は、「白鳥大使のイタリー赴任後はサッパリ影がうすくその場限りの威勢のいい話は聞かなくなった」[118]。外務大臣就任以来、宇垣は英国との関係調整のための会談「宇垣・クレーギー会談」を熱心に行っていたが、それに激しく反対する「革新派」の存在[119]は疎ましいものであった。対中和平推進のためには「革新派」の行動を抑える必要があったのである。白鳥のイタリア大使就任の主たる目的が「革新派」首領白鳥の敬遠策であったことは間違いないだろう。

では白鳥がなり損なった次官職はどうなったのか。当時、堀内謙介次官はすでに在職二年半、三代の内閣（広田弘毅、林銑十郎、第一次近衛）に仕え、そろそろ交代時期に差しかかっていたが、宇垣が留任させていた[120]。しかし三八年正月頃からすでに「半病人」[121]のようになっていた駐米大使斎藤博が、夏以降いよいよ病臥するようになり、帰国を願い出るようになると[122]、堀内がその後任に内定する。次官から駐米大使への転出が外交官としての典型的エリート・コースであることは当時も変わらない。加えて先に見た金子堅太郎の献策にもあるように、秋季作戦を控えて駐米大使には熟達した外交手腕の持ち主が期待されていた。対英米外交を重視した宇垣が、この時期に堀内を駐米大使に選んだというその事実自体が、宇垣の堀内に対する高い評価を証左している。仮に宇垣が否定的理由から堀内の転出を画策したのであれば、駐米大使に指名するはずがない。宇垣は、三代の内閣で次官職をそつなく務め、宇垣自身も人柄を熟知する堀内を、秋季作戦以降の対米関係調整のために選出したのだろう[123]。

他方、後任次官には北支那派遣軍外交顧問の澤田廉三が内定した。同時代のジャーナリストの観測によれば、澤田の抜擢は「堀内次官の進言」によるもので、「アングロサクソンの友人が多い」澤田を対英米外交の「技師」として活用しようという「仲々味のある人選」であるという[124]。もっとも澤田自身の政治的、外交的立ち位置に関しては未だ不明な点が多い[125]。しかし断片的な史料から探ってみよう。

澤田は「新アジア組」として当時から「白鳥氏の私党のやうに誤解[126]」されることがあったが、実際には両者の間には大きな間隙があった[127]。澤田は次官就任早々に、白鳥の次官抜擢を求める連判状を近衛首相に提出した少壮官僚に対して、「省内の要求は一切自分を通じて相談をして貰ひ度いと一本釘をさした」[128]。また後年、小磯国昭内閣で二度目の次官に就任した際は、小磯に外交界の一大刷新を求める陳情書を提出した「革新派連中」に対して、「二人を首切り、爾余十数名を戒飭処分にした」[129]。むしろ澤田は重光と非常に懇意だった。澤田と重光の関係は両者が全権委員随員として参加したパリ平和会議以来のもので、澤田は自身に眼をかけ引き立ててくれた重光に恩義を感じ、公私にわたる交友は終生続いた[130]。その重光と「革新派」が「白鳥騒動」以来の不仲であることは周知の事実であろう[131]。

澤田はその外交思想でも重光に近かったようだ。重光と同じく、澤田が米英との協調を重視する一方で、アジア主義的志向もあわせ持っていたことは既存研究で指摘されている[132]。また宇垣との政策的関係はどうだったのだろうか。後に澤田は、次官就任に際して新聞記者に対して次のような外交論を表明している。曰く「現下外交の対象はイギリス、アメリカ両国に集中さるべきだ、イギリスに対してはその対支権益擁護はわが方針として再三宣明されたが、わが対支政策をよく説明し権益擁護と、将来の経済活動に対しても何等妨害干渉せず、出来得る限りの便宜をも供与せんとする意向を充分理解せしめ、その代りイギリスの政治的影響はこれを廃棄せしめる必要がある、かゝる基調に立つてイギリスと協調し得るものならば協調し、然らざればサヨナラしなければならぬ、対アメリカ関係についても同様のことがいへる」[133]。英米との関係を最重要視し、中国におけるその経済活動を承認しつつも、政治的影響力の行使は拒否する態度は、宇垣の対列強政策とも同断であったことがわかる。

また澤田が直前まで在満州国大使館参事官と北支那派遣軍外交顧問を歴任していたことも重要視されただろう。実地で経験した大陸情勢の知識や、現地陸軍軍人とのコネクションを活用することが当然期待されていたはずである。現地軍の統制は和平に向け（とくに英国権益への配慮の必要上）最大の課題であった。

九月に一時帰国した澤田は、佐藤外務省顧問から次官就任を内示される[134]。この一時帰国の際、澤田は「この非常時に外相は外務省内部より選任せよ等といふ狭い考へは不可である、外務省の外交ではなく日本の外交が行はるべきである（中略）旨を〔恐らく外務省の然るべき筋に〕強調しておいた[135]」という。澤田の提言の経緯は不明だが、この頃、「外務省内に於ても宇垣氏の外相就任に最初は多大の期待をかけたりしも、すでに四個月余を経て毫も外政に新味を求め難しとして、ようやく宇垣外相に不満の声高[136]」く、宇垣の「排斥気勢があがりかけたとのうわさもあった[137]」というから、澤田がわざわざ省外出身大臣肯定論をぶった背景には、宇垣擁護の意図があったと言えるのではないか。宇垣の抜擢に対して、澤田はとりあえず宇垣外相擁護論で答えたのだろう。

ところで、宇垣は外相就任早々より始まった周囲からの外交陣営刷新要求に容易には乗らなかったが、一応の検討は行っていた[138]。宇垣は人事に関して、「就任のその日から吉澤謙吉、小幡酉吉、佐藤尚武氏等の外交界の先輩の意見を徴し[139]」ていたという。そのため一見突然の人事異動のようにも思われるが、宇垣自身は「全く慎重熟慮の結果[140]」と胸を張ることができた。宇垣は個々の外交官の思想や性質を相当程度把握したうえで、意図的に戦略的配置転換を行ったと言って良いだろう。

しかし宇垣の外交陣営刷新には重大な誤算があった。それは大使任免手続きに関する宇垣の無知であった。原田熊雄によれば、「元来陸軍の軍人である外務大臣は、命令を出せばすぐそれで決まつて、すぐ発表してよいと思つてゐたらしく、『外務省の人事は一応承諾をとつた後、駐在国の政府の承認を得なくちやあならないといふ手数があるので、非常に遅れるといふことを、自分は今までちつとも知らなかつた』と言つてをつた[141]」。「駐在国の政府の承認」とはアグレマン制度や解任状、信任状の捧呈制度のことを指しているのだろう。宇垣は外務大臣たる自身の命令一つで直ちに大使が新任地で活動を開始できると誤解していたらしい。それだけでも誤算だったろうが、しかもこの時はその一連の手続き自体にも手間取ることになる。

宇垣人事の手続きの経緯については不明確な部分が多く、推測による部分もあるが、断片的な史料から再現してみたい。外務省本省では重光、東郷から転任の内諾を得た後、吉田大使に対して帰朝命令を発し、後任となる重光に対するアグレマンを英国に要請した。新聞記事によると九月一〇日までにはアグレマンを要請し、九月二一日まではアグレマンを得ていたようだ。吉田は一〇月一日発の船便で帰国することが決定し、英国国王への離任挨拶も済ませている[142]。その後、九月二六日に吉田の駐英大使解任状と重光の駐英大使信任状を天皇に奏請し、二八日に下付された[143]。重光の転任手続きは比較的順調に完了したようだ。しかし続く東郷の転任手続きは手間取ることになる。東郷に対するソ連政府からのアグレマンは甚だしく遅れ、アグレマン拒否が危惧されるほどだった。九月二九日、折からスイスを訪れていた重光は駐スイス大使天羽英二に、東郷へのアグレマンが困難と見られる旨、よって天羽に駐ソ大使の椅子が回る可能性がある旨の情報を伝えている[144]。問題は東郷だけには止まらなかった。駐独大使↓駐ソ大使↓駐英大使という一連の人事異動の要となる東郷が動けなくなってしまったため、駐独大使、駐英大使の人事異動も止まってしまったらしい。すでに九月下旬には吉田、重光、東郷は、パリとベルリンでそれぞれ会合して事務引き継ぎを済ませていたが、恐らく東郷のアグレマンが遅れたために吉田は帰国の二週間延期を余儀なくされる[145]。またソ連のアグレマンを待つためか、九月二八日に下りた重光の信任状を持った伝書使が日本を出発したのは一〇月六日になってからである。恐らく当初はソ連のアグレマンを待ち、ドイツ、ソ連両政府に対する解任状、信任状と同便とするつもりだったのがしびれを切らしたのだろう。伝書使が英国に着いた時は一〇月二八日になっていた[146]。重光の信任状を持った伝書使が日本を発った翌日七日、東郷へのアグレマン遅滞に本省ではやむなく、「大島浩氏の正式任命を急ぐ関係から」東郷に帰朝命令を発した。大島の駐独大使就任を急ぐためには東郷をこれ以上ドイツに置いておく訳にはいかないが、さりとてアグレマンなしにソ連に乗り込ませるわけにもいかない。東郷へ帰国を命ずると、本省では直ちに大島のアグレマンを取得した[147]。ようやく東郷に対するソ連政府のアグレマンが出た時はすでに一〇月一一日になっていた[148]。すでに帰朝命令が出ていた東郷だが、「時局に鑑み、帰朝を取止めベルリンより急遽モスコーに赴任」が命ぜられた[149]。またドイツ政府に対する東郷の解任状と大島の信任状、次いでソ連政府に対する重光の解任状と東郷の信任状を順次奏請して下付を受けると、直ちに伝書使が欧州に向けて出発した。しかし現地に到着した時はすでに一一月一日になっていた[150]。

大使任免手続きへの無知と一連のトラブルによって当初の宇垣の目論みより何日くらい遅れたのか正確なことはわからない。しかし重光自身が、「広東攻略ノ為赴英ヲ急グ事情[151]」があったにもかかわらず、「英国との関係がどうなるかわからぬと心配された『漢口陥落』のその日〔一〇月二七日〕、皮肉にも私はロンドンに着任した[152]」（信任状捧呈はさらに遅れて一一月四日）と回想していることからして、予想外の日数を浪費してしまったことは間違いないようだ。かつて宇垣が重光に告げた「日英間ニ相当重大ナ問題モ起ルヤモ計リ難」い「ココ一、二ヵ月」の貴重な時間を失してしまったのである。ただ、宇垣自身に与えた影響の深刻さという点では、東郷に対するアグレマンが遅れ、一〇月一一日の伝達までアグレマン拒否が深刻に危惧されていたという事実のほうだろう。すなわち、宇垣の在任中には最終的に一連の人事異動が実行できるか否かも不明だったのである。意気込みをもって決行した戦略的人事だっただけに、宇垣の失望と不安は大きかったろう。このままでは人事が宙づりのまま、漢口、広東の攻略に突き進んでしまうかもしれない。また一連の宇垣人事は世間に大きく喧伝されていたから（例えば第Ⅲ部扉絵を参照）、もし東郷に対するアグレマン拒否が現実のものとなれば、宇垣自身が被る国内的ダメージも計り知れないものになるだろう（なお、堀内次官の駐米大使転出と澤田の次官就任が遅れたのは、初めから欧州の大使人事終了後の第二次人事と考えていたからのようである[153]）。

不運はアグレマン問題だけに止まらなかった。秋季作戦の時期の問題に関して宇垣をさらなる不運が襲うことになる。広東作戦の発動が宇垣の予想より大幅に早まってしまったのである。宇垣は広東作戦について、列国に与える感情的影響とそれを緩和するための外交策を講ずる時間的余裕を確保する必要、および軍事的に各個の作戦に全力を投ずるためにも、漢口作戦終了後に着手するべきだと考え、陸軍に対しても要望を出していた。九月四日の時点では、宇垣は広東作戦の発動は漢口攻略後、大体一〇月一〇日～二〇日の間になると考えていた[154]。参謀本部でも当初は、広東作戦は漢口攻略後の発動を予定し、場合によっては翌年初頭にずれ込むことも覚悟していた。しかし戦力整備が順調に進んだことから、作戦上の理由を優先して実際には広東作戦は九月一九日に発動されてしまった。宇垣の予想より一カ月早まってしまったのである。このため秋季作戦の時間的余裕は当初の予想よりさらに短くなってしまった（広東陥落は一〇月二一日、漢口陥落は一〇月二七日と逆転することになる。もし当初の宇垣の想定どおり漢口攻略後の発動なら広東陥落は一一月末～一二月初め頃になっていた計算となる）。広東作戦の前倒しは九月に入ってから決定した[155]。つまり宇垣が一連の人事異動を決定し、異動対象者の承諾を取りつけていたまさにその時、外交陣営刷新の前提条件たる秋季作戦の日程が宇垣の予想より大きく変更されてしまったのである。

今一つの問題は、宇垣の外交陣営刷新の意図が極めて分かりにくいものであったことである。八月三一日に英国への転任を打診された重光は、自分の転任は「駐独大使に同大使館付陸軍武官である大島浩中将を昇格させるため、東郷茂徳駐独大使を私の後任としてソ連にもってきたいため」であると誤解した。しかしすでに見たように、大島の大使昇格に日独関係強化の狙いがあったことは事実だが、宇垣は英国との関係を害してまで日独提携を進める気はなかった。しかしこの誤解のため重光は転任を承諾する一方で、「非常に憂慮した。もし宇垣外相が陸軍式の考えで外交政策の革新を企画し、独伊接近、英米ソ排撃の政策に転換するための方策なら由々しい大事であるし、将来に対する影響は実に大きなものがある」と心配した[156]。九月初めに駐ソ大使への転任を打診された東郷に至っては、「余が伯林に留ることに依り軍国主義を控制し軍事同盟計画を妨害することも出来る」と考え、転任そのものに異議を唱え、宇垣の再度の「絶対的な要求」によようやく承諾した[157]。駐スイス大使天羽英二は宇垣人事の情報に接し、「重光在英、東郷在『ソ』、大島在独、白鳥在伊　愈々軍人万能露骨トナル[158]」と憤激した。宇垣人事は東郷→大島の交代劇ばかりに衆目が集まり、「大島浩陸軍中将は日独防共協定の強化を買はれた毛色の変つた新大使」であり、「宇垣人事といふよりも陸軍人事」と評された[159]。宇垣人事がその実態以上に防共協定強化に軸足を置いたものと誤解され、三国同盟へ向かう漠然とした雰囲気を一般に醸成したことは確かだろう。大島の大使昇格は「日独両国間特殊関係の将来性に重大意義を持つもので、今次の異動中でも異彩を放つもの[160]」と理解されたのである。こうした反応は宇垣にとっては意想外のものであったろう。もっとも、重光、東郷両大使が新任地で概ね好評をもって迎えられたことは、宇垣の意図が一定の成功を収めたものであると評価できる。重光は秋季作戦にこそ間に合わなかったが、「最初に宇垣外相の注文にもあるとおり、中国問題から英国との間に戦争が起こるという事態をなんとか避けたい」という「英国における使命」を果たすべく全力を傾注することになる[161]。この重光の言説に見る限り、最終的には重光は自身の移動に込めた宇垣の狙いを理解したようだ。また東郷はノモンハン事件をはじめとする日ソの諸懸案に対応し、ソ連当局からの信頼も得て、「『好ましい人物』(persona grata)」と評されることになる[162]。だが他方で、大島、白鳥の人事に関しては、防共協定強化問題が宇垣の意図を超えて対英米軍事同盟問題へと発展する過程で大きな役割を演じることになってしまった。この後、防共協定強化問題をめぐる日本外交の迷走ぶりを考えれば、宇垣人事の残した負債を過小評価はできない。そして九月末に外務大臣を辞任した宇垣は、自らの人事の成果を利用することはもちろん、その負の影響を防止調整することもできなかった。

五　閣内での孤立

さて、秋季作戦の開始に合わせ、宇垣は国民党政府との和平交渉を活発化し、外交陣営刷新にも踏み切った。すでに見たように、宇垣は国民党政府に対する蔣の下野条件を、第三国に対する事前の口約束でも可とし、また蔣の面子を立てて、建前上日本側の要求によるものではなく自発的な下野とすることも認めた。さらに将来的な復位も認める方向であった。それは従来の日本側の態度である「対手トセス」声明や五相会議決定の政府方針「支那現中央政府屈服ノ場合ノ対策」からすればほとんど名目的な要求に過ぎなかった。しかし換言すれば、そのような名目的内容でも、宇垣が蔣下野にこだわらねばならない国内事情があったということになる。前章で見たように、近衛は「対手トセス」声明以来の行きがかりにとらわれ、抜本的条件緩和に容易に踏み出せなかった。宇垣が石射に下野条件緩和の決意を伝えた三日後（九月七日）、近衛は蔣介石相手の和平を行うならば自分は辞任するしかないと発言するのである。[163]

もっとも、この時期の近衛が和平そのものに強い意欲を持っていたことは間違いないし、「どうも或る場合には結局蔣介石を相手にして始末をつけなければならないかもしれない」[164]とも考えていた。しかしそれでも近衛は依然として声明の行きがかりにとらわれ、仮に蔣と和平を結ぶにしても、「対手トセス」声明や「支那現中央政府屈服ノ場合ノ対策」との齟齬を糊塗するための相応の条件を欲していた。[165]また近衛は「対手トセス」声明の非とその見直しの必要を自覚しながら、いざそれを宇垣から面と向かって主張されると激しい拒絶反応を示した。宇垣が、「一月一六日の声明〔「対手トセス」声明〕を非難する（中略）外務省の中堅階級が書いた文書〔恐らく石射の意見書〕[166]」を近衛に示して、「『自分はこの意見に同感だ』と言つた」ところ、近衛は宇垣の倒閣意図を疑い、「腐つて」しまった。[167]それどころか九月一五日には、近衛は記者に対する車中談で、「我方としては飽迄容共抗日を標榜する蔣政権の徹底的壊滅に邁進するのみ」であり、漢口攻略前後には日本政府としてなんらかの声明を出すつもりだが、その内容は「蔣政権が一地方政権に堕したといふ烙印を押すといふことになるであろう」と発言した。[168]一国の首相がかかる発言を公然と行った意味は重い。近衛はついに声明の束縛から逃れられなかった。

他方、蔣下野問題で軟化した参謀本部も、下野要求以外の和平条件では宇垣と齟齬を来した。八月中旬から九月初めにかけて、参謀本部第二課では秋季作戦を利用した和平策「戦争終結に関する最高指導案」[169]の研究を進め、和平達成のためにはこれまで日本側がこだわってきた「蔣の下野」という問題に「幅の観念」を持たすべきだとした。すなわち、下野を正式な和平条件として要求せず、「将来に於ける下野に関する口約或は密約」や「一時的隠遁若は外遊」、さらには「下野に関する一方的認識（つまり国民党政府から確約を得られなくとも、日本側では蔣は下野するものと「一方的」に「認識」して交渉を進めるという意味か）」でも可とし、そして蔣が上記の方法で「下野」した（する）と認定されれば、以後は国民党政府を「新興政権」と見なして「対手トセス」声明を克服しようとしたのである。この研究の成果が前述九月三日の多田参謀次長の宇垣に対する申し入れ「蔣相手にても差支なし」につながったのだろう。蔣下野問題では参謀本部と宇垣の見解は相当に接近していた。

問題は蔣下野以外の和平条件だった。同研究では、その他の和平条件は「日支関係調整要項に準拠す」とされている。これは参謀本部第二課で原案が作成され、後に「日支新関係調整方針」として御前会議決定（一一月三〇日）される「日支新関係調整要綱（項）」のことを指すのだろう。同要綱は最終案確定まで推敲が繰り返され、その内容も多少変化しているが、「戦争終結に関する最高指導案」策定時期に最も近いものは八月一五日付の「日支新関係調整要綱」[170]である。それによれば、日中新関係の基礎事項として、Ⓐ日満支一般提携、防共共同防衛、経済提携の原則の設定、Ⓑ北支、蒙彊における国防、経済上の「日支強度結合地帯」設定、蒙彊はさらに政治上も特殊地位を設定する、Ⓒ揚子江下流域の経済上「日支強度結合地帯」設立、が謳われた。これらの要求は漠然としているが、さらに細目として具体的内容が列挙された。すなわち、①満州国承認、②中央政府に日本人顧問団を派遣、とくに北支、蒙彊、揚子江下流地域の「所要ノ機関」に顧問団を配置し「日満支強度結合地帯」とする、③既得権益（租界、治外法権など）の返還を漸次考慮する、④共同防共、このために日本軍の北支、蒙彊駐屯を認める、とくに蒙彊にある中国軍は日本軍司令官の指揮下に置く、⑤防共軍事同盟締結、⑥北支、南京、上海、杭州三角地帯に治安安定まで駐兵する、⑦共同防衛の見地より中国は日本軍駐屯部隊に財政協力する、⑧駐兵地域の交通、通信に関して軍事上の要求権、監督権を留保する、⑨日本軍駐屯地区の中国軍、中国警察は必要の最小限とする、⑩中国軍への顧問派遣と武器援助、⑪北支、蒙疆の国防資源開発に関して中国は特別の便益を供与す、⑫財政経済政策に所要の援助をなす、北支の金融には特別の考慮をなす、⑬交通（鉄道、航空、海運）、通信開発に協力、⑭日中協力による新上海建設、⑮中国は日本居留民と第三国に与えた損害を賠償する、と定められた。一見してわかるように、要求は非常に広範詳細かつ極めて強硬であり、とくに北支、蒙疆への事実上の恒久的駐兵権要求、蒙疆の中国軍を日本軍指揮下とする要求、軍事力、警察力の制限要求、中央政府から地方「所要ノ機関」にまで及ぶ日本人顧問団の受け入れ要求などは中国主権への挑戦と受け取られかねず、しかもその日本軍駐屯部隊への財政協力を求めるなど、その要求は極めて露骨だった。もっとも同要綱では、北支に関しては国防上、経済上の「日支強度結合地帯」を求めるとし、政治的特殊地域化は明言していない。しかし現実的にかかる広範な要求を充足しようとすれば、政治的領域にまで踏み込んで重大な影響を与えることは必然だった。また実際、参謀本部は臨時政府の温存による政治的特殊地域化を希望していた（後述）。これが蔣下野要求を大きく緩和した参謀本部の和平条件だったのである。

では同時期の宇垣の和平条件はいかなるものであったのか。この時期の宇垣の蔣下野問題以外の具体的和平条件を直接的に示す史料は未発見だが、間接的史料から推測することは可能である。まずは宇垣が「其所説概ネ本大臣ノ所見ニ合致ス」とした石射猪太郎東亜局長の意見書[171]（七月作成）である。石射の想定した和平条件は、①満州国正式承認、②防共政策、ただし日独伊防共協定への参加や中ソ不可侵条約に抵触するものまでは求めず、③反満抗日の取締りと日中友好の推進、④日本勢力下に樹立された臨時政府、維新政府は地方特殊政権として若干年存続させる、ただし一定期間の後はその処分を中央政府の任意に任せる、⑤内蒙自治は現状維持、ただし主権は中国とする、⑥長城南方、上海周辺の一定地域を非武装地帯とする、ただし中国の面子に配慮し期限つきとし、その範囲も最小限度とする、⑦北支、内蒙、中支の一定地域に駐兵する、ただしこれは和平の保証のためであり、期間は一年以内、範囲も最小限度とする、⑧北支、中支の資源開発で経済合作、日中満三国間に交通、航空、交易の協定を締結、⑨中国が不当に与えた損害には賠償を要求する、ただし戦費賠償は求めず、というものであった。明らかに参謀本部の要求より寛大なものであったことがわかる。

もう一つは宇垣自身が中村豊一香港総領事に示した和平方針[172]（八月五日）である。それによれば、①蔣下野、②北支を経済的、防共的特殊地域とし、産業、交通、治安、軍の整備に日本が相当の力を加えうる状態とする、ただし中国の主権を侵害する考えはない、③賠償金支払い、ただし蔣の下野によって相当配慮の余地あり、現物払いでも可とする、というものであった。宇垣の示した方針は大雑把で漠然とはしているが、参謀本部の条件に比せばずっと寛大なものである。しかもこの宇垣の和平条件は、秋季作戦以前のものであり、「孔祥熙ヨリノ和平話ニ対スル直接ノ返事ニハアラス唯日本ノ和平問題ニ対スル考ヘ方ヲ述」べた、言わば「宇垣・孔祥熙工作」初期の段階での日本の基礎的立場を表明したものであった。秋季作戦以降、実際の政治状況や交渉いかんでは当然緩和の余地があっただろう。実際に蔣下野問題では宇垣は譲歩している。

こうして見ると、宇垣と参謀本部の和平条件には蔣下野問題以外では相当の隔絶があったと言わざるをえない。陸海軍、外務省の事務当局は八月に入ってから参謀本部原案を基に「日支新関係調整要綱」について検討を開始しており、宇垣としても参謀本部の和平条件を把握していたはずだ。九月三日、宇垣と多田次長は会見し、和平条件に関して話し合っている。この時、多田は宇垣に対して、「北支ヲ日本色ノ濃イ特殊地域ニシ度イ、蔣介石ト和平シタカラトテ臨時政府ヲ見捨テタノテハ日本カ余リ信義ヲ無視スルコトトナリ後日ノ為ニモ面白カラス」と申し入れた。しかし宇垣はこれに対して、北支の政治的特殊地域化を否定し、「防共線トシテノ特殊地域」および「経済的特殊地域」、それも「儲ケ主義テナク日本ノ国防資源ヲ之ニ求ムル為」程度のもので十分だと応じた。そして

「アトハ臨時政府カトウナラウト夫レハ支那人同志《ママ》ノ話ニ任セテナル様ニナラセタラヨロシイ」と突き放した。宇垣と石射は「和平条件ハ思切ツテ寛大ニスル必要」があり、「政治的『インテグリテー』ニ重キヲ置ク」蔣介石に対する要求として「政治的特殊地域ハ（中略）絶対ニ避クヘキ」と判断していたからである[173]。こうした宇垣の認識からすれば、中国主権に激しく干渉する参謀本部の和平条件は極めて非現実的なものと映ったであろう。さらに言えば、同じ蔣相手の和平を主張していても、宇垣が国民党政権を事実上の唯一正当な中央政権と認めて交渉に入り、臨時政府、維新政府の存在などは全く等閑視する考えであったのに対し、参謀本部は臨時政府、維新政府を切り捨てることができず、従来の「支那現中央政府屈服ノ場合ノ対策」により近い立場を取っていたことがわかる。

他方、従来に比して幾分妥協的態度が見られるようになった板垣陸相だが、未だに宇垣が「下策」と評する新政権樹立工作に望みを託し、蔣介石否認論を放棄したわけではなかった[174]。また板垣が幾分柔軟態度を見せる一方で、「東条〔英機、陸軍次官〕、影佐〔禎昭、軍務局軍務課長〕が反対の意見を有する為、行悩の状態[175]」となっていた。確かに陸軍の態度が以前より柔軟化してきたことは事実であった。しかし同時に、これまで和平条件に関して具体的発言を避けてきた宇垣が、条件の大幅緩和の姿勢を明確にしたことで、見方によっては逆に、「九月に入り、対支政策に関して宇垣外相と陸軍との間に意見の隔りあること明瞭となり、両者は両立し難きほどに衝突する」事態になっていたのである[176]。

好機と危機が交錯する秋季作戦に際して、一気に和平を実現しようとした宇垣だが、陸軍との和平条件の溝は未だに埋めきらず、近衛の態度も煮え切らない。かかる状況下で発生したのが宇垣の舌禍事件「葉山事件」である。

事件の概略は次のようなものだった。八月二八日、宇垣は葉山別荘に「特定の新聞記者」を呼び、「今夕は大に飲むべしと上機嫌」で「漫談式に『これは書いては困る』といふ前提の下にいろ〳〵話をした」。その席上、宇垣は「一月の蔣を相手とせずとの声明を罵り、又板垣の強硬談を攻撃し末次をも誹謗し国民政府との和平を説き」、

「軍部の下剋上」を非難した。さらには防共協定強化問題に言及し、「防共に付き（て）は日独交渉中なるも伊を加ふかは問題なり」、「防共は今後再検討を要す、英仏米を向ふに廻はす必要なし」と発言した。この宇垣の発言を一記者が陸軍に通報したため、宇垣に名指しで非難された「板垣は怒りて五相会議席上外相を詰問せんと懐中に書類を用意したるが、海相の慰藉にて止みたり、末次の如きは必ず外相を罷めしむべしと亢奮」した[177]。後日、宇垣自身は「葉山事件」を糺した小川に対して右の発言を否定している。しかし少なくとも、近衛や板垣に対する批判とも解されるような、かなり含みのある発言をしたことは事実だったようだ[178]。また宇垣の発言中には、軍機事項の漢口、広東作戦に関するものもあったようで、このことを知った陸軍では、宇垣に「大いに憤慨」する空気が広がった[179]。

宇垣がなぜかかる発言に及んだのかは断定し難い。単なる酒席での失言だったのか、あるいは強硬論に固執する板垣や末次、曖昧な態度に終始する近衛の反省を促すための意図的なものだったのか。宇垣の本心を明らかにする史料が未発見である以上、主観的推測をせざるをえないが、宇垣のこれまでの政治経験やパーソナリティーを考慮すれば、単なる軽率な失言であったとは考えにくいように思う。前述のように、宇垣はかねて和平問題に関して、「早きに及び議論しては面倒なり、其時機に至りぴしやりとやるべき」と考えていたから、まさに今こそ「ぴしやり」とやる時期だと判断して、あえて大胆な言動に及んだのかもしれない。秋季作戦に際する時間的余裕はほとんどなかったから、宇垣は閣内の和平条件の緩和と統一を急ぐ必要があった。多少の波風は覚悟のうえだったのだろう。しかしその際に酒気を帯び、気安い馴染みの記者に囲まれていたこと、急進する事態に宇垣自身一種の高揚感に包まれていたことなどもあって[180]、発言が本来の意図以上に刺激的かつ攻撃的なものになってしまった面はあったのかもしれない。しかしいずれにしても、そのもたらした結果は深刻だった。とくに強硬論者板垣陸相の感情を害したのは決定的だった。自らも批判された近衛は、「近来陸相も大に緩和し大局好転の際外相に対する反感は真に憂慮に堪へず、彼は軽率なりき、（中略）紛擾を来せしは遺憾なり」と宇垣を批判した[181]。

そもそも宇垣と板垣の確執は「葉山事件」に始まったことではなく、張鼓峰事件での天皇の板垣「叱責」事件に遡る。宇垣の回想や『西園寺公と政局』によれば事の経緯は大体次のようなものだった。七月、ソ連兵の越境事件が起こった当初、陸軍では武力衝突に備えて朝鮮、満州の兵力の移動を企画し、板垣は宇垣に事前了解を求めた。これに対して宇垣は兵力の移動には賛成したものの、その部隊を攻勢的に使用する際には閣議の了解を得るように求め、板垣も同意した。そこで宇垣は参内し、兵力使用の場合には改めて陸相と相談のうえで裁可を求める旨を上奏した。翌日、参謀総長載仁親王、板垣陸相が参内し、兵力移動に関して裁可を求めた。ところがその上奏書の末尾には「備考」として「今後におけるこれら軍隊の使用については、参謀総長に御委任相成度」との文句がつけ加えられていた。これを見た天皇は前日に宇垣が上奏した内容と違うとして裁可せず、板垣に関係大臣の意向を下問したところ、板垣が「外務大臣も海軍大臣も賛成致しました」と奉答したため、天皇は「自分をだますのかと思召されたらしく、多少御興奮」になられたという[182]。

両者の行き違いがなぜ生まれたのか、事の真相は不明であるが、原田は、恐らく宇垣の板垣に対する発言、態度が曖昧であったため、両者の間に誤解が生まれたのではないかと推測している。多分真相は原田の観測に近いのだろうが、天皇の前で面目を潰された板垣は一時辞職を決意し、近衛の執り成しでようやく思い止まった。しかし「陸軍の下の方、殊に参謀本部では、宇垣が嘘をついたとか、けしからんとか、かなり言つてゐるやうで、すこぶる喧しく、空気は悪くなつた[183]」。この上奏事件以降、それまで宇垣を支持して、その和平工作にも期待をかけていた参謀本部（前章）では宇垣に対する失望が広がることになる[184]。対蔣和平に関して宇垣と協力しうる立場にあった参謀本部内で、反宇垣感情が再興隆したことの影響は少なくなかった。そこに今回の「葉山事件」が重なったのである。宇垣と陸軍、ことに「宇、板対立[185]」は極めて深刻な事態になった。

九月二三日、小川に面会した近衛は、「宇垣失言問題おひ〳〵喧しくなれり、誰れも蔭にては憤るが遠慮して言はず、と聊か憂色」の様子であった。これに対して小川は、「総理は父にて閣僚は家族なれば総理より詰問的質問を為して弁明の機を与ふべきを進言」した。これより前、一七日、小川は宇垣に面会して「葉山事件」の弁明をすべきことを進言していた。宇垣は「怪文書」の類に自ら進んで弁明することは欲しないが、「但し誰れか質問あらば弁明すべし」と答え、小川は「その機会あるべし」と応じていた。小川は宇垣のために申し開きの機会を作るよう近衛に求めたのである。しかし小川の要求に近衛は「黙然」として反応を示さなかった。焦燥した小川は、「此の如き事にて閣内反感を抱くは憂ふべきことなりと詰問の件を再び進言」した[186]。しかし近衛が宇垣のために弁明の機会を作ることはついになかった。「対手トセス」声明の見直しをめぐってすでに齟齬を来していた宇垣と近衛の関係は、「葉山事件」での宇垣の公然たる近衛批判によってさらに悪化していたのである。

萱野長知から孔祥熙の和平直接会談乗り出しの報がもたらされた後（第一節）、宇垣を取り巻く状況は以上のように、むしろ急速に悪化していた。秋季作戦の発動にあわせて大幅に緩和した条件で国民党政府との和平を目指した宇垣だが、陸軍省には対蔣和平交渉そのものに否定的意見が根強く、参謀本部とは蔣介石の下野を前提条件とはしないことでは一致したものの、その他の条件では大きな開きがあった。また宇垣と陸軍の関係は、張鼓峰事件に際する天皇の板垣「叱責」事件、さらには「葉山事件」によって決定的に悪化してしまった。宇垣の外務大臣就任を歓迎していた陸軍省部では、再び反宇垣感情が興隆していた。

他方、近衛は「対手トセス」声明の見直しを逡巡し、和平条件をめぐる宇垣と陸軍の対立も「対岸の火事視して、一切無関心のような態度[187]」を取ったばかりか、前述のように、ついには記者に対して「対手トセス」声明の維持と蔣の「徹底的壊滅」を公言する始末であった。近衛の態度に宇垣は、「『入閣当初に話し合っていることを一向に取上げようとしないんだ』と公然と憤懣の一端を漏らしていた[188]」。

こうした状況下、宇垣は孔祥熙の和平会談乗り出しの報を五相会議に提示し、「孔等と会見を提案し且つ談判の内容は如何もあれ彼等の来る場合に之と会談せざるの理なき旨を述べ」、板垣を含む全員の合意を取りつけた。この知らせを聞いた小川は、「対手トセス」声明以来の行きがかりを思えば、「今や時運は推移して五相会議に於て外相が孔祥煕迎接の提案に一人の反対なきに至れるは、国家の為め、真個一大慶事にして予の欣快に勝へざる所」であり、「昨年来の積憂ほゞ解消した」と歓喜した。[189] 小川は対蔣和平に向けて経過は極めて順調だと感じていた。

しかし実情はそのように楽観的なものだったのであろうか。単に国民党政府を「対手」とする方針ならば、七月八日の五相会議で「支那現中央政府屈服ノ場合ノ対策」として既決していた。現在の問題はその「対手」とする条件なのである。蔣の下野を条件としないのみならず、過剰な経済権益や駐兵権を求めず、北支の政治的特殊地域化も否定し、新政権の処分も蔣の随意に任せてよいとする宇垣の和平条件は、陸軍省だけでなく参謀本部とも大きな開きがあった。したがって宇垣が孔祥煕との会談に関して五相会議の賛同を得たとは言っても、それは「談判の内容は如何もあれ」孔が会談を求めて来るならば強いてこれと「会談せざるの理」由はない、という当然すぎるほど当然の事実を確認したまでであった。和平会談実施を決定しておきながら、宇垣が肝心の和平条件の話に踏み込めなかった事実が、五相会議で宇垣を取り囲む雰囲気がいかなるものであったのかを表徴している。

他方、同じく秋季作戦にあわせて実行した外交陣営刷新であるが、宇垣の大使任免手続きに対する無知から、和平最大の好機と目された漢口陥落直前の外交攻勢には時間不足となる公算が大であったし、漢口攻略後になると考えていた広東作戦の発動が宇垣の予想外に早まってしまったため、秋季作戦に際する時間的余裕はますます少なくなっていた。それどころか、宇垣辞任の段階では未だ東郷に対するアグレマンが出ておらず、一連の人事異動が実行できるか否かさえわからない状況だった。内政面でも外政面でも宇垣の構想は破たんしかけていた。宇垣としても秋季作戦を利用した和平が今や非常に可能性の低いものとなっていることを認めざるをえなかったであろう。そして秋季作戦の機会を逃せば、和平が当面絶望的となることも宇垣はよく理解していた。

辞任間際、外務大臣就任以来の「業績を顧みて今日実に忸怩たるものありて痛恨に堪へざる」気持ちになった宇垣が『日記』に書き連ねた対中政策からは、蔣介石国民党政府との和平策は消え、蔣政権の「壊滅」や「新政権の覆育」といった強硬意見が羅列された[190]。この記述に関して、元来宇垣の対中和平策は軍事的圧力や新政権育成などの強硬策も併用して推し進めるものであったのだから、強硬策の羅列をもって和平策放棄の証左となるわけではないとする見方もある[191]。しかし外見的には「宇垣・孔祥熙工作」が直接会談直前まで漕ぎ着けたこの時期に、もし宇垣が和平に望みを持っていたのだとしたら、和平策に一切触れずに強硬策ばかりを羅列するようなことをするだろうか。あまりにも不自然ではないだろうか。やはり宇垣は和平への希望を失っていたと見なすべきだろう。当初の期待が大きかっただけに宇垣の失望は大きかっただろう。内閣書記官長風見章によれば、九月の初め頃から宇垣の辞意の噂が飛び交い出した[192]というが、これはまさに秋季作戦にともなう宇垣の和平策の破たんが徐々に明らかになる過程と軌を一にしている。和平実現の一点を目標にして入閣した宇垣にとって、それが不可能となった以上、もはや閣内に留まる理由はなくなっていた。辞任の条件はすでに整っていたのである。

もちろん、宇垣には賭博的に孔祥熙との直接会談に乗り出す選択肢も存在した。しかしその結果はほとんど間違いなく失敗に終わったであろうし、宇垣の名前を和平交渉に失敗した当事者、直接的責任者として歴史に遺すことになったであろう。辞任は宇垣にとって事実上唯一の政治的選択肢だった。

宇垣の辞任はもはや決定的となっており、あとはタイミングの問題に過ぎなかった。そして宇垣の背中を押す最後の一押しとなる出来事が興亜院設立問題であった。

六　興亜院問題

陸軍大臣時代から対中外交の刷新を自己の使命と見なしてきた宇垣にとって、第一次近衛内閣の外務大臣職への就任は、その待望の機会の到来を意味するはずであった。しかし一九三八年五月二三日、外相就任の打診に対して、宇垣の反応は鈍かった。二六日、再び近衛から懇請を受けた宇垣は、自分としては「参議受諾の当時と同一心境〔すなわち対中外交に尽力し火中の栗を拾う覚悟である意〕」であり、「対支機関でも出来たならば其員に備はることは敢て辞せざるも国務大臣を管掌すること殊に外務は不案内なるの故を以て固辞」した。それでもなお就任を求める近衛に対して宇垣は、「然らば外務以外の閑椅子ならば考へて見る」と回答した。[193] 宇垣は日中戦争解決に強い意欲を示す一方で、自身の外務大臣就任を全く望んでいなかった。

これより前、内閣参議時代の一九三七年末、日本の強い指導下に中華民国臨時政府（北京）が樹立されると、宇垣は日本全権兼臨時政府最高顧問として自ら新政権に乗り込んでその保護育成を図る構想を練っていた。宇垣は、「蔣政権を否認して進むならば之に代はるべき牢乎たる新政権を樹立せねばならない」が、現状では新政権が国民党政権に代わるだけの実力を身につけることは困難だと考えた。宇垣によれば、この際日本側としては「小者の集りで小刀細工」をするのを止め、「大物」を「全権」として新政府に送り込まなくてはならない。この全権は新政府の最高顧問を兼任し、日本政府から外交、政治、経済の大枠を委任され、また軍事、外交、財政をはじめとする政府諸機関は全面的に全権を支持、支援しなくてはならない。すなわち、対中外交、経済、軍事を事実上一元的に統括する役職を設立して新政権を育成することを企画していたのである。[194] 一九三七年末から翌三八年初めにかけて、宇垣は自らこの全権として「北支に支那政府の総顧問として行く」ことを検討し、大蔵公望に下工作の研究を指示している[195]。後の対中外交一元化問題（興亜院問題）は宇垣自身の対中外交掌握の思惑のなかに萌芽したのである。

また一九三八年に入ると、近衛が辞任を仄めかすようになったことを受け、宇垣は後継内閣首班の有力候補として取りざたされるようになった[196]。宇垣周辺でも大蔵を中心に組閣に向けた研究がかなり具体的に進められ、宇垣自身も閣僚の人選を進めるなど相当積極化していたが、近衛が留任意思を固めたため立ち消えとなった。すると大蔵は、今度は内閣書記官長風見章に対して、「対支機構一元化の強行」を申し入れ、宇垣をその「中心人物」とすることを主張し、風見の賛意を取りつけている[197]。中国に関する外交、経済、財政などの諸問題を一元的に統括する対支中央機関の設置問題は、日中戦争勃発以来たびたび議論されてきたが、この年一月に企画院の主唱によって研究が本格化していた。宇垣はその熱心な推進者であり、「帝国曠古の大事業」を遂行中の今日、「日本の法制上許し得る最有力の機関を造りて此の大事業に当らしめて最善を期する」ことは「当然過ぎることで、議論の起るのは不可思議に堪へぬ」として、「政府筋へ反復進言」していた[198]。新政権派遣の全権であれ首相であれ、また対支中央機関の「中心人物」であれ、この時期の宇垣が対中外交の実質的包括的責任者となることを強く志向していたことには違いがない。

すなわち、宇垣は対中外交に自ら乗り出す決意を固めていたが、しかし宇垣が想定していたものは外交、軍事、経済問題への関与を保証された全権、あるいは中国に関する広範な省務に及ぶ権限を持つ対支中央機関の長といった職掌であった。宇垣は、対中外交を実効的に取り仕切るには、外交、軍事、経済に関して相当の発言権を保証された地位を得ることが不可欠だと認識していた。宇垣自らが対中問題に関する一元的権限を握ることが重要だったのである。したがって純外交に権限が限定され、しかも現に陸軍の圧迫の前に弱体化しつつあった外務大臣職に魅力を感じなかったのであろう。

だから宇垣が最終的に近衛の懇請を受けるに当たっての四条件（①内閣の強化統一、②外交の一元化、③中国と平和的交渉を進めること、④近衛声明は必要が生じたら取り消すこと）のうち、②外交の一元化とは、あくまで外務大臣たる宇垣自身のもとでの一元化であり、また①内閣の強化統一とは、その宇垣の施策に陸軍を含む関係官衙を統合協力させるために、首相が強力な指導力を発揮することを求めたものであった。さらに宇垣は入閣後、自らの発案によって五相会議（総理、外務、大蔵、陸軍、海軍）を設置させ、戦時の重要案件は閣議に掛ける前にここで事前審議することにした[199]。これは事実上の寡頭指導体制を作り上げることになり、従来の全員閣議に比して、外務大臣の発言の重みが増すことになった。他方で五相会議方式は、対中外交をあくまで外務大臣の所管下に置くものであることは従来と変わらなかったから、宇垣のもとでの対中外交一元化は着実に進んでいた[200]。

したがって、今や宇垣の従来の持論であった対支中央機関構想は、外務大臣たる宇垣からその職掌を奪う意味において、逆に「外交ノ多元化」を意味するものに他ならなくなっていた[201]。外務大臣就任後、宇垣は外交一元化の立場から興亜院構想に強硬に反対することになる。それは宇垣の下での一元化という意味では整合性のとれた行動であった[202]。

しかし、「宇垣」という個人的要素を度外視して、普遍的制度としての対中外交一元化を志向していた者にとっては、宇垣の変わり身は理解し難いものであった。そもそも近衛は宇垣の外務大臣就任に当たって、宇垣が対支中央機関設置に反対する外務省事務当局をまとめてくれることを期待していた。しかし「事実はこの期待を裏切つて、外相になると宇垣も事務当局の主張を支持する態度になつた」。近衛側近の後藤隆之助に言わせれば、宇垣の態度は「変説ではないか」ということになる[203]。宇垣の真意は理解され難かったし、また理解されたところで、極めて利己的な印象を与えるものであったろう。結局、閣内で興亜院に反対するのは宇垣ただ一人となり、盟友の大蔵大臣池田成彬も興亜院設立を支持して宇垣と対立していた。板垣陸相に至っては、近衛首相、風見内閣書記官長に対して、「興亜院構成に関する外相の態度を非難して、暗に宇垣氏の外相は適任にあらざるが故に更迭するの必要あるをほのめかす[204]」有様であった。興亜院問題は、ついに陸相による宇垣の罷免要求が出されるまでに紛糾化してしまった[205]。宇垣は苦しい立場に追い込まれていくことになるのである。

また対支中央機関に対する認識差は、宇垣と外務事務当局との間にも存在した。宇垣が興亜院問題を日中戦争終結に向けた自己の権限確保の観点で見ていたのに対して、外務事務当局はより一般的な外交一元化の観点で見ていた[206]。一九三八年八月下旬以降、興亜院問題が急速に具体化して関係当局間で折衝が行われ、外務省は興亜院設置を強く要求する陸海軍と鋭く対立した。しかし外務省ではこれ以上の紛糾は政治的弊害が大きいと判断し、「外交ノ綜合性及外交体系ノ一元的保持ヲ害セサル」ための四条件を承認するなら、興亜院設置に同意することとし、九月二七日、宇垣外相より五相会議に申し入れた。それは概ね次のようなものであった。①特務部などの行っている諸事務も一括して興亜院に移譲すること（陸軍の現地特務機関の統制のため）、②興亜院はあくまで事変中の暫定的機構とすること、③時局収拾に関するような根本的対中政策はこれまでどおり五相会議で決定すること、④興亜院の権限は占領地域に限ること（占領地域には「外交」が存在しないから興亜院の存在を認めるが、非占領地域に認めると、「外交」に外務省と興亜院がともに関わる二元制を認めてしまうことになるから）。これに対して陸軍は①〜③については大体承認したものの、④に関しては、そもそも戦争状態にある中国との間には占領地、非占領地の区別なく「外交」は存在しない、また地域の限定は興亜院の権能を制限し、「対支院ノ使命ト相容レス」と絶対に反対した。そのため外務事務当局では、「支那全土カ占拠地域」と便宜的に見なし、興亜院の存在、使命が「占拠地域」たる中国における「変態的」、「非常時的」な特殊の事例であることを明確化するならば（つまり「外交」の一元制の原則を否定するものではないことを明確化するならば）、④に関して妥協することを決定した。外務事務当局では陸軍事務当局とも折衝し、宇垣の承認を条件として右記条件で陸軍との間で妥協が成立した。しかしこの外務事務当局の決定を宇垣は容認しなかった。二九日、事務当局から説明を受けた宇垣は、「非占拠地域ニ対シテハ戦争中ノ今日占拠地域同様外交関係ナク且蔣政権ハ之ヲ相手トセストノ政府ノ声明アルコトハ之ヲ認ムルモ支那国民ハ之ヲ相手トシテ差支ナク非占拠地域ニ対シ外交上ノ手ヲ打ツノ余地ヲ残シ置クコト必要ナリ」と反論した。そして興亜院問題での意見不一致を理由にして近衛首相に辞表を提出するに至った(207)。

この外務事務当局との齟齬は、興亜院に対する宇垣と外務事務当局との認識差を浮き彫りにした。外務事務当局にとっては、問題は外務省が一般的な外交の一元的権限を確保できるか否かにあった。したがって興亜院の存在があくまで日中戦争中の暫定的なものであり、平和克復後の同機関の解消と外務省への権限返還が認められるならば、一時的な譲歩は辛うじて甘受できた。しかし宇垣にとって重要なのは、日中戦争終結に向けて自身の下に対中外交を一元化することであり、戦争中の対中外交権を奪われるならば、事変解決後に権限が外務省に返還されてもなんの意味もないことになる。

もっとも宇垣とその和平構想が、閣内で一定の支持と尊重を受けていたのであれば、興亜院の設立が宇垣の対中外交権を直ちに掣肘する事態とはならなかったであろう。その場合、興亜院の是非は制度よりも運用にかかっていたであろう。むしろ宇垣辞任に係る興亜院問題の本質は、宇垣の和平構想が破綻するなかで、それがカップの水を溢れさせる最後の一滴となったことであった。国民党政府との和平が絶望的となった状況下で、宇垣の辞任はすでにほとんど不可避となっていたが、興亜院問題での敗北は、その背中を押す最後の一押しとなるのである。

おわりに

第一次近衛内閣の外務大臣に就任した宇垣は、日中戦争の早期和平実現を目指して活動を開始した。和平に向けた宇垣の一連の工作は、相当に緻密で戦略的なものであったと言ってよい。しかしその緻密さや戦略性は、ある種の脆弱さと表裏一体の関係でもあった。微妙なバランスのうえに成り立っていた宇垣の和平構想を、現実政治の舞台で実体化することは極めて困難なことであった。そして自らの過誤や不運も重なり、最終的に一度は関係を改善していた陸軍と再対立してしまったことで、宇垣の思い描いていた和平プロセスは崩壊した。早期和平の可能性がほとんど絶望的となったことを悟った宇垣は、興亜院問題での敗北を潮時に（やや皮肉な見方をすればこれを「口実」として）、失意のうちに内閣から去ることになるのである。

宇垣が陸軍大臣時代から志してきた対中外交刷新の試みはこうして終わった。それは宇垣の政治家としての生命の実質的終焉も意味していた。宇垣が政治の表舞台で腕を振るう機会は二度と訪れなかった。結果的に外務大臣を投げ出す形となり、また年齢的問題からも、今後自らの活躍の余地が少ないことは宇垣自身が一番自覚していただろう。宇垣は今回の辞任劇で「政界進出」の可能性がなくなったことを認めざるをえなかった[208]。宇垣の子息の回想によれば、「大命拝辞のときよりもむしろ外相辞任のときのほうが、おやじは自殺するんじゃないかと心配した[209]」という。その後も宇垣擁立の声は何度か上がるが、陸軍の支持を失った宇垣に大命降下する可能性はほとんどなくなっていた[210]。宇垣自身もそのことを自覚していた[211]。そして戦後の参議院議員当選まで、宇垣が政治の第一線に復帰することは二度となかった。「政界の惑星」はかくして「惑星」であることをやめたのである。

注

（1）臼井勝美「日中戦争の政治的展開」（日本国際政治学会編『太平洋戦争への道』四巻、朝日新聞社、一九六三年）。同『日中戦争』旧版（中央公論社、一九六七年）。同『日中外交史研究』（吉川弘文館、一九九八年）。同『新版・日中戦争』（中央公論新社、二〇〇〇年）。戸部良一『ピース・フィーラー』（論創社、一九九一年）。劉傑『日中戦争下の外交』（吉川弘文館、一九九五年）。松浦正孝『日中戦争期における経済と政治』（東京大学出版会、一九九五年）。伊藤智巳「宇垣時代の外務省と『宇垣外交』」（堀真清編『宇垣一成とその時代』新評論、一九九九年）。金井隆典「外相宇垣一成と興亜院問題」（前掲『宇垣一成とその時代』）。

（2）前掲「日中戦争の政治的展開」。前掲『日中戦争』。
（3）前掲『日中外交史研究』三一五頁。臼井曰く「この点については戸部良一（中略）の説がより説得的である」。
（4）伊藤ほど直截的ではないが、渡辺行男も同断の立場をとっている（渡辺行男『重光葵』中央公論社、一九九六年、六七～六九頁）。
（5）前掲「日中戦争の政治的展開」一五四頁。前掲『日中戦争』八〇頁。
（6）小川平吉文書研究会編『小川平吉関係文書』一巻（みすず書房、一九七三年）三二八頁。
（7）宇垣一成『宇垣一成日記』二巻（みすず書房、一九七〇年）一二四〇～一二四一頁。
（8）外務省編『日本外交文書　日中戦争　第一冊』（外務省、二〇一一年）三三三頁。
（9）『宇垣日記』二巻、一二二二頁。
（10）石射猪太郎『外交官の一生』（中央公論社、一九八六年）三四五～三四六頁。
（11）前掲『小川平吉関係文書』一巻、三九一頁。
（12）『宇垣日記』二巻、一二四四～一二四九頁。前掲『日本外交文書　日中戦争　第一冊』三六三頁。中村豊一「知られざる宇垣・孔秘密会談」（『別冊知性』五号、一九五六年一二月）二六二～二六三頁。
（13）前掲「知られざる宇垣・孔秘密会談」二六二～二六三頁。
（14）前掲『日本外交文書　日中戦争　第一冊』三〇四～三二六頁。
（15）石射猪太郎『石射猪太郎日記』（中央公論社、一九九三年）二七六～二七七頁。
（16）なお、宇垣によれば、宇垣は自ら新聞に蔣介石下野を主張する記事を書かせたという。宇垣によればそれは、実現は「兎に角としても一遍は煽って痛い所を突いてやらなければならぬ」との思いから、一種の交渉戦術として行ったものであったという。しかし、こうして形成された強硬な世論がその後の宇垣の行動を拘束したとすれば皮肉という他はない（『宇垣日記』二巻、一二四七頁）。
（17）前掲『日本外交文書　日中戦争　第一冊』三三三～三四一頁。
（18）前掲『小川平吉関係文書』一巻、四〇六頁。
（19）風見章『風見章日記・関係資料』（みすず書房、二〇〇八年）四六頁。
（20）『宇垣日記』二巻、一二五一頁。宇垣一成「対時局対策私議」（国会図書館憲政資料室所蔵、『宇垣一成文書』一五四）。

(21) 臼井勝美他編『現代史資料』九巻(みすず書房、一九六四年)二六九頁。
(22) 前掲『小川平吉関係文書』一巻、三七七頁。
(23) 前掲『小川平吉関係文書』一巻、三八八頁。
(24) なお、宇垣は漢口攻略直前に生ずるであろう講和機会の他に、漢口で国民党政府軍の主力を包囲殲滅することにより、国民党政府の抗戦能力を物理的に壊滅させることも期待していた。そのために漢口攻略に充当される兵力が貧弱であることを懸念していた(前掲『日本外交文書　日中戦争　第一冊』三七七頁。宇垣一成『宇垣一成日記』三巻、みすず書房、一九七一年、一八一〇～一八一一頁)。
(25) 前掲『小川平吉関係文書』一巻、三九六頁。
(26) 前掲『小川平吉関係文書』一巻、三八八頁。
(27) 前掲『小川平吉関係文書』一巻、四〇四頁。
(28) 前掲『日本外交文書　日中戦争　第一冊』三一八頁。
(29) 前掲『日本外交文書　日中戦争　第一冊』三六一頁。
(30) 前掲「知られざる宇垣・孔秘密会談」二六五頁。
(31) 前掲『日本外交文書　日中戦争　第一冊』三七三～三七四頁。宇垣は広東攻略作戦の実施に際しては、「英国の暗黙の諒解」を得ることが極めて望ましいと考えていた(「続憂国私議」国会図書館憲政資料室所蔵、『宇垣一成文書』一五三)。
(32) 前掲『日本外交文書　日中戦争　第一冊』三七四頁。
(33) 前掲『日本外交文書　日中戦争　第一冊』三三七～三三九頁。
(34) 『宇垣日記』一巻、一三〇六頁。ただし引用文は外務大臣辞任後の回想。
(35) 『宇垣日記』二巻、一二五五頁。
(36) 伊藤隆他編『続・現代史資料』四巻(みすず書房、一九八三年)一五四頁。畑にこの情報をもたらしたのは海運王であり、後に第二次、第三次近衛内閣の逓信大臣、鉄道大臣となる村田省蔵である。村田は長江の航行権問題から、宇垣の対英交渉に注目していた。
(37) 前掲『日本外交文書　日中戦争　第一冊』三七七～三七八頁。
(38) 『宇垣日記』二巻、一二五九頁。

(39) 前掲『日本外交文書　日中戦争　第一冊』三七八頁。
(40) 前掲『小川平吉関係文書』一巻、四〇二頁。
(41) 前掲『続・現代史資料』四巻、一五九頁。前掲『日本外交文書　日中戦争　第一冊』三七八頁。
(42) 前掲『日本外交文書　日中戦争　第一冊』三七七～三七八頁。
(43) 『宇垣日記』二巻、一二五〇～一二五三頁。
(44) 前掲『小川平吉関係文書』一巻、四〇〇～四〇一頁。
(45) 前掲『日本外交文書　日中戦争　第一冊』三七九頁。
(46) 小川平吉文書研究会編『小川平吉関係文書』二巻（みすず書房、一九七三年）五九六頁。
(47) 前掲『小川平吉関係文書』一巻、四〇四頁。
(48) 「国是国策に関する研究」（国会図書館憲政資料室所蔵、『宇垣一成文書』一四三）。『宇垣日記』二巻、一〇四〇～一〇四一頁。
(49) 前掲「国是国策に関する研究」。
(50) 『宇垣日記』二巻、一〇四〇～一〇四一頁。
(51) 前掲「続憂国私議」。
(52) 『宇垣日記』二巻、一〇四〇～一〇四一頁。
(53) 前掲「国是国策に関する研究」。
(54) 前掲「続憂国私議」。
(55) 『宇垣日記』二巻、一一一五頁。
(56) 前掲「続憂国私議」。
(57) 「現時の情勢下に於ける国策の基点」（『時局対策』国会図書館憲政資料室所蔵、『宇垣一成文書』一四五）。
(58) 宇垣は日独伊防共協定や日独伊三国同盟に批判的だった（『宇垣日記』二巻、一一一一～一一一二頁。「時局の緊急対策」前掲『時局対策』）。
(59) 前掲「国是国策に関する研究」。
(60) 『宇垣日記』二巻、一〇九八頁。
(61) 『宇垣日記』二巻、一〇四六頁。

(62) 「日本の国際的危機と其対策」（前掲『時局対策』）。

(63) 前掲「国是国策に関する研究」。なお、本節で筆者が引用した憲政資料室所蔵の宇垣の外交意見書は一九三六年から一九四〇年間に作成されたものであり時期的に少し幅がある。しかし宇垣は一九四四年五月にこれら一連の研究を再検討し、自己の考えや事実関係に修正の必要はなかったと記している（前掲『時局対策』）。したがって宇垣の一貫した外交思想が表明されているものと判断できる。対列強関係に関して宇垣の思想が相当程度一貫したものであったことは、『宇垣一成日記』によっても確認できる。

(64) 『宇垣日記』二巻、一二四一頁。

(65) 外務省編『日本外交文書　日中戦争　第三冊』（外務省、二〇一一年）一九三四～一九三五頁。

(66) E.L.Woodward & R.Butler eds., *Document on British Foreign Policy 1919-1939*, Third Series vol. VIII 1938-39, London, 1955. とくにNo. 41, 52, 69, 107, 108, 113,119など。

(67) Rogert Craigie, *Behind The Japanese Mask*, London, 1945, pp. 61, 62. もっとも宇垣の交渉姿勢に対するクレーギーの厳しい評価が*DBFP*に散見されることも事実である。しかし、これはクレーギー自身がしばしば本国政府からその親日的態度を批判される不安定な立場にあったことを考慮すべきだろう。本国に対するある種のジェスチャーという一面もあったと思われる。

(68) 『宇垣日記』二巻、一二四九頁。

(69) 宇垣一成「日支和平交渉に関する件」（国会図書館憲政資料室所蔵、『宇垣一成文書』一五九）。

(70) 『宇垣日記』二巻、一一九四頁、一一九九～一二〇〇頁、一二〇三頁。

(71) 『宇垣日記』二巻、一二五〇頁。

(72) 前掲『小川平吉関係文書』一巻、四〇〇～四〇一頁。

(73) 前掲『日本外交文書　日中戦争　第一冊』三一九頁。

(74) 前掲『日本外交文書　日中戦争　第一冊』三〇四頁。

(75) 前掲『日本外交文書　日中戦争　第一冊』三三六頁。

(76) 角田順解説『現代史資料』一〇巻（みすず書房、一九六四年）一六六～一六九頁、一七二～一七四頁。外務省編『日本外交文書　第二次欧州大戦と日本　第一冊』（外務省、二〇一二年）三六～三七頁。

(77) 『宇垣日記』二巻、一二三六頁。

(78) 原田熊雄『西園寺公と政局』七巻（岩波書店、一九五二年）、六九～七〇頁。

(79) 前掲『西園寺公と政局』七巻、三頁、一八～一九頁、二二一～二二三頁、四〇頁。
(80) 『宇垣日記』二巻、一二五二～一二五三頁。
(81) 『宇垣日記』二巻、一二五五頁。ただしこの発言は七月三〇日のもの。
(82) 前掲『西園寺公と政局』七巻、九五頁。
(83) 『宇垣日記』二巻、一二五四～一二五五頁。
(84) 前掲『西園寺公と政局』七巻、五九～六〇頁。
(85) 前掲『現代史資料』一〇巻、二二一～二二二頁、五八～五九頁。
(86) 重光葵『重光葵外交回想録』（毎日新聞社、一九七八年）一七七～一八二頁。前掲『西園寺公と政局』七巻、六八～七二頁。
(87) 西春彦『回想の日本外交』（岩波書店、一九七〇年）八四頁。
(88) 『宇垣日記』二巻、一二五七頁。
(89) 宇垣一成「老兵の述懐」㈠（『読売評論』昭和二五年一〇月号）七五頁。
(90) 『宇垣日記』三巻、一八一三頁。
(91) 前掲『回想の日本外交』八四～八六頁。
(92) 前掲「老兵の述懐」㈠、七七頁。
(93) 前掲『重光葵外交回想録』一八四～一八六頁。
(94) この頃、駐英大使候補としては、外務省のホープとして次官候補でもあった駐米大使斎藤博の名前も挙がっており、宇垣も一時は前向きに検討していたようだ。また後に宇垣から外務省顧問を要請される佐藤尚武は、自ら駐英大使就任の意欲を持っていた。駐英大使ポストが宇垣とその周辺で非常に重要視されていたことがわかる（前掲『西園寺公と政局』七巻、二二一～二二三頁、八二頁）。なお佐藤自身の回想によれば、駐英大使就任を持ち掛けたのは宇垣からだという（佐藤尚武『回顧八十年』時事通信社、一九六三年、三九六頁）。
(95) 加瀬俊一『加瀬俊一回想録』上巻（山手書房、一九八六年）一一〇頁。
(96) 宇垣一成文書研究会編『宇垣一成関係文書』（芙蓉書房出版、一九九五年）一六二一～一六二三頁。
(97) 鳩山一郎『鳩山一郎・薫日記』上巻（中央公論新社、一九九九年）五九頁。
(98) 前掲『石射猪太郎日記』二六六頁。

(99) 前掲『鳩山一郎・薫日記』上巻、五九頁。
(100) なお、当時駐英大使館一等書記官だった加瀬俊一によれば、重光の就任は吉田自身が宇垣に親展電報で推薦した結果だという。事実とすれば、金子によって交渉能力を酷評された吉田が、自身の埋め合わせとして送り込まれる重光を推薦していたという図式は皮肉である。ちなみに吉田に心酔していた加瀬は、重光の赴任を当初は複雑な心境で迎えたが、「吉田が指摘したとおり、新大使の力量は抜群だった」という（前掲『加瀬俊一回想録』上巻、一一〇～一一一頁）。
(101) 東郷茂徳『東郷茂徳外交手記』（原書房、一九七八年）八二～一一二頁。前掲『重光葵外交回想録』一六八頁。
(102) 『極東国際軍事裁判速記録』八巻（雄松堂書店、一九六八年）八八～八九頁。
(103) 前掲『東郷茂徳外交手記』一一二～一一三頁、一三〇頁。
(104) 前掲『極東国際軍事裁判速記録』八巻、六一頁。
(105) リ提案は次のとおり。「第一条　締約国の一が締約国以外の第三国と外交上の困難を生ぜし場合に於ては各締約国は執るべき協同動作に関し直に評議を行ふ　第二条　締約国の一が締約国以外の第三国より脅威を受けたる場合に於ては此の脅威を排除する為他の締約国は有ゆる政治的且外交的の支援を行ふ義務あるものとす　第三条　締約国の一が締約国以外の第三国より攻撃を受けたる場合に於ては他の締約国は之に対し武力援助を行ふ義務あるものとす」（前掲『現代史資料』一〇巻、一七三頁）。
(106) 読売新聞社編『昭和史の天皇』二一巻（読売新聞社、一九七四年）一八六頁、二一八頁。
(107) 前掲『極東国際軍事裁判速記録』八巻、六〇頁。なお、宇垣がこの笠原情報を外務省事務当局に秘していたことをとらえて、宇垣が陸軍主導の日独伊軍事同盟と東郷の排除に賛同していた証左とする研究（前掲「宇垣時代の外務省と『宇垣外交』」）があるが、個人的好意から情報をリークしてくれた義弟笠原の陸軍内での立場を考えれば、宇垣が事務当局に情報を漏らさなかったのは当然だろう。そもそも宇垣が、リ提案は陸軍の意向を非公式に打診したものであって、単なる「情報」に過ぎず、外務省の本交渉はまた別の問題だと見なしていたことは本文でも既述した。宇垣が三国間の政治協定を英米を対象とした軍事同盟に発展させる意思がなかったことは諸史料からも明らかである（たとえば有田八郎『馬鹿八と人はいう』光和堂、一九五九年、八九頁。高木惣吉『高木惣吉日記』毎日新聞社、一九八五年、五～六頁）。
(108) 前掲『極東国際軍事裁判速記録』八巻、六三頁。
(109) 前掲「老兵の述懐」㈠、七七頁。なお、同記事で宇垣は大島の現役引退を要求したのは、大島の大使就任を断念させるためだったと言っているが、大使の人選は外務大臣の専権事項であり、大島を大使にしたくないのであれば、そのような回りくどい方法を使わずとも、単純に拒絶すれば良いだけの話である。実際に、当初は宇垣は大島の大使昇格を拒絶していたのであるから、宇垣の言い分は少々無理がある。恐らく、戦後の大島の悪評を受けた、宇垣の自己弁護的色彩が多分にあるのだろう。ただし、宇垣が諸手を挙げて大島の大使昇格を歓迎していたわけではなく、大島に対して一定の警戒心を抱いていたことは事実らしい（前掲『極東軍事裁判速記録』八巻、五五頁）。ちなみに宇垣の要請で外務省顧問となる佐藤尚武は、「ドイツの大使に現役の士官を持つて行くこと」（傍点引用者）に反対していた（前掲『西園寺公と政局』七巻、六九頁）。

(110) 前掲『西園寺公と政局』七巻、一四～一五頁。幣原喜重郎『外交五十年』（中央公論社、一九八七年）七二～七三頁。

(111) 宇垣曰く、白鳥は「仕事の出来る男」であった（『東京朝日新聞』一九三八年九月一一日）。

(112) 外務省編『日本外交文書　第二次欧州大戦と日本　第一冊　日独伊三国同盟・日ソ中立条約』（外務省、二〇一二年）三三一～三四頁。

(113)『極東国際軍事裁判速記録』七巻（雄松堂書店、一九六八年）七八九頁。

(114) 前掲『極東国際軍事裁判速記録』七巻、八〇七～八〇八頁。これは極東国際軍事裁判での証言だから両者の発言にはなんらかの配慮が加えられている可能性もあるが、しかし白鳥が赴任に際して特段の指示を受けていなかったことは事実のようだ（前掲『西園寺公と政局』七巻、一一三頁）。

(115) 前掲『西園寺公と政局』七巻、三頁、一三～一四頁。前掲「老兵の述懐」㈠、七六頁。前掲『昭和史の天皇』二一巻、二〇〇～二一六頁。

(116)「白鳥騒動」の際にも、事件幕引きのために白鳥（当時情報部長）がスウェーデン公使に転出させられたことを想起されたい。

(117)『東京朝日新聞』一九三八年九月一一日。

(118)『東京朝日新聞』一九三八年一二月一八日。

(119)『宇垣日記』二巻、一二五三～一二五六頁。

(120) 堀内謙介『堀内謙介回想録』（サンケイ新聞社、一九七九年）八七頁。

(121) 斎藤博『移植林』（読書展望社、一九四八年）一三頁（巻末追想録の頁数）。

(122)『読売新聞』一九三八年九月一〇日。前掲『西園寺公と政局』七巻、九五頁。

(123) なお、当時から堀内の駐米大使転任は、漢口攻略後の新情勢を睨んで、米国を英国に追従させないために、その外交手腕に期待したためであるとの分析があった（岡辺錠介「漢口攻略後の外交工作と堀内謙介の役割」『経国』五巻一〇号、一九三八年一〇月、四二〜四五頁）。
(124)　山浦貫一『近衛時代の人物』（高山書院、一九四〇年）一八二頁。
(125)　澤田に関する研究としては、清水太郎「澤田廉三の手紙」（『鳥取県立公文書館研究紀要』五号、二〇〇九年三月）。鳥取県立公文書館編『澤田廉三と美喜の時代』（鳥取県立公文書館、二〇一〇年）。奈良岡聰智「澤田廉三・美喜と岩崎家、昭和天皇」（一）〜（三）（『京都大学法学論叢』一六九巻二号、四号、一七〇巻一号、二〇一一年五月、七月、一〇月）。
(126)　『東京朝日新聞』一九三八年一二月一八日。
(127)　当時から澤田のことを「外務省の革新派」とか「大陸型の外交官」などと評する報道は多かったようだが、ジャーナリストの山浦はこのような見解を「全くお笑ひ草」と切り捨てている（前掲『近衛時代の人物』一八二頁）。
(128)　『東京朝日新聞』一九三八年一二月一八日。
(129)　前掲「澤田廉三の手紙」二三頁。廉三より妻美喜への書簡。戸部良一『外務省革新派』（中央公論新社、二〇一〇年）二八四〜二八七頁。
(130)　前掲「澤田廉三の手紙」。
(131)　「白鳥騒動」に関しては、前掲『重光葵外交回想録』一四〇〜一四三頁、前掲『外務省革新派』五八〜七三頁を参照。
(132)　前掲「澤田廉三・美喜と岩崎家、昭和天皇」（二）、七頁。酒井哲哉「昭和の外交官の系譜」（前掲『澤田廉三と美喜の時代』所収）。
(133)　前掲『澤田廉三と美喜の時代』一五一頁。
(134)　前掲『西園寺公と政局』七巻、一一四頁。
(135)　前掲『澤田廉三と美喜の時代』一五一頁。
(136)　前掲『風見章日記・関係資料』四六頁。
(137)　前掲『近衛内閣』一三二頁。
(138)　前掲『西園寺公と政局』七巻、二二一〜二二三頁、四〇頁。人事案について検討は行っていたようだ。
(139)　『東京朝日新聞』一九三八年六月八日。
(140)　『東京朝日新聞』一九三八年九月一一日。
(141)　「西園寺公と政局」七巻、九五〜九六頁。

(142)『読売新聞』一九三八年九月八日。『東京朝日新聞』一九三八年九月一一日、一二日。
(143)『各国駐箚帝国大使任免関係雑纂・英国ノ部』(外務省外交史料館所蔵、M-2-1-0-13-1)。
(144)天羽英二『天羽英二日記・資料集』三巻（天羽英二日記・資料集刊行会、一九九〇年）五四〇頁、五四三頁、五四五頁、五四六頁。
(145)前掲『重光葵外交回想録』一八七頁。『東京朝日新聞』一九三八年九月二八日夕刊。
(146)前掲『各国駐箚帝国大使任免関係雑纂・英国ノ部』。
(147)『東京朝日新聞』一九三八年一〇月九日。『読売新聞』一九三八年一〇月一三日。前掲『天羽英二日記・資料集』三巻、五四三頁、五四五頁。なお、『天羽日記』によれば「大島『アグレマン』日本ニテ取ル」ことになっていた。やや意味が取り辛いが、大島人事はすでにドイツ側の了解を得ていたから、アグレマンは形式的なものであり、日本が要請すれば直ちに在日ドイツ大使館から伝達する手筈になっていたのだろうか。
(148)『各国駐箚帝国大使任免関係雑纂・ソ連ノ部』(外務省外交史料館所蔵、M-2-1-0-13-4)。
(149)『東京朝日新聞』一九三八年一〇月一三日。
(150)前掲『各国駐箚帝国大使任免関係雑纂・ソ連ノ部』。
(151)前掲『天羽英二日記・資料集』三巻、五四〇頁。
(152)前掲『重光葵外交回想録』一九三頁。
(153)『東京朝日新聞』一九三八年九月一二日。
(154)前掲『日本外交文書　日中戦争　第一冊』三七三～三七八頁。
(155)前掲『現代史資料』九巻、二八二～二八三頁。稲田正純「戦略面から見た支那事変の戦争指導」(『国際政治　日本外交史研究（日中戦争）』一九六一年三月）一六二頁。ところで漢口作戦、広東作戦の発動時期の問題に関しては参謀本部内でも意見の相違が存在した。第一部第二課（作戦）の稲田正純課長は戦略戦術上の理由、作戦資材準備上の理由、および世論への配慮から漢口作戦の早期実施を主張し、広東作戦は翌年初頭の実施となるもやむをえないとの意見だった。これに対して第二課第一班（戦争指導班、堀場一雄班長）では、戦争終結のための機会を確実に現出させるため、まず補給路たる広東の攻略を優先し、漢口作戦は明年以降に万全の準備を整えたうえで、事変解決のための一大決戦として実行するべきとの意見だった。結局、漢口作戦先行論が採用されることになるが、敗れた戦争指導班では、「勢の赴く所漢口作戦の決定に至りたりと雖、戦争指導当局は該作戦を成るべく大規模ならしむると共に、作戦当局の明年初頭に考慮せんとする広東作戦を、万難を排して繰上げ実現し、以て事変終結の機を構成せんと企図し」て部内各方面に働きかけ、「漢口及広東作戦は成るべく其時間的間隔を短縮して之を指導す」ることを決定させた。当初は場合によっては翌年初頭になると見られていた広東作戦が繰り上げられたのにはこのような背景があった。堀場班長以下戦争指導班は国民党政府との和平に積極的で、参謀本部内部でも軟派と見られていたが、広東作戦が和平に与える影響について宇垣とは全く認識を異にしていたことがわかる。同じ「和平派」として協力可能な両者が、広東作戦の発動時期に関して意見を異にし、結果として戦争指導班が宇垣の和平構想蹉跌の一原因を作ってしまったことは皮肉である（堀場一雄『支那事変戦争指導史』時事通信社、一九六二年、第六章）。

(156)　前掲『重光葵外交回想録』一八四〜一八五頁。

(157)　前掲『極東国際軍事裁判速記録』八巻、九二頁。

(158)　前掲『天羽英二日記・資料集』三巻、五三一頁。

(159)　『東京朝日新聞』一九三八年九月一一日。

(160)　『読売新聞』一九三八年九月八日。

(161)　前掲『重光葵外交回想録』二〇九〜二一〇頁。

(162)　萩原延壽『東郷茂徳─伝記と解説』（原書房、一九八五年）二四一〜二四二頁。

(163)　木戸幸一『木戸幸一日記』下巻（東京大学出版会、一九六六年）六七〇頁。

(164)　前掲『西園寺公と政局』七巻、八五頁。

(165)　前掲『小川平吉関係文書』一巻、四〇二頁。対蔣和平を主張する小川に対して、近衛は対蔣和平の際は自分も「責任を帯びて下野せざる可らざるべし」と述べている。また国民党政府に三民主義の放棄を求めることを検討し、北京、南京両新政府の和平交渉への参加も主張している。もっとも小川は最終的には近衛が自分の意見に同意し、和平決意を固めたと感じたようだ。しかしその前後の近衛の発言を見る限り、近衛が明確に方針転換をしたとは言い難いのではないか。小川の日記を読む限り、近衛が蔣の下野を条件としない対蔣和平を明言したことは一度もない。三民主義放棄や北京、南京両新政府の和平交渉参加を主張したことからも、近衛が声明との齟齬を糊塗するエクスキューズを強く求めていたことがわかる。

(166)　前掲『日本外交文書　日中戦争　第一冊』三〇四〜三二六頁。

(167)　前掲『西園寺公と政局』七巻、一〇九頁。前掲『木戸幸一日記』下巻、六七〇頁。

(168)『東京朝日新聞』一九三八年九月一六日。
(169)前掲『現代史資料』九巻、二七三〜二七七頁。
(170)「日支新関係調整要綱」(『支那事変関係一件』一四冊、外務省外交史料館所蔵、B-A-1-1-355)。
(171)前掲『日本外交文書　日中戦争　第一冊』三〇四〜三一六頁。
(172)前掲『日本外交文書　日中戦争　第一冊』三六二〜三六八頁。
(173)前掲『日本外交文書　日中戦争　第一冊』三七九頁。
(174)前掲『日本外交文書　日中戦争　第一冊』三七八頁。
(175)前掲『木戸幸一日記』下巻、六七一頁。
(176)前掲『風見章日記・関係資料』四六頁。
(177)前掲『小川平吉関係文書』一巻、四〇五〜四〇六頁、四〇八頁。前掲『西園寺公と政局』七巻、一〇六〜一〇七頁。
(178)前掲『小川平吉関係文書』一巻、四〇八頁。
(179)佐藤賢了『大東亜戦争回顧録』(徳間書店、一九六六年)八一〜八二頁。
(180)対蔣和平へ向けた急転換以来、小川は「近来外相の鼻息荒きを感じ」、多少危惧していたようだ(前掲『小川平吉関係文書』一巻、四〇六頁)。
(181)前掲『小川平吉関係文書』一巻、四〇六頁。
(182)前掲「老兵の述懐」(一)、七二〜七三頁。前掲『西園寺公と政局』七巻、五〇〜五一頁。
(183)前掲『西園寺公と政局』七巻、五〇〜五一頁。
(184)日本近代史料研究会編『稲田正純氏談話速記録』(日本近代史料研究会、一九六九年)二二五頁、三一〇頁。
(185)前掲『小川平吉関係文書』一巻、四〇七頁。
(186)前掲『小川平吉関係文書』一巻、四〇八〜四〇九頁、四一二頁。
(187)木舎幾三郎『政界五十年の舞台裏』(政界往来社、一九七五年)二〇三頁。
(188)前掲『政界五十年の舞台裏』二〇三頁。
(189)前掲『小川平吉関係文書』一巻、四一一〜四一二頁。
(190)『宇垣日記』二巻、一二六一〜一二六二頁。

(191) 前掲『ピース・フィーラー』二四七頁。
(192) 前掲『近衛内閣』一三二頁。
(193) 『宇垣日記』二巻、一二四〇頁。
(194) 『宇垣日記』二巻、一二〇九頁。
(195) 大蔵公望『大蔵公望日記』二巻（内政史研究会、一九七四年）三八八頁。その後、宇垣は首相就任や対支中央機関構想に興味が移ったらしく、中国大使としては若槻礼次郎を送り込むことを構想している（前掲『小川平吉関係文書』三六八頁）。
(196) 原田熊雄『西園寺公と政局』六巻（岩波書店、一九五一年）二五〇～二六九頁。
(197) 大蔵公望『大蔵公望日記』三巻（内政史研究会、一九七四年）九頁、一七頁、二〇頁、二五頁、二七頁、三九～四一頁。
(198) 『宇垣日記』二巻、一二二五頁。
(199) 宇垣一成「老兵の述懐」(二)（『読売評論』昭和二五年一一月号）七四～七五頁。
(200) 前掲「日中戦争の政治的展開」一五二頁。前掲『日中戦争期における経済と政治』八七～八九頁。
(201) 「対支中央機関ニ関スル意見」（国会図書館憲政資料室所蔵、『宇垣一成文書』一六〇）。
(202) 馬場明「興亜院設置問題と宇垣一成」（『軍事史学』六五号、一九八一年）一五頁。
(203) 矢部貞治『近衛文麿』上巻（近衛文麿伝記編纂刊行会、一九五二年）五四一～五四二頁、五四八頁。
(204) 風見章『風見章日記・関係資料』（みすず書房、二〇〇八年）四七頁。
(205) こうした経緯を考えれば、宇垣が興亜院問題を宇垣排斥の陰謀と理解したことも無理からぬことであったのかもしれない（『宇垣日記』三巻、一八〇九～一八一一頁）。
(206) 前掲「外相宇垣一成と興亜院問題」。
(207) 「対支中央機関問題経過」（『対支院（興亜院）設置関係』三冊、外務省外交史料館所蔵、A-1-1-458）。前掲『近衛文麿』上巻、五四〇～五四五頁。
(208) 『宇垣日記』二巻、一二六七頁。客観的にも、「昨年の組閣失敗から、漸く再起しかけて来てゐた宇垣の政治的生命も、これで殆ど死滅したと見ることも出来やう」との評価が下されている（城北隠士『宇垣退場の理由と真相』教材社、一九三八年、七頁）。
(209) 渡辺行男『宇垣一成』（中央公論社、一九九三年）二一二頁。宇垣子息一雄の渡辺への談。
(210) 宇垣側近（大蔵など）は宇垣擁立運動を継続するが、陸軍側ではすでに宇垣を受け入れる余地はなくなっていた（原田熊雄

『西園寺公と政局』八巻、岩波書店、一九五二年、一五二〜一五八頁、一七二頁）。

（211）　宇垣曰く、「自分の所に大命が来ることはもう無いと確信してゐる」。また大蔵も「宇垣さんは将来到底組閣の機会なしと思う」と認めざるをえなかった（前掲『大蔵公望日記』三巻、二九二頁、三一五頁、三五四頁）。

結　論

戦間期（両大戦間期）、宇垣一成ほど多方面から嘱望され、戦後も実現されなかったその政治的可能性を追懐され続ける政治家は他にいない。宇垣には確かにあるイメージがある。陸軍大臣として政党政治にコミットして「宇垣軍縮」を断行し、「大正デモクラシー」期の政軍協調路線を体現しながら、しかしそれゆえに陸軍の不興を買って「流産」に追い込まれた「悲劇の政治家」としてのイメージである。宇垣のそうしたイメージを否定する必要は全くないが、しかし宇垣の政治外交場裏での活動を詳細に検討すると、そうしたイメージが宇垣のある一面を限定的に投影するものに過ぎないことがわかる。

ことに注目すべきは宇垣と陸軍の関係である。同時代においても、また現在においても、宇垣の政治的存在価値は、その出身母体たる陸軍との対立関係そのものに見出されてきた。宇垣は陸軍の「反対」にもかかわらず、軍縮を成し遂げ、政党政治にコミットし、穏健な対外政策を掲げ、日中戦争早期終結に努力した「軍人政治家」だと考えられてきた。そこにこそ宇垣の政治的存在価値があると考えられてきた。

しかし本書での考察で明らかなように、宇垣軍縮は参謀本部が先鞭をつけた軍制改革構想に乗ったもので、宇垣独自の軍制改革構想は本来もっと微温的なものであった。陸軍大臣時代の政党政治へのコミットメントも、むしろ統帥権独立制への絶対的「信仰」に基づき、その維持を図るために戦略的に選択された手段だった。宇垣「流産」内閣の実像も、既成政党に担がれた従来の宇垣内閣像とはかけ離れたものだった。また宇垣が穏健な対外原則を保持していたことは事実だが、実際の外交場裏においてその原則が一貫して発揮されたわけではない。むしろ陸軍の「強硬路線」に沿い、時に鞭撻するような場面がままあったことは否定できない。

実は宇垣と陸軍の関係をもっぱら対立構図によって律しようとする見方はかなり無理があるのではないか。むしろ宇垣の施策は、その政治的人生のかなりの部分において、陸軍のそれと「親和的」であった。宇垣内閣「流産」や外務大臣辞任時における陸軍との決定的対立は例外的な事象であった。しかしその印象があまりに強いために、宇垣の政治的人生総体における陸軍との「親和性」は見落とされてきた。

そして宇垣の政治的施策は、陸軍のそれと親和的である限りにおいて成功した。反面、宇垣の目指す施策が、陸軍のそれと相反する事態に立ち至ると（あるいは陸軍がそのように認識すると）、宇垣の「政治力」はたちまち弱体化し、最終的には政治的退場を余儀なくされる。

恐らく、このことは宇垣自身が最も自覚的であったのではないだろうか。だからこそ、宇垣は陸軍との関係調整に細心の注意を払ってきた。宇垣軍縮に際して、宇垣が反対派に対して強硬姿勢を貫きえたのは、その軍制改革構想が参謀本部をはじめとする軍枢要の大勢的賛同を得ていたからである。したがって第二次軍制改革において、その参謀本部と意見対立が生じた時、宇垣は強硬突破を図るよりも自ら身を引いた。宇垣は宇垣軍縮成功の前提条件を良く理解し、陸軍の賛同が得られない限りこの問題の解決は期し難いこと、そして陸軍との決定的対立が自らの政治生命の途絶につながることを良く理解していたからである。現役中、そして現役を退いた後も、こうした宇垣の陸軍への「配慮」は相当に厚いものであった。「皇道派」の全盛時代には、その反宇垣宣伝によって陸軍内での宇垣の立場は困難なものになっていくが、しかし「皇道派」（およびその前身たる「上原派」）との対立は、宇垣自身が好んで求めたものではなかった。むしろ宇垣は「上原派」との関係改善を目指してかなりの努力を払っていた。宇垣「流産」内閣の組閣過程においても、宇垣は現状維持的既成政党よりもむしろ陸軍にコミットしようとしていた。日中戦争の早期和平をめぐる試みにおいても、宇垣は陸軍との潜在的対立関係を糊塗すべく努めて慎重な態度を取っていた。概して、陸軍との関係において、宇垣は極めて融和的、妥協的だった。これは宇垣の優れた現実主義的政治感覚に由来するものでもあろうが、そこに「悲劇の政治家」として理想化された宇垣像は見出しえない。

あるいはそこにこそ、「政治家」宇垣の限界があったとも言えるだろうか。陸軍と対決し、陸軍を統制することを期待された「政治家」の「政治力」の源泉が、実は陸軍の施策との「親和性」のなかにあり、当の本人もその事実に相当に自覚的で、陸軍との対立を回避しようとする傾向が濃厚であったという事実は、宇垣の声望にとって都合の良いものとは言い難い。根本的な問題として、果たして宇垣に、世間が期待していたような陸軍の「統制」が可能だったのかという疑念は深くならざるをえない。現に「歴史的事実」としては、宇垣は陸軍の意に反する「陸軍統制」に、ただの一度も成功しなかった。

しかし見方を変えれば、宇垣と陸軍との間にそのような「親和的」関係があったからこそ、激動の戦間期において、宇垣はその政治的命脈を保ちえたとも言える。政治的価値観が一八〇度転換した戦間期にあって、「大正デモクラシー」と国際協調主義の旗手達が次々に退場を余儀なくされるなか、宇垣は一貫して政治舞台の第一線に留まり続けた稀有な存在であった。それは宇垣の施策と陸軍のそれとの「親和性」、陸軍に対する周到な配慮によって成し遂げられたものであった。いかに高邁な政治的理想を掲げたところで、それを現実政治の舞台で表現しえないのであれば、その政治的価値は大きく減ぜざるをえない。この観点からすれば、陸軍に対する宇垣の態度を一概に批判することはできない。

そして同時に、宇垣の施策と陸軍のそれとは多くの場合に「親和的」であったが、常に一体であったわけではない。たとえば、宇垣「流産」内閣の組閣過程において、宇垣は既成政党との提携に見切りをつけて、陸軍や「革新派」との政策提携を深めようと図っていた。しかし宇垣は「政党政治」や「議会政治」という「大正デモクラシー」期の根源的政治律の否定にまでは進まなかった。むしろ陸軍や「革新派」との政策提携の内に、「政党政治」、「議会政治」の再生を目指していた。また宇垣の対中政策は、現実局面では一貫したものであったとは言い難く、時に強硬論で陸軍を鞭撻することもあった。しかし本質的には穏健で自制的なものであったし、最終的には対蔣和平に向けて収斂されていく。宇垣の政策は、その時々の政治情勢に順応すべく激しくぶれ続けたが、しかしある種のバランス感をもって推移していた。宇垣の現実主義的政治感覚は、ある面では、世間が期待した陸軍統制の切札としての役割を宇垣に全うさせなかった。しかし他面では、宇垣の政策に一定の中庸性、穏健性をもたらした。世上、陸軍統制の切札として宇垣に掛けられた期待は、宇垣の政策のこのような一面に由来するものであった。

宇垣の政治的性格は、こうしたある種のアンビバレンスのなかにあった。かくして「デモクラシー」や国際協調主義がほとんど「過去の遺物」となり下がり、「大正デモクラシー」の旗手達が総退場を余儀なくされた時代において、宇垣はそれらの価値観を辛うじて体現できる唯一無二の存在となった。その意味で、宇垣の政治的退場は、激変する時代性のなかで、その時代性と時に妥協し、なんとか折り合いをつけつつも、左右の政治勢力を取りまとめて中道的バランスを保とうとする、ある種の現実主義的な政治路線の途絶を意味していた。

宇垣の政治的没落と相前後して、新たな「時代の寵児」近衛文麿が登場する。近衛は宇垣とは正反対の、清新で理想主義的風香をまとった政治家だった。日本は宇垣とは真逆の政治的性格の持ち主を選択した。しかし結果としてこの選択は惨めな失敗に終わった。「近衛文麿」という選択肢は、政党政治を終焉させ、日本憲政史上未曽有の「無政党時代」を作り出す一方、機能的な「全体主義国家体制」を構築することもできず、軍部、官僚、「旧政党勢力」が無秩序に不完全な影響力を行使する混沌とした多頭政治体制を作り出すことになってしまった。そして混乱の内に対外的には悲劇的な大戦争へと突き進むことになる。そして未曾有の敗戦を迎えた時、結果として選ばれなかった政治的選択肢「宇垣一成」の存在感はいやがうえにも高まることになった。

もちろん、戦間期のある段階で宇垣が宰相の座に就いていたら、事後の日本をいかなる進路に導いていたかは全く未知数である。とくにその陸軍との関係を考える時には、悲観的要素は多いと言わざるをえない。その意味で、宇垣には買い被られている面が多分にあるのかもしれない。確かに宇垣にはある種の政治的「限界」があった。

しかしそうした政治的「限界」も、急迫する時代背景のなかで、宇垣が政治的生命を維持し続けるために、有意の選択肢として存在し続けるために、負わざるをえなかった不可避な宿命であったと考えるならば、その「限界」は宇垣個人というよりは、時代性そのものに求めねばなるまい。その意味で、宇垣の政治的人生は、デモクラシーと戦争の時代に、日本が民主主義や国際協調主義の外装の下で保持し続け、やがて顕在化することになる政軍関係の「限界」と、その裏面に一抹だが、しかし確かに存在した「可能性」を、まさに体現するものであった。

宇垣の「限界」も「可能性」も、戦間期という特異な時代性のなかで日本政治が持ちえた「限界」と「可能性」に他ならなかった。そして多くの日本人は宇垣の政治的「可能性」に日本という国家の「可能性」を重ね合わせてきた。思いを馳せてきた。それこそが戦間期の生んだ「宇垣一成」という稀有な存在の魅力であろう。

あとがき

本書は平成二五年度に國學院大学に提出した博士学位申請論文『宇垣一成と戦間期の政治外交』をリバイズしたものです。いくつかの章に関しては雑誌論文としても発表しており、各章ごとの初出は後記の通りです。出版に際しては、主要な論旨の変更こそありませんが、細部には相当に手を加えており、したがって本書をもって筆者の現時点での最新の見解としたいと思います（たとえば第Ⅰ部に関して、雑誌掲載時には、宇垣の満州兵備構想が在満師団そのものの廃止にあったことを強調していました。しかしこの主張の根拠となる史料は宇垣の走り書きの草稿のみであり、断定的主張の論拠としては弱いのではないかと考え直し、本書では注において指摘するに止めています）。

第Ⅰ部第1章　「宇垣軍縮の再検討――宇垣軍縮と第二次軍制改革」（『史学雑誌』一二二編一号、二〇一三年一月）

第Ⅰ部第2章　「満州事変と第二次軍制改革――外地兵備改編構想を中心として」（『國學院法政論叢』三四号、二〇一三年三月）

第Ⅱ部第1章　書き下ろし

第Ⅱ部第2章　「宇垣一成と『統帥権独立』――軍部大臣武官制と参謀本部独立をめぐって」（『政治経済史学』五六〇巻、二〇一三年八月）

第Ⅱ部第3章　書き下ろし

第Ⅲ部第1章　書き下ろし

本書は私にとって最初の（そしてもちろん最後になるかもしれない）書物です。華やかなアカデミック・サークルには無縁のまま、小さな大学の、小さな研究科で、誰にも知られずに勉強を続けてきた自分の研究が世に出されることについて、多少の戸惑いと、そしてやはり大きな喜びを感じています。ささやかではありますが、同時に分不相応でもある本書の刊行に至るまでには、多くの方々のお力添えがありました。

まず第一に、私の直接の指導教員である馬場明先生（國學院大學名誉教授）、濱口學先生（同上）、坂本一登先生（國學院大學法学部教授）に御礼申し上げます。

馬場先生は私が研究者を志すきっかけを与えてくださいました。真摯に史料に向かう先生の求道者のような姿勢に感銘を覚えたこと、ゼミでの私の幼稚な議論を過分にお褒めいただき嬉しかったことが、私の研究の出発点となっています。先生は私が学部在学中に退職されましたが、大学院進学後も有志の勉強会などでお世話になりました。

馬場先生が退職された後、史学科の大学院入試に失敗して途方に暮れていた自分を法学研究科で拾ってくださったのが濱口先生です。濱口先生とはそれまで一面識もなく、もちろん、授業を履修したこともありませんでした。無知で不躾な私は事前に一言のご挨拶をすることもなく、面接試験が全くの初顔合わせとなりました。得体の知れない学生からの指導教員指名など、はねつけても非難される道理はなかったでしょうが、先生は快く私を受け容れてくださいました。私が勉強を続けることができたのは全く先生のご温情のお蔭です。濱口ゼミは旧馬場門下生も参集し、先生の高邁なご人格もあって、ちょっとしたサロンのような雰囲気を醸し出していました。日本外交におけるフランス要素を扱った私の最初の雑誌論文は、フランス外交をご専門とする先生を猿真似したものです。

坂本先生には大学院進学以来一〇年以上にわたってご指導をいただき、最大の影響を受けました。私にとって坂本先生は、普段は軽口も叩ける最も気安い先生でしたが、こと研究上のことになると緊張を強いられました。先生に原稿をお見せするたび、私の研究は先生の厳しいご批判を浴びました。しかし、当方も後のない切羽詰まった立場であっただけに（私は四年間務めた宮内庁書陵部を一大決心して辞めてきたところでした。そして切羽詰まった状況は今も変わっておりませんが）、言わずもがなの屁理屈を試み、議論が紛糾したことも一度や二度ではありませんでした。我ながら可愛げのかけらもない弟子だったと思いますが、先生は無礼な学生との議論を厭いませんでしたし、また激しい論争にも一切わだかまりを残されませんでした（そして論破されてしょげ返る不肖の弟子に対するフォローもお忘れになりませんでした）。もし先生の存在がなければ、私の拙い論文はなお一層惨めなものになったでしょうし、惨めは惨めなりに完成に辿り着くことさえ覚束なかったでしょう。考えてみれば博論を書いていた一年半、私は先生に認めて貰える論文を書くというその一点を発奮材料にしていたようにも思います。したがって私には、先生に育てられた先生の生徒であるという自己認識が強くあります。

先生から受けた学恩は純粋に研究指導上のことに止まりません。先生は四年間も研究から遠ざかっていた私の復学を、具体的な博論のテーマも決まっていない状況で、二つ返事でお許しくださいました。また博論の完成を誰よりも喜び、出版に向けて吉田書店をご紹介くださったのも、出版助成に関する煩雑な事務を引き受けてくださったのも先生です。生来のひねくれた性格と妙なプライドが邪魔をして、これまで先生には面と向かって感謝の気持ちをお伝えすることができませんでした。先生、ありがとうございました。

先生には忘れえない思い出があります。あれは博士課程に進んで間もない頃だったと思います。ゼミで、ある若手研究者の非常にチャレンジングな、しかしそれゆえに幾分危ういところもある論文を読んだ時のことです。私は得々としてその論文の危うさを指摘して悦に入っていました。すると先生はきっぱりとした口調で、「一見非の打ちどころがないが、しかしどこかで聞いたことのある議論の焼き直しに過ぎない論文よりも、たとえ間違いであるにしても、既存の研究に果敢に挑戦する論文は、仮説を提示して自ら否定されることによって、むしろ学問の進歩により貢献していると言える」とおっしゃいました。先生にとっては何気ない一言だったのかもしれませんが、私にとっては（やや大げさに言えば）、これまで研究に置いていた評価基準、価値観を根底からひっくり返されるほどの「事件」でした。その論文の著者も内容も今では完全に失念してしまいましたが、その時の衝撃だけは昨日のことのように思い出されます。以来、先生の警句は私にとって最大の研究指針となってきました（そのために人知れず自己変革の苦労も味わい、赤面ものの論文を書いてしまったこともありましたが）。願わくは、本書の「仮説」も先生の教えに沿って学問の進歩に貢献できたならば、そして欲を言えば、一つか二つでも後世に残る研究を提示できたならば、これに勝る幸福はありません。

馬場門下の大先輩である柴田紳一先生（國學院大學文学部准教授）には、研究上のご指導はもとより、雑誌論文発表の手引きやアルバイトの斡旋までしていただきました。弟弟子達の行く末を常に気に掛けておられた柴田先生のご配慮には何度も助けられました。本書第Ⅱ部第1章は、先生が偶然手に入れられたある政界浪人の書簡からインスピレーションを得て書き上げたものです。

水谷三公先生（國學院大學法学部教授）、永森誠一先生（同特任教授）には博士論文の副査をお引き受けいただきました。坂本先生を加えた三先生は國學院大學法学部の誇る三枚看板であり、私の密かな憧憬の対象でした。三先生が揃われる最後の年に本書の刊行が間に合ったことは幸福なことです。

吉田書店の吉田真也さんは、万事初めての経験で戸惑う私にプロの視点からさまざまなアドバイスを掛けてくださり、本書の完成まで導いてくださいました。坂本先生は、あくまで執筆者本位の本作りをする出版社であるという理由から、吉田書店を紹介してくださいましたが、先生の言葉に間違いはありませんでした。素晴らしい装丁や扉絵は、大学院を出たばかりの若造には、普通は許されない贅沢だと思います。吉田さんのご尽力によってカバーに採用できた写真は、若き土門拳の出世作となった写真史的にも重要な一枚です。

また本書の出版に当たっては國學院大學より課程博士論文出版助成金を受けました。國學院大學、ならびに助成承認にご尽力いただいた関係者の皆様に御礼申し上げます。

その他、限られたスペースでは到底言及しきれないほど多くの方に支えられて本書は成り立っています。そもそも私の研究、すなわち先行研究の上に胡坐をかき、手前勝手な摘み食いの批判を繰返すこの研究自体が、多くの先輩研究者による学問的苦闘なくしては、一瞬たりとも存在しえないことはあまりに明白です。

最後に、これまで物心両面で私を支え続けてくれた両親（髙杉光昭、節子）に一言感謝を述べさせていただきます。本書の完成が長年の親不孝に対するせめてもの償いとなれば幸いです。

平成二七年春

著者記す

宇垣一成関係年表

年（西暦）	年齢	経歴	内外情勢
一八六八	○	現在の岡山県岡山市瀬戸町に農家の五男として生まれる。幼名杢次。	江戸開城、五箇条の御誓文。
一八八一	一三	小学校卒業、同代用教員になる。	
一八八二	一四		軍人勅諭下賜。
一八八四	一六	小学校長に就任。市内の塾で英語、数学を学ぶ。	
一八八六	一八	軍人を志し上京、成城学校四年に入学。	
一八八七	一九	陸軍士官学校に合格。姫路歩兵第一〇連隊に士官候補生として入隊。	
一八八八	二〇	陸軍士官学校に入校、第一期生（新制度）。	
一八九〇	二二	陸軍士官学校を卒業（一一番）。	
一八九一	二三	陸軍歩兵少尉に任官。	
一八九四	二六	広島に出征（大本営管理部付）。陸軍歩兵中尉。	日清戦争。
一八九六	二八	田上鎮恵子と結婚。一成と改名。	
一八九七	二九	陸軍大学校に入校。	
一八九八	三〇	陸軍歩兵大尉。	
一九〇〇	三二	陸軍大学校を卒業（三番・優等）。	軍部大臣現役武官制。義和団事件。
一九〇二	三四	参謀本部部員に就任。ドイツ留学。留学中に夫人逝去。	日英同盟。
一九〇四	三六	陸軍歩兵少佐。ドイツより帰国。朝鮮に出征（後備第一師団参謀）。	日露戦争勃発。
一九〇五	三七	鴨緑江軍参謀、第一軍参謀を歴任して凱旋。参謀本部部員に就任。	ポーツマス条約。

一九〇六	三八	小原貞子と再婚。ドイツ留学。	
一九〇七	三九	陸軍歩兵中佐。	
一九〇八	四〇	ドイツより帰国。参謀本部部員、次いで教育総監部課員に就任。	
一九〇九	四一	教育総監部第一課長に就任。	
一九一〇	四二	陸軍歩兵大佐。	韓国併合。
一九一一	四三	陸軍省軍務局軍事課長に就任。	辛亥革命。
一九一三	四五	「怪文書」事件により歩兵第六連隊長に左遷。	軍部大臣任用資格緩和。
一九一四	四六		第一次世界大戦勃発。
一九一五	四七	陸軍省軍務局軍事課長に復帰。陸軍少将。歩兵学校長に就任。	対華二一カ条要求。
一九一六	四八	参謀本部第一部長に就任。	
一九一八	五〇	中国へ出張、段祺瑞政権との間に日華陸軍共同防敵軍事協定を締結。参謀本部総務部長を兼任。	シベリア出兵。第一次世界大戦休戦。
一九一九	五一	陸軍大学校長に就任。陸軍中将。	ヴェルサイユ条約。
一九二一	五三	第一〇師団長に就任。	ワシントン会議。
一九二二	五四	教育総監部本部長に就任。	山梨軍縮。
一九二三	五五	陸軍次官に就任。	関東大震災。
一九二四	五六	陸軍大臣に就任（清浦奎吾内閣、以降第一次・第二次加藤高明内閣、第一次若槻礼次郎内閣に留任）。	
一九二五	五七	宇垣軍縮を実行する。陸軍大将。	
一九二七	五九	朝鮮総督臨時代理を兼任。陸軍大臣を辞任、軍事参議官に就任。	ジュネーブ海軍軍縮会議。
一九二九	六一	陸軍大臣に就任（浜口雄幸内閣）。	世界恐慌。
一九三〇	六二	中耳炎のため療養、陸軍次官阿部信行を臨時代理とする。	ロンドン海軍軍縮会議。

一九三一	六三	陸軍大臣を辞任。朝鮮総督に就任、依願予備役編入。	三月事件。満州事変。十月事件。
一九三六	六八	朝鮮総督を辞任。貞子夫人逝去。	二・二六事件。軍部大臣現役武官制復活。日独防共協定。
一九三七	六九	宇垣内閣「流産」。内閣参議に就任（第一次近衛文麿内閣）。	日中戦争勃発。
一九三八	七〇	外務大臣に就任、拓務大臣を兼任。同辞任。	張鼓峰事件。
一九四一	七三		太平洋戦争勃発。
一九四五	七七		終戦。
一九五三	八五	参議院議員選挙に出馬。全国区最高得票（五一万票）で当選。	
一九五六	八七	死去。	

参考文献

額田坦『陸軍に裏切られた陸軍大臣』（芙蓉書房、一九八六年）。
堀真清編『宇垣一成とその時代』（新評論、一九九九年）。

【ま行】

【や行】

【ら・わ行】

【た行】

【な行】

【は行】

【か行】

【さ行】

人名索引

・注を除く本文から拾っている。また、宇垣一成は頻出であるので省いている。
・人名を含む固有名詞（山梨軍縮、浜口内閣、近衛声明など）も適宜拾っている。
・役職名のみ記載（首相、大臣、大使など）であっても人物が特定される場合は、索引の対象として当該人物に含めている。

【あ行】

著者紹介
高杉　洋平（たかすぎ・ようへい）
昭和54（1979）年生まれ。中学校卒業後，海上自衛隊生徒（41期）を経て國學院大學文学部史学科卒業，同大学院法学研究科博士課程後期満期退学。宮内庁書陵部編修課（非常勤）を経て同上大学院再入学，同修了。博士（法学）。現在，日本銀行金融研究所歴史研究課（個別事務委嘱）。

宇垣一成と戦間期の日本政治
デモクラシーと戦争の時代

2015年2月26日　初版第1刷発行

著　者　高杉洋平
発行者　吉田真也
発行所　合同会社 吉田書店
102-0072　東京都千代田区飯田橋2-9-6 東西館ビル本館32
Tel：03-6272-9172　Fax：03-6272-9173
http://www.yoshidapublishing.com

装丁　折原カズヒロ
DTP　アベル社
印刷・製本　太平印刷社
定価はカバーに表示しております。

ISBN978-4-905497-28-8